아동연구방법 2판

2판

아동연구방법

김진규 · 윤길근 공저

RESEARCH METHODS IN EARLY CHILDHOOD EDUCATION

동 문 사

| 2판 머리말 |

이 책은 2003년에 처음 발간되었는데, 어언 15년이 흐르고 말았다. 개정할 시기를 놓쳐서 머뭇거리고 있는 사이에, 우리 사회와 교육현장에는 엄청난 변화의 물결이 거세게 몰려오고 있다. 이러한 변화의 물결에 따라 교육현장에서 당면하고 있는 현안 교육문제를 둘러싸고 크고 작은 갈등과 논쟁이 꼬리에 꼬리를 물고 연달아 일어나고 있는 실정이다. 이와 같이 격변하는 변화의 시기에 살아남기 위해서 아동교육의 문제를 최전선에서 몸소 겪고 있는 현장교사들은 현안 교육문제를 직시하고 이를 보다 과학적으로 해결하기 위한 연구역량을 갖추고 있어야 한다.

이제 우리 현장교사들은 아동의 눈높이에 맞추어 잘 가르치는 교사가 되는 것에만 일차적인 목표를 둘 것이 아니라, 현장교육의 문제를 능동적으로 해결하려는 연구자인 동시에 성찰적 전문가로서 새로운 역할을 담당해야 한다. 따라서 다른 어느 때보다 교사들은 현장교육에 대한 깊은 이해와 통찰을 바탕으로 교육혁신을 위한 최고 수준의 연구역량을 더욱 더 신장시켜야 한다는 국가와 사회의 요구가 크게 부각되고 있다는 점을 명심해야 할 것이다.

이 책의 초판에서 14개의 장으로 구성되어 있던 내용을 12개의 장으로 개편하였다. 먼저 연구절차와 연구유형을 하나로 묶어서 '아동연구의 접근방법'으로 개정하였다. 다음으로 검사와 양호도를 통합하여 '측정도구의 선정과 제작'으로 개편하였다. 또한 연구계획서와 연구보고서를 하나의 장으로 재구성하였다. 특히 교사의 현장교육에 대한 최고의 연구역량을 제고시키기 위하여 '현장교육연구' 방법에 대한 장을 별도로 추가시켰다.

이 책의 개정판을 집필하면서 초판보다 더 알찬 내용을 소개하겠다는 마음을 먹고 시작했으나, 여전히 부족한 부분이 눈에 더 크게 보인다. 이는 전적으로 저자들의 역량이 부족하기 때문이라고 생각한다. 여기에서 드러난 부족한 부분은 좀 더 빠른 시일 내에 수정하고 보완할 것을 약속드린다. 아울러 이 책을 집필하는 데 직접 또는 간접으로 귀중한 참고자료와 문헌을 제공해 주신 선배, 동료, 후배 연구자들께도 심심한 감사의 말씀을 드린다.

마지막으로 이 책의 출간을 맡아주신 동문사 이중수 사장님과 직원 여러분께도 진심으로 감사드린다.

2019년 1월

김진규 · 윤길근

| 1판 머리말 |

교육현장에서 아동을 가르치는 교사들은 일상적인 교육문제들 속에 파묻혀서 살고 있다. 그들은 당면한 문제를 어떤 형태로든지 해결하고 있다. 어떤 문제에 대한 최적한 방법을 몰라서 대충 처리하는 경우도 있고, 방법을 잘못 적용하는 사례도 의외로 많다. 따라서 아동교육의 문제를 과학적으로 해결하기 위하여 아동 교육자들은 다양한 연구방법을 종합적으로 이해하고 현장에 직접 적용할 줄 알아야 한다.

특히 21세기에 들어와서 지식사회가 대두되면서 교육계에서도 변화의 물결이 거세게 일어나고 있다. 급변하는 교육환경 속에서 현장교사와 예비교사들은 더 이상 지식소비자로 안주할 수 없다. 아동을 대상으로 연구하는 교원들은 변화를 보다 적극적인 의미로 해석하고 지식생산자의 미래지향적인 역할을 담당해야 한다. 무엇보다도 아동 교육자들이 지식생산자가 되기 위해서는 아동연구에 대한 방법론에 대한 철저한 전문지식과 기술이 다른 어느 때보다 절실히 요구된다.

이미 아동연구나 교육연구를 소개한 교재들이 많이 출판되어 있다. 그럼에도 불구하고 아동연구방법에 대한 책을 새로 쓰고자 시도한 것은 기존의 서적들보다 좀 더 쉽게 쓸 수 없을까하는 소박한 생각이 있었기 때문이었다. 대부분의 연구방법에 관한 기존 저서들이 전문적인 내용을 중심으로 다루고 있어서 처음 아동연구를 공부하는 학생들이 접근하기 까다로운 분야로 인식하여 중도에 포기하는 경향이 있다. 그래서 초보자들이 아동연구에 좀 더 가까이 다가설 수 있도록 눈높이를 맞추려고 애썼다. 지식생산자가 되려는 초보 연구자들까지도 이 책을 읽고 스스로 공부할 수 있고 순서대로 따라가면 누구든지 연구 논문을 완성할 수 있도록 쉽게 쓰고자 노력하였다.

이 책은 아동을 대상으로 지도하고 연구하는 현장교사, 예비교사, 연구자들에게 지침서와 안내서의 역할을 담당하려는 의도에서 작성되었다. 이 책의 내용은 모두 14개 장으로 구성되어 있다. 제1장에서는 아동연구의 기초를 다지기 위하여 아동연구의 의미, 역사, 윤리 문제를 다루었다. 제2장에서는 아동연구의 일반적인 절차를 제시하였으며, 제3장에서는 연구유형을 상호 대립되는 대표적인 유형을 비교하여 소개하였다. 제4장에서는 문헌고찰 방법을 그리고 제5장에서는 연구대상을 선정하는 방법을 제시하였다. 제6장에서는 연구도구인 검사에 대하여 그리고 제7장에서는 검사의 타당도와 신뢰도 문제를 다루었다. 아동연구에서 널리 활용되고 있는 관찰연구, 조사연구, 실험연구, 사례연구를 제8장부터 제11장에 걸쳐 소개하였다. 마지막 부분의 제 12, 13, 14장에서는 자료분석 방법, 연구계획서 작성방법, 그리고 연구보고서 작성방법을 각각 간략하게 소개하였다.

애초에 다루기 어려운 아동연구방법의 이론과 실제 문제를 쉽고 재미있는 교재로 만들어보겠다는 야심찬 계획으로 출발했지만, 의도한 바대로 작품을 완성하지 못하였다. 이 책이 정말로 독자에게 쉽고 재미있는 이야기 거리를 제공할 수 있을지 의문스럽다. 그럼에도 불구하고 이 책을 출판한 것은 저자들이 그 동안 틈틈이 준비해 온 원고를 정리하여 조금이나마 현장교사들에게 도움을 주어야 한다는 생각이 앞섰기 때문이다.

끝으로 김현태 사장님의 독려가 없었더라면 이 책은 아직 세상에 나오지 못했을지도 모른다. 이 자리를 빌려 김사장님과 원고를 잘 다듬어 주신 편집진의 노고에 진심으로 감사드린다.

2003년 8월

김진규 · 윤길근

| 차 례 |

04 연구대상의 표집

05 측정도구의 선정과 제작

06 관찰연구

07 조사연구

Chapter 01

아동연구의 기초

연구는 자연이나 사회에 존재하는 여러 가지 현상을 밝히려는 탐구활동이다. 여러 현상을 탐구하는 연구는 주로 과학적 방법을 사용한다. 따라서 연구는 과학적 방법으로 여러 현상을 관찰하고 분석하는 일종의 지적 작업이다.

이 장에서는 연구의 의미와 특성을 토대로 아동연구의 의미와 필요성을 살펴보고, 과학적 방법의 특성과 목표를 소개한다. 또한 아동연구의 역사적 변천과정을 통하여 연구의 흐름을 파악하고자 한다. 마지막으로 아동연구의 윤리 문제를 다루어서 연구자가 지켜야 할 윤리적 규범과 자세를 논의하고자 한다.

1. 아동연구의 의미

1) 연구의 정의

우리는 일상생활을 하면서 '연구'라는 말을 자주 사용한다. 인터넷에 자료를 검색하는 방법을 알아보는 것도 연구라 하고, 학생들이 과제를 작성하는 일련의 과정을 연구라 한다. 또한 기업에서는 신상품을 개발하는 것도 연구라고 말한다. 그렇지만 엄밀히 말하면 이러한 활동들은 연구가 아니다. 단지 방법을 알아보는 것, 보고서를 작성하는 것, 신상품을 개발하는 것 등에 불과하다. 심지어 학생들 중에는 자신의 친구가 좀 이상한 행동을 하는 것을 보고서 '너는 연구대상이야'라는 말을 쓰기도 한다. 이때 연구라는 말은 거의 진정으로 연구에 대해 알고 하는 말은 아닐 것이다. 단지 마음속으로 이리저리 따져 깊이 생각하는 것 또는 그러한 생각을 말하는 것이다. 이처럼 마음속으로 이리저리 따져 깊이 생각하는 것 또는 그러한 생각을 흔히 궁리(窮理)한다고 한다. 궁리와 연구는 다른 것이다. 물론 궁리라는 말의 의미 속에는 사물의 이치를 깊이 연구하는 것이란 의미도 포함되어 있다.

연구(research)란 지식을 넓히기 위해서 아직 풀리지 않은 문제를 과학적이고 체계적으로 해결하는 일련의 과정이라고 말할 수 있다. 이미 축적되어 있는 자료나 새로이 수집한 자료에서 무엇인가 의미 있는 것을 찾아내 분석하려는 과학적 노력이 곧 연구인 것이다. Kerlinger(1986)는 '연구란 가설이나 이론에 의해서 유도된 자연현상에 대한 체계적이며 경험적인 탐구'라고 하였다. McMillan과 Schumacher(1989)는 '연구란 어떤 목적을 위해서 정보나 자료를 수집하고 분석하는 체계적인 절차'라고 하였다. 또한 성태제(1998)는 '연구란 증거가 없는 상식을 체계적·구체적·논리적인 방법으로 증거를 확인하여 이론을 정립해 주는 작업이다'라고 하였다. 그래서 연구는 체계적이고 과학적인 절차를 무시하여 과학성을 상실할 때, 연구의 가치는 저하된다. 따라서 연구에서 과학적이고 체계적인 절차에 따라 문제를 해결하는 과정을 강조하게 되면 연구의 가치는 자연스럽게 높아지게 된다.

2) 아동연구의 개념

자연이나 사회에 존재하는 여러 가지 현상을 밝히려는 탐구활동이 바로 연구라고 정의할 경우에 아동연구의 대상은 아동과 그를 둘러싸고 있는 모든 현상이 된다. 아동을 대상으로 수행하는 아동연구는 인간 자신에 대한 이해를 증진시키는 데 기여해 왔을 뿐만 아니라 아동에 대한 지식이 인간의 행동을 예측할 수 있게 함으로써 교육이나 사회 등 각 분야에 지대한 영향을 끼쳐왔다(이은해, 1985). 최근에 와서 아동은 '세상에서 가장 흥미로운 대상의 하나'라고 말할 정도로 아동행동 및 발달에 대한 연구가 발달심리학을 비롯하여 유아교육, 가족관계학, 정신의학, 인류학 등에 이르기까지 관심을 모으는 분야로 부각되고 있다(이은해, 1985). 과거 어느 시기보다도 오늘날 아동에 관한 전문 지식과 정보가 한층 더 요구되고 있다. 그럼에도 불구하고 일상생활에서는 아동에 관한 전문 지식 없이 상식에 의존하여 아동 문제를 해결하기도 한다. 그리고 무조건 권위에 호소하여 해답을 찾으려는 사례도 가끔 있다. 또한 개인의 사적인 경험과 직관에 따라 아동의 문제를 해결하려고 한다.

아동연구에 대한 개념은 체계적으로 정의되고 있다. 장휘숙(1989)은 아동연구를 아동의 문제를 해결하기 위하여 아동에 대한 타당한 정보를 수집하고 조직하며, 그리고 종합하고 해석하는 과정으로 정의하고 있다. 황해익(2010)도 아동연구를 개별 아동의 행동 및 발달을 파악하기 위하여 필요한 객관적이고 타당한 정보를 수집하고 조직하며, 종합적으로 해석하는 과정으로 정의하고 있다. 따라서 아동연구는 아동의 행동특성을 기술하고 설명하며 아동복지를 증진시키기 위해 필요한 정보를 과학적인 방법으로 수집하고 조직하여 해석하는 탐구과정을 말한다.

3) 아동연구의 필요성

아동의 행동특성에 관한 타당한 지식을 얻기 위하여 과학적인 아동연구가 필요하다. 과학적 아동연구는 유아교육 분야뿐만 아니라 발달심리학, 인류학, 정신의학 등 여러 분야에서 활발히 수행되고 있다. 아동연구는 과학적 지식을 제공하고 이론을 발전시키는 학자들에게 필요하고, 실제로 유아, 부모, 교사, 전문가 등 아동복지와 관련된 실천가들에게 도움을 주기 위해서도 필요하다. 아동연구에 관심을 가지게 되는 이유는 다음과 같이 요약되고 있다(장휘숙, 1989; 이은해 외, 2006; 송인섭 외, 2008; 황해익, 2010).

첫째, 아동연구는 아동에 관한 합리적이고 과학적인 지식을 제공하고 아동에 관한 이론들을 발전시키기 위해 필요하다. 이는 아동연구가 순수하게 이론적이고 학문적 측면에서 필요하다는 이유이다. 아동의 행동과 발달에 관한 과학적 지식을 제공하고 이에 대한 사실을 기술하고 설명할 수 있는 원리를 포함하고 이러한 원리에 입각하여 아동의 행동을 예측하거나 통제할 수도 있다. 또한 아동의 행동을 이해함으로써 복잡한 성인의 행동을 보다 쉽게 이해할 수 있다는 가정하에서 아동을 연구하기도 한다.

둘째, 아동복지와 관련된 실천가들에게 실질적인 도움을 준다는 점에서 아동연구가 필요하다. 아동연구는 이론적 학문적 분야만 기여하는 것이 아니라 유아, 부모, 교사, 아동 전문가 등과 같은 실천가들에게 아동복지와 정신건강 등에 관련된 문제를 해결하는 데 필요한 유용한 정보를 제공한다.

셋째, 아동연구는 교사나 부모가 실제 아동을 이해하고 효과적으로 지도하기 위해 필요하다. 아동이 수행하고 있는 행동이 무엇이며, 그 행동은 언제 일어나며, 또 왜 일어나는지를 이해할 수 있다면, 이들을 효과적으로 지도할 수 있는 방법을 결정할 수 있다. 실제로 아동교육현장에서 아동연구는 전혀 새로운 것이 아니며, 체계적인 아동연구는 수업효과를 증진시키고, 아동의 행동과 학습에 관련된 증거에 의존하므로 교사의 편견을 줄일 수 있다.

마지막으로, 아동에 관한 연구는 유아교육현장의 교사들로 하여금 아동을 관찰하는 능력을 기르게 하고, 아동의 발달수준을 측정하며 교수방법을 평가할 수 있게 한다. 또한 학습능력이 떨어지는 아동과 특수아를 위한 지도방안을 수립하는 데도 기여할 수 있으며, 임상심리학자나 상담자들이 부적응아를 이해하고 치료하기 위해서도 연구의 결과를 활용할 수 있다.

이상과 같이 아동연구는 과학적 지식을 축적하여 아동에 관한 이론적·학문적 발전을 도모하기 위해서 필요하다. 또한 다양하고 새로운 아동연구방법을 개발하는 것과 더불어 교육현장에 아동의 행동과 관련한 기본원리를 직접 적용하기 위해서도 아동연구가 절실히 요구되고 있다.

2. 아동연구의 과학적 이해

1) 과학의 의미

연구는 누구나 하는 행위이다. 연구는 어떻게 보면 생각하는(궁리하는, 사고하는) 방법이라고 볼 수 있다. 그러나 일상생활에서 흔히 이루어지는 생각하는 방법과 전문가들이 학술활동에서 행하는 생각하는 방법은 구분할 필요가 있다. 일상적으로 생각하는 방법은 과학과는 동떨어진 경우가 많다. 그렇지만 어떤 학문분야이든 전문가들이 행하는 생각하는 방법은 과학적이라 할 수 있다. 과학적 방법을 택하느냐 아니냐는 그것이 진정한 의미의 연구이냐 아니냐를 규정짓는 하나의 중요한 잣대가 된다. 학자들은 과학적 방법을 통해서 알려지지 않은 우주의 많은 현상을 밝힌다. 과학이란 어떤 사실이나 현상에 대한 이론을 정립하는 작업(성태제, 1998)이라고 말할 수 있으나 현재까지 과학에 대한 통일된 정의는 없다.

Nash(1963)는 과학이란 우주현상을 보는 방법이라고 하였으며, Dampier (1961)는 과학이란 자연현상에 대한 체계화된 지식이며 현상을 설명하는 개념 간의 관계를 연구하는 작업이라고 정의하고 있다. 한글학회(1991)가 발간한 『우리말 큰사전』에서는 과학이란 사물의 법칙과 이치에 관한 바른 지식체계 또는 그것을 밝히는 학문이라고 정의하고 있으며, 서울대학교 사범대학 교육연구소(1994)가 발행한 『교육학 용어사전』에서는 과학을 자연과 인간의 현상을 합리적으로 이해하기 위한 목적의 탐구행위라고 정의하고 있다. 이런 다양한 정의를 종합해 볼 때 과학은 지식을 얻는 방법 또는 구조화된 지식체계 그 자체를 말한다(성태제, 1998).

2) 과학의 특성

과학은 크게 두 종류로 나눌 수 있다. 그 하나는 연역적 규칙에 입각한 형식과학(formal science)이고, 다른 하나는 귀납적 규칙에 입각한 경험과학(empirical science)이다. 아동학을 포함한 인접 학문분야인 교육학, 심리학, 사회학 등은 모두 경험과학에 포함되며, 논리학이나 수학 등은 모두 형식적 과학에 속한다고 할 수 있다. 지식을 얻는 방법으로서의 과학은 문제해결을 위한 논리적 사고와 체계적이고 객관적인 절차가 그 과정에 포함되며, 이러한 절차를 통해 얻어진 증거를 기초로 하여 지식을 전개해 나간다. 과학이 지식을 추구하는 하나의 방법으로서 다른 방법과 구분될 수 있는 중요한 특성은 다음과 같다(이은해 외, 2006).

(1) 객관성

객관성(objectivity)은 과학적 연구, 특히 행동과학 연구에서 가장 중요한 특성이라고 할 수 있다. 과학적 지식은 개인의 사적 지식이나 경험과는 달리 어떤 현상에 대해 다른 사람에 의해서도 동일하게 판단될 수 있어야 한다. 객관성이란 한마디로 어떤 현상에 대해 판단자 간에 의견이 얼마나 일치하는가의 문제이다. 객관성을 유지하기 위한 준거는 그 현상이 '관찰

가능한 것(observable)'이어야 하며, 또한 '측정 가능한 것(measurable)'이어야 한다. 간혹, 지능이나 창의성과 같이 관찰할 수 없는 대상도 아동학이나 심리학의 연구대상이 되기도 하는데, 이를 가설적 구성개념(construct) 혹은 구인이라고 한다. 이러한 가설적 구성개념은 과학적 탐구과정에 조작적 정의(operational definition), 즉 '어떤 개념이나 변인을 측정하는 데 필요한 구체적 활동을 명시함으로써 그 개념이나 변인에 의미를 부여하는 것'(Kerlinger, 1973)으로 관찰할 수 있는 행동이나 현상과 마찬가지로 취급하게 된다. 그렇지만 가설적 구성개념은 어디까지나 이론적 가설에 불과하므로 항상 관찰할 수 있는 행동에 의해 다시 검증되어야만 하는 것이다. 한편, 행동이나 현상은 적절한 방법으로 측정될 수 있어야 하고 측정된 결과는 기록될 수 있어야 한다. 따라서 행동이나 현상은 무엇보다도 명확하게 정의되어야 한다. 이런 의미에서 조작적 정의는 측정 가능성을 높이는 데 있어 중요한 역할을 한다고 할 수 있다.

(2) 경험주의

경험주의(empiricism)란 관찰과 경험이 지식을 얻는 최상의 수단이라고 생각하는 입장이다. 경험적이라 함은 체계적이고 통제된 과학적 절차를 통해 증거를 얻는 것으로 경험주의에서 얻는 추론의 기본적인 형태는 귀납법(induction)이다. 귀납법이란 여러 번의 특수한 관찰을 통해서 일반적 결론을 이끌어 내는 것이다.

(3) 정확성

과학에서 얻어지는 지식이 항상 절대적이고 궁극적인 해답을 주는 것은 아니다. 새로운 발견이나 증거가 있기까지만 일시적으로 해답을 주고 있는 것뿐이다. 그럼에도 불구하고 과학은 가능한 한 정확하고 엄밀한 절차를 적용해야 하며, 추론과정에서 잘못이 없어야 함을 전제로 한다. 이는 발견된 결과가 얼마나 진리에 가까우냐보다는 얼마나 엄밀하고 정확하게 그 결과에 도달했느냐가 중요하다. 이를 위해 과학적 연구에서 요구되는 것이 바로 도구나 척도의 정확성(precision)이다. 정확한 도구나 척도를 가지고 연구를 수행해야 보다 정확한 연구결과를 기대할 수 있을 것이다. 정확한 척도에 대해서는 제5장에서 논의하고 있다.

(4) 검증 가능성

검증 가능성(testability)이란 어떤 이론이나 연구결과는 관찰 가능한 현상들에 의해 검토되고 긍정 또는 부정될 수 있어야 한다는 것이다. 만일 한 이론이 어떤 현상을 설명하는데 그 합리성 여부를 적절히 검증할 수 없게 진술되어 있다면 그 이론의 가치는 떨어질 수밖에 없다. 일반적으로 경험적 자료에 기초한 진술은 관찰을 통해서 직·간접적으로 평가될 수 있으므로 연구자는 어떤 결론을 제시할 때 그의 결론이 다른 연구자들에 의해 지지되거나 또는 부정될 수 있도록 제시할 필요가 있다.

3) 과학의 목표

과학적 방법을 통해 우리는 우리가 사는 세계를 보다 정확히 이해할 수 있게 된다. 과학에서는 어떤 현상을 이해한다고 할 때 보다 엄밀한 기준을 사용한다. 즉, 그 현상이 정확하게 기술되고 설명될 때 그리고 이로 인해 장래 현상의 어떤 부분을 예언할 수 있고 더 나아가서 통제할 수 있을 때 그 현상을 이해한다고 말한다. 이와 같이 과학적 이해의 궁극적 목표는 다음과 같으며, 이는 연구의 궁극적 목표이기도 하다.

(1) 기술

과학의 첫 번째 목표는 관심 있는 현상을 보다 정확하게 기술(description)하는 것이다. 어떤 현상을 기술한다는 것은 그 현상에 관련된 변인들을 발견해 내고, 그 변인들의 관련 정도를 결정하기 위해서 현상을 정확히 투시하는 과정이 필요하다. 어떤 현상에 어떤 변인들이 포함되어 있는지 또는 포함되어 있지 않은지에 대해 어느 정도의 지식이 있어야만 왜 그런 변인이 존재하는지를 설명할 수 있게 된다. 예를 들어, 천문학자들은 하늘의 별들의 모습을 있는 그대로 기술하고자 한다. 물론 별들의 모양이나 색깔, 진행 방향, 크기 등을 묘사하는 가운데 어떤 규칙성을 발견할 수 있고, 더 나아가 어떤 원리도 발견할 수 있지만, 그 연구의 시작은 있는 현상을 그대로 기술하는 것이다. 1960년대 교육자들의 관심을 불러 일으켰던 Jackson(1963)의 『교실에서의 생활(Life in Classroom)』과 Goodlad(1983)의 『학교라고 불리우는 장소(A Place Called School)』 등은 있는 현상을 그대로 기술하려 했던 대표적인 연구들로서 교육 개혁의 방향을 설정하는 데 결정적인 역할을 한 연구들이다. 이와 같이 과학적 지식의 추구는 어떤 현상을 거의 완전하게 기술하는 데서 시작된다.

(2) 예측

과학의 두 번째 목표로서 예측(prediction)은 어떤 현상이 실제로 일어나기 전에 예측할 수 있는 능력을 말한다. 정확한 예측을 위해서는 그 현상을 일으키는 제반 조건에 대한 충분하고 정확한 지식이 있어야만 하는 것이다. 과학(연구)은 어떤 한 시점에서 얻은 자료의 정보를 통하여 미래에 일어날 수 있는 현상을 예측하는 것이다. 난자의 발달에 관한 연구에서 현재의 난자의 발달 정도를 예언할 수 있고, 달의 월식에 관한 연구를 통하여 달, 지구, 태양의 움직임을 예측할 수 있는 것이다. 이와 마찬가지로 교육 연구에서도, 예를 들어, 학생들의 적성검사를 통하여 미래의 학업 성취를 예측할 수 있는 것이다. 수능 시험을 통해서 학생들을 선발(select)하는 것은 교육 연구의 중요한 목적 중의 하나이다. 또한, 이렇게 선발된 학생들이 대학에서 좋은 성적을 거두지 못하는 요인은 무엇인지 확인(identify)하여 장차 이 학생들이 어느 정도 대학 생활을 충실히 할 수 있는가를 예측할 수도 있다.

(3) 통제

과학의 세 번째 목표는 현상의 통제(control)이다. 통제는 어떤 현상이 나타나는 요소를 제시하거나 제거함으로써 그 현상이 나타나게 하거나 나타나지 않도록 만드는 조작을 의미한다. 이러한 통제를 위해서는 그 현상의 선행조건이나 원인에 대한 충분한 지식이 필요하며, 그 조건들을 조작할 수 있을 때만 통제를 할 수 있는 것이다. 즉, 행동과학자들에게 있어 통제는 직접 그 행동을 통제하는 것이 아니라 그 행동을 유발하는 조건들을 통제함으로써 그 행동을 일으키게도 혹은 제거하기도 한다. 주로 인과비교(causalcomparative), 상관관계(correlational), 실험적인(experimental) 연구들은 관련된 변인들의 통제를 통하여 학생들의 학습 향상을 꾀하는 연구들이다. 미국의 사회학자 James Coleman(1966)을 중심으로 이루어진 연구로서 1960년대 미국 교육의 인종 교류 정책에 지대한 영향을 끼친 『교육 기회의 균등(Equality of Educational Opportunity)』 연구를 들 수 있다. 이 연구에서 가난한 흑인 학생들은 중산층 학교에서 또 백인 학생들과의 교류 교육이 이루어질 때 더 많이 배운다고 보고함으로써, 각급 학교에서 인종 간의 비율을 일정하게 유지하기 위한 버스 수송 정책이 가속화되는 계기를 만듦으로써, 당시로서는 교육현장과 사회에 엄청난 파문을 일으킨 연구였다.

(4) 설명

과학의 네 번째 목표는 어떤 현상을 설명(explanation)하기 위한 것이다. 어떤 현상을 설명한다는 것은 그 현상을 단순히 체험하고 기술하는 것에서 끝나지 않고 현상이 나타나게 된 이유와 그 특질을 밝혀 이를 설명하는 것을 의미한다. 따라서 그 현상을 일으키게 한 결정요인(determinants)이나 선행조건(antecedent conditions)이 무엇인지를 밝힐 수 있어야만 그 현상에 대한 설명이 가능해지는 것이다. 어떤 현상에 대해 많은 학자에 의해 증거들이 누적될 때만 그 현상을 보다 자신 있게 설명할 수 있게 되며, 더 나아가 그 현상을 통제하고 예언이 가능하게 한다. 이는 앞서 논의한 다른 목적들을 모두 포함하고 있다. 즉, 어떤 현상을 정확하게 기술하고, 예측하고, 관련 변인들을 통제할 수 있을 때 주어진 현상을 설명할 수 있다고 볼 수 있다. 설명은 주로 이론(theory)의 형태로 나타난다. 오늘날 우리에게 알려진 거의 모든 교육 이론은 교육 연구를 통하여 특정 현상에 대해 기술하고, 예측하고, 또 변인들을 통제함으로써 학생들이 보다 많이 배울 수 있도록 하고, 학습이 보다 효율적으로 될 수 있게 한다.

3. 아동연구의 역사

아동연구는 오랜 역사적 전통을 지니고 있다. 아동에 대한 과학적 연구는 비교적 최근에 이루어졌다. 과학적 아동연구가 수행되기 전에는 철학, 신학, 교육 등에 대한 연구를 통해서 간접적으로 살펴볼 수 있었다. 적어도 17세기 이전까지 아동에 대한 인식이 부족하여 아동을 성인의 축소판이고 수동적 존재로 간주하였다. 17세기에 접어들면서 근대 과학이 발달함에 따라 연구자들은 인간교육의 문제를 과학적 방법으로 접근하기 시작하였다. Comenius는 아동교육의 중요성을 강조하였으며 교육문제를 과학적으로 논의하였으며 아동을 능력에 따라 양육할 것을 주장하였다(정옥분, 2008). 여기에서는 18세기 후반의 아동관찰 연구 시기, 19세기 Darwin의 아동발달 연구 시기, 19세기 말 Hall의 아동연구운동 시기, 20세기 과학적 아동연구 시기로 구분하여 논의한다.

1) 18세기 후반 아동관찰 연구 시기

아동이 연구의 대상으로 적합하다고 처음 생각되기 시작한 것은 18세기 후반으로서 이 시기의 철학자, 교육학자, 생물학자들은 자신의 어린

자녀를 관찰하여 아동에 대해 새로운 사실을 발견하기에 이르렀다(이은해, 1985). 스위스의 교육자 Pestalozzi는 3세 반의 자기 아들을 관찰하여 1774년 이에 관한 기록을 출간하였다. 독일인 의사 Tiedemann도 자신의 아들을 대상으로 생후 2세 반까지의 감각, 운동, 지능, 언어발달을 관찰하고 이를 일기 형태로 기록하여 1787년에 『아동의 정신적 발달에 관한 관찰』이라는 저서를 발간하였다.

2) 19세기 Darwin의 아동발달 연구 시기

19세기에 이르러 많은 철학자, 생물학자, 교육학자들이 자신의 자녀를 관찰하고 아동 전기(baby biography)를 발간하였다. 대표적인 예가 Darwin (1802~1882)이었다. Darwin은 그의 아들의 초기 발달 과정을 관찰한 후 그것을 일기로 간행했다. 그는 아동을 주의 깊게 관찰함으로써 인간의 진화과정을 알 수 있다고 주장하였다. Darwin(1859)이 쓴 『종의 기원(The Origin of Species)』은 아동심리학을 하나의 과학적 학문에 이르게 하는 데 있어서 가장 중요한 초석을 마련했다고 평가할 수 있다.

Darwin은 자신의 진화론을 지지할 수 있는 증거들을 발견하기 위해 아동들의 발달과정을 연구하였다. 즉 Darwin은 인간의 행동과 다른 종의 행동 사이에서 나타나는 유사성은 진화론적으로 동일한 조상을 가진 결과라고 가정하고, 인류의 기원에 관한 중요한 단서를 발견하려는 목적에서 자신의 어린 아들의 생후 3년간의 행동을 아주 자세하게 기록하였다.

Darwin은 아동의 관찰을 통해 종족 자체의 발달에 대한 중요한 단서를 발견할 수 있다고 함으로써, 진화론의 입장에서 아동에 대한 과학적 흥미를 발견했을 뿐만 아니라, 자신의 아들을 관찰하고 기록함으로써 아동연구의 방법에까지도 큰 공헌을 하였다. 즉 Darwin으로 인해 아동 전기는 학계 일반의 주의를 끌게 되었고 아동연구의 중요한 한 가지 방법으로 채택되기에 이르렀다.

3) 19세기 말 Hall의 아동연구운동 시기

19세기 말이 되어서야 비로소 과학적인 아동연구가 시작되었다. 아동연구운동의 시조로 불리는 Hall(1844~1924)은 질문지법(questionnaire)을 개발하여 아동연구에 활용하였다. Hall(1883)은 『아동의 정신내용(The Content of Children's Minds)』이라는 저서를 통해서 아동의 발달을 연구하는 것이 인간의 이해에 있어 핵심적임을 주장하였다. 이 밖에도 Hall은 미국 심리학회지(American Journal of Psychology)와 그 밖의 여러 전문학술지를 창간하였고, 1893년에는 전국 아동연구 협회(National Association for Child Study)를 결성함으로써 이른바 아동연구운동의 주도적 역할을 담당하였다.

4) 20세기 과학적 아동연구 시기

Darwin의 영향 및 Hall의 열성과 연구에 힘입어 20세기에 들어서면서 아동연구는 하나의 독립적인 학문분야로서의 위치를 확고히 하였다. 아동에 관한 경험적 자료의 질적 수준을 높이는 데 있어서 가장 큰 공헌을 한 사람은 최초의 지능검사를 개발한 프랑스의 Alfred Binet이었다. Binet는 그의 동료 Simon과 함께 1905년에 최초의 지능검사를 만들었고 이른바 검사운동(test movement)을 일으키는 데 결정적인 역할을 하였다. 그 이후 한동안 지능검사를 개발하고 이를 사용한 연구들이 아동연구의 대부분을 차지했다고 해도 과언이 아니다. 그뿐 아니라 검사운동은 지능의 연구에서부터 다른 영역, 즉 태도나 성격 등 발달의 모든 영역으로 확대되고 연령 수준도 크게 확장되었다.

아동발달 연구에 있어서 또 하나의 전환점은 아동 초기 경험이 성격에 미치는 영향에 대한 관심을 가진 시기이다. 특히 1935년에서 1945년 사이에 이루어진 아동발달에 관한 연구에서 이 같은 변화를 찾아볼 수 있다. 이 시기에 가장 흥미를 모은 연구들은 이유(離乳), 배변훈련, 출산외상(birth trauma), 결손가정, 시설수용, 모성격리 등이 어떻게 아동의 성격발달에 영향을 주느냐에 관한 것이었다. 이는 Freud의 영향으로 간주될 수 있으며, Freud의 기본 가정을 검증하는 연구에서부터 시작하여 아동 초기의 경험이 성격 전반에 미치는 영향에 대한 연구로서 연구 범위가 크게 확대된 것이다.

아동연구에 대한 또 하나의 전환점은 사고와 도덕성 발달에 관한 Piaget의 연구 업적이 관심을 끈 시기이다. 그의 연구는 1920년대에 이미 발표되었으나 학계 일반의 광범위한 관심을 끌게 된 것은 1950년대 이후라고 할 수 있다. 그의 이론으로 인해 지능에 대한 개념에 큰 변화가 일어났고, 아동의 사고내용이 발달수준에 따라 질적인 변화를 갖게 된다는 점이 강조되었다. Freud와 달리 Piaget는 경험적 자료에 기초하여 그의 인지발달에 관한 이론을 정립했고, 특히 임상적 방법(clinical method)으로 알려진 그의 연구방법은 기존의 심리학이나 발달의 연구방법에 비해 특이한 면이 있었다. 즉, 임상적 방법은 관찰과 개별화된 면접을 병행하는 방법으로서 어떤 과제에 대한 수행 여부만이 아니라 과제를 수행할 때 아동의 사고내용을 면접법으로 조사함으로써 아동의 인지발달에 관한 연구방법 측면에 지대한 공헌을 하였다.

이상에서 기술한 역사적 개관을 통해 볼 때, 20세기에 들어와서야 성숙기를 맞이한 아동연구는 초기에 주로 연령단계에 따른 신체적·심리적 행동특성의 발견과 변화를 기술하는 데 역점을 두었다고 할 수 있다. 그러나 20세기 중엽 이후 단순히 어떤 현상의 발전과 기술에 그치지 않고 행동의 특징을 설명하고 나아가서는 이론화하려는 경향으로 발전된 모습을 찾아낼 수 있다. 즉, 인간발달의 기저에 있는 어떤 과정(process)과 기제(mechanism)에 더 흥미를 갖게 되었다고 할 수 있다. 또한 아동연구는 최근 아동학이나 심리학 또는 유아교육 분야뿐만 아니라 문화인류학이나 정신의학, 가족사회학 등 여러 인접 학문과의 연계 속에서 다양한 접근방법들이 시도되고 있다. 이 같은 현상은 아동을 연구하는 방법론의 한계가 어떤 면에서 아동심리학의 방법 이상으로 확대되고 있다고 판단된다.

4. 아동연구의 윤리

1) 연구윤리의 중요성

윤리적인 측면에서 보면 아동도 하나의 인격체로서 존중되어야 하므로 연구를 수행함으로써 아동에게 신체적 또는 심리적으로 해로운 영향을 끼칠 수 있다는 가능성을 염두에 두어야 한다. 연구 활동의 궁극적 목적이 이론을 정립하거나 인간생활을 개선하거나 복지를 향상시키는 데 있을지라도, 연구자는 연구에 참여하는 사람들의 인격을 무시하거나 그들의 사생활을 침해하지 말아야 한다. 특히 연구대상자의 인권을 존중하고, 연구참여자의 개인적 비밀을 보장하는 원칙을 준수해야 한다.

인간을 대상으로 하는 연구자는 성인이든 아동이든 피험자의 개인적 권리를 존중하고, 피험자의 권익을 보호해야 한다. 더구나 아동은 자신의 일에 대한 의사결정능력이 부족하고, 좌절이나 지나친 긴장 등으로 인해 성인보다 더 심하게 영향을 받을 수 있기 때문에 연구자의 책임은 더욱 더 무거워지고 많은 제한을 받게 된다.

아동과 같이 인권을 침해받기 쉬운 위치에 있는 사람들을 보호하는 문제는 연구윤리 정책의 핵심적인 문제 중의 하나에 속한다. 그런데 이들에 대해서는 인권침해의 위험에 노출될 수 있기 때문에 연구로부터 보호받도록 해야 한다는 입장과 과도한 보호는 오히려 이들에게 불이익이 될 수도 있다는 견해가 충돌되고 있다. 아동을 대상으로 하는 연구에서는 한편으로는 아동이 침해받기 쉬운 존재인 만큼 특별히 보호해야 한다는 주장이 있는 반면에, 아동도 연구에 참여하여 새로운 과학의 혜택을 받을 수 있는 동등한 권리를 누릴 수 있어야 한다는 주장 사이에 적절한 합의점을 찾는 일이 중요하다.

아동을 대상으로 하는 연구가 성인을 대상으로 하는 연구와 다른 점은 의사결정능력이 부족하거나 없기 때문에 당사자의 동의를 구할 수 없는 만큼, 부모나 기타 친권을 대리할 수 있는 법정 후견인의 동의가 필요하다는 것과 각별한 인권 보호요청에 따라서 시험에 따르는 위험과 이익을 판단함에 있어서 더 엄격한 기준을 요구한다는 점이다. 어린 아동이 동의할 수 있을 만큼의 인지력을 갖추고 있다 하더라도 기본적으로는 부모 또는 후견인의 동의가 필요한 것으로 봐야 할 것이다.

2) 아동연구의 윤리적 문제

연구자는 연구를 수행하는 과정에서 피험자들에게 어떤 부정적인 영향을 미치거나 피험자의 권리나 사생활을 침해하고 있는가를 항상 살펴보아야 한다. 김석우 외(2015)는 인간을 대상으로 하는 연구의 윤리적 문제를 연구대상 혹은 피험자 선택의 문제, 사전 동의, 사생활 보호와 비밀보장 등으로 구분하고 있다. 성태제와 시기자(2014)는 연구자가 고려해야 할 윤리적 문제를 사전 동의를 구하는 문제, 연구대상의 선정과 제외의 문제, 지원자의 활용과 관련된 문제, 연구대상자를 속이는 문제, 비밀보장 및 사생활 보호의 권리, 중도탈락의 권리, 연구에 따른 손실과 혜택의 고려, 연구대상의 시간소모에 대한 고려, 문화적 차이의 고려 등으로 논의하고 있다. 여기에서는 사전 동의, 사생활 보호, 연구대상자를 속이는 문제를 중심으로 살펴보고자 한다.

(1) 사전 동의

연구자는 연구 참여를 위한 사전 동의(informed consent)를 받아야 한다. 연구대상이 연구에의 참여 여부를 스스로 결정할 수 있도록 아동 및 부모에게 연구의 성격을 충분히 설명해 주어야 하고, 이에 대한 그들의 결정을 존중해야만 한다. 연구자들은 최근 이 문제가 개인의 사적 권리와도 관계되므로 연구 참여에 대한 동의를 서면으로 구하는 방법을 사용하고 있다. 따라서 아동에 대한 개인적 자료가 수집되기 전에 부모로부터 서면 동의를 받아 연구에 참여시키며, 일단 수집된 자료는 비밀을 보장하고 연구보고서에서 개인의 자료는 익명으로 처리되어야 한다.

(2) 사생활 보호

윤리적 문제에 있어서 또 하나의 중요한 영역은 개인의 사생활 보호와 비밀보장에 관한 일이다. 대체로 연구대상은 여러 가지 개인적인 정보를 연구자에게 제공하게 되며 때로는 본인 모르게 개인적 정보가 수집되기도 한다. 이 같은 일은 연구대상의 사적 권리에 대한 침해로서 민주주의 사회에서는 법적이고 윤리적인 문제를 일으키게 된다.

(3) 연구대상자를 속이는 문제

연구 상황에 따라 연구의 목적이나 방법을 숨기거나 달리 말해야 하는 경우가 있다. 그러나 이로 인해 연구대상자가 조금이라도 피해를 입을 여지가 있다면 이는 허용될 수 없다. 불가피하게 연구대상을 속일 수밖에 없었다면 연구가 끝난 이후에라도 그 이유를 충분히 설명해야 한다. 연구결과를 요약하여 연구대상자에게 제공하는 것도 바람직한 방법이다.

3) 아동연구의 윤리 지침

아동연구에서 윤리적인 측면을 고려하는 이유는 앞으로 아동연구에 임할 사람들과 연구결과를 이용하는 사람 모두에게 윤리적인 문제에 관련된 연구의 제한점에 대해 충분히 이해시키는 데 있으며, 나아가서는 아동을 연구할 때 생길 수 있는 위험과 부당한 방법으로부터 아동을 보호하는 데 있다. 아동이 연구대상이 되면서부터 아동연구는 인간 자신에 대한 이해를 증진시키는 데 기여해왔을 뿐만 아니라, 아동에 대한 지식이 인간의 행동을 예측할 수 있게 함으로써 교육이나 사회 등 각 분야에 지대한 영향을 끼쳐왔다.

연구의 윤리적인 문제에 일종의 지침을 제공하기 위해서 미국심리학회(American Psychological Association; APA)에서는 『인간을 피험자로 하는 연구의 윤리적 기준』을 발표하였다. 미국의 아동연구가들의 조직인 아동발달연구회(Society for Research in Child Development; SRCD)에서는 특별히 아동연구에 적절한 윤리강령을 제정한 바 있다. 최근 우리나라에서도 각종 학회와 정부기관에서 연구의 윤리적 기준을 설정하고 있다. 교육과학기술부(2007)가 제정한 연구윤리 확보를 위한 지침은 **표 1-1**과 같다.

표 1-1 연구윤리 확보를 위한 지침

제1장 총칙

제1조(목적) 이 지침은 국가연구개발사업의 관리 등에 관한 규정 제19조의2에 의하여 국가연구개발사업을 추진·관리하거나 수행하는 기관들에게 연구부정행위를 방지하고 연구윤리를 확보하는 데 필요한 역할과 책임에 관하여 기본적인 원칙과 방향을 제시함을 목적으로 한다.

제2조(적용대상) 이 지침은 과학기술분야 국가연구개발사업을 수행하는 모든 연구수행기관(이하 "연구기관"이라 한다)과 이를 지원하고 관리·감독하는 중앙행정기관 및 전문기관(이하 "연구지원기관")을 대상으로 한다.

인문사회분야 국가연구개발사업을 수행하거나 국가연구개발사업 외의 연구개발 활동을 수행하는 기관 또는 단체가 연구윤리 및 진실성 확보를 위한 자체규정을 마련하고자 할 경우 이 지침을 준용할 수 있다.

제3조(적용범위) 특정 연구분야의 윤리 및 진실성에 관하여 다른 법령에 특별한 규정이 있는 경우를 제외하고는 이 지침에 의한다.

제4조(연구부정행위의 범위) 이 지침에서 제시하는 연구부정행위(이하 "부정행위"라 한다)는 연구개발과제의 제안, 연구개발의 수행, 연구개발결과의 보고 및 발표 등에서 행하여진 위조·변조·표절·부당한 논문저자 표시 행위 등을 말하며 다음 각 호와 같다.

1. "위조"는 존재하지 않은 데이터 또는 연구결과 등을 허위로 만들어 내는 행위를 말한다.
2. "변조"는 연구재료·장비·과정 등을 인위적으로 조작하거나 데이터를 임의로 변형·삭제함으로써 연구내용 또는 결과를 왜곡하는 행위를 말한다.
3. "표절"이라 함은 타인의 아이디어, 연구내용·결과 등을 정당한 승인 또는 인용 없이 도용하는 행위를 말한다.
4. "부당한 논문저자 표시"는 연구내용 또는 결과에 대하여 과학적·기술적 공헌 또는 기여를 한 사람에게 정당한 이유 없이 논문저자 자격을 부여하지 않거나, 과학적·기술적 공헌 또는 기여를 하지 않은 자에게 감사의 표시 또는 예우 등을 이유로 논문저자 자격을 부여하는 행위를 말한다.
5. 본인 또는 타인의 부정행위의 의혹에 대한 조사를 고의로 방해하거나 제보자에게 위해를 가하는 행위를 말한다.
6. 과학기술계에서 통상적으로 용인되는 범위를 심각하게 벗어난 행위 등을 말한다.

연구자가 아동을 대상으로 연구할 때는 여러 가지 복잡하고 어려운 윤리적 문제가 제기될 수 있다. 왜냐하면 아동은 성인보다 자극이나 상황에 대해 민감하게 반응하므로 쉽게 심리적·신체적 상처받을 가능성이 크기 때문이다. 특히 아동은 연구 목적의 취지를 정확하게 이해하지 못한 채 어떤 연구에 참여하게 될 수도 있다. 따라서 연구에 참여하는 연구대상 아동의 가치, 권리, 인격을 보장하고 보호하기 위한 방안으로 미국의 아동발달연구회는 **표 1-2**와 같은 22개의 연구 윤리지침을 제정하고 공포하였다(이영석, 1984).

표 1-2 ▸▸ SRCD 연구 윤리지침

① 연구대상 어린이는 그 연령에 관계없이 항상 연구자에 선행되는 권리를 가져야 한다. 연구의 실행은 어린이의 권리를 우선적으로 두어야 하며, 연구가 시작되기 전에 연구대상의 인권의 보호 여부를 결정하는 윤리 위원회의 사전 승인을 얻어야 한다. 그러므로 어린이를 연구대상으로 하는 연구 과제의 적합 여부를 판단하기 위한 위원회가 상설(常設)로 설치되어 있어야 한다.

② 연구의 윤리성에 대한 최종적인 책임은 연구자 자신이 져야 하지만, 연구 활동에 직접·간접적으로 참여하는 협력자들도 연구자와 동일한 윤리적 의무를 가져야 한다.

③ 다음의 원칙에 어긋나는 일이 발생할 경우, 연구자는 어린이의 권리를 보호하기 위해 이에 대한 윤리적 문제를 검토해야 한다.

④ 연구자는 어린이의 연구 참여 의욕을 증진시킬 수 있는 연구의 제반 사항에 대해 어린이에게 충분히 이야기해야 하며, 어린이의 질문이 있을 경우 연구자는 어린이가 이해할 수 있는 언어로 설명해야 한다.

⑤ 연구자는 어린이가 자발적으로 연구에 참여할 수 있는 권리와 언제든지 연구 참여를 중단할 수 있는 권리가 있음을 인정해야 한다. 즉, 연구자의 권한이 크면 클수록 그만큼 상대적으로 어린이의 자유 의지를 보호할 의무가 커지는 셈이 된다.

⑥ 연구자는 부모, 교사, 그리고 어린이가 소속하고 있는 기관의 기관장으로부터 서면으로 된 동의서를 얻어야 한다. 그리고 연구자는 이들에게 연구의 개괄적 소개와 특히 연구 참여 어린이의 권리를 어떻게 보호할 것인지에 대한 구체적인 방안을 제시해야 한다. 그리고 연구자는 자신의 직종과 직위 및 현재 참여하고 있는 연구 단체 등을 명시해야 하며, 어린이의 책임을 지고 있는 각 기관의 책임장들이 연구 참여를 거부할 수 있다는 권리를 인정하고 이를 존중해야 한다.

⑦ 연구 과제가 어린이와 성인이 동시에 관계하는 경우에, 그 성인이 어린이와 어떠한 관계에 있든 상관없이 연구자는 사전에 성인으로부터 연구에 참여하는 동의를 구해야 한다. 그리고 연구자는 연구의 특성을 자세히 알리고 연구 참여 여부를 결정할 권리가 성인에게 있음을 명백하게 밝혀 두어야 한다.

⑧ 연구 초기단계에 연구자와 연구대상 아동은 쌍방의 책임에 대해 명확한 합의가 이루어 져야 한다. 그리고 연구자는 이러한 공약을 지켜야 할 의무가 있다.

⑨ 연구자는 어린이에게 심리적·신체적 해를 끼치는 실험을 해서는 안 된다. 신체적 피해와는 달리 심리적 피해는 눈에 보이지 않는 것이기에 이에 대한 연구자의 특별한 책임의식이 요구된다. 만약 연구자가 판단하기에 자신의 연구가 어린이의 심리적·신체적 해를 끼칠 우려

가 있다고 느껴지면, 다른 연구방법을 모색하든지 그렇지 않으면 자신의 연구를 포기하는 적극적인 방법을 택하는 것이 바람직하다.

⑩ 연구자는 어린이에게 연구에 관련된 모든 요소를 알려주는 것이 바람직하지만, 연구의 성질상 은닉 또는 속임수가 필요할 경우가 있다. 연구문제가 이러한 사항을 내포하고 있으면 이를 윤리위원회에 제시하고, 그 정당성에 대한 동의를 얻어야 할 뿐만 아니라 연구 진행 후에 속임수와 은닉의 이유에 대해 어린이에게 충분히 설명해 주어야 한다.

⑪ 연구자는 어린이의 개인적 사항에 대해 철두철미하게 비밀 보장을 유지해야 할 의무가 있다. 연구자 이외에 어린이에 대한 신상을 알고자 할 때는 어린이 및 부모의 사전 동의를 구한 후 가르쳐 줄 수 있다.

⑫ 어린이의 개인 기록 자료를 얻고자 할 경우, 연구자는 개인 기록 자료의 보관 책임을 맡고 있는 사람으로부터 허락을 받아야 한다. 그리고 연구자들은 정보를 반드시 익명으로 사용해야 하며, 연구의 목적으로 알기를 원하는 정보 이외에는 접근을 허락해서는 안 된다. 그리고 연구자는 어린이의 비밀을 철두철미하게 지켜야 하며, 이에 대한 책임은 연구자 자신이 지게 됨을 명백히 밝혀야 한다.

⑬ 자료수집이 끝나자마자 연구자는 연구대상에게 일어날지도 모르는 어떤 오해를 바로잡아 주는 절차를 계획해야 한다. 그리고 연구자는 연구 결과를 연구 참여자들이 이해할 수 있는 표현을 사용하여 보고해 줄 의무가 있다.

⑭ 연구자의 한 마디는 아동 및 부모에게 상당한 정도의 영향을 줄 수 있기 때문에 연구 보고를 할 경우에 세심한 배려가 필요하다.

⑮ 연구 진행 중에 어린이의 안전에 심각한 피해를 주는 문제가 발생할 경우 연구자는 부모들이 자신의 자녀를 위해 필요한 즉각적 조치를 취할 수 있도록 그 분야의 전문가와 협의할 책임을 져야 한다.

⑯ 처음에 예상하지 못하였던 일이 연구 진행 과정에 발생하여 이것이 연구 진행에 심각한 영향을 유발하게 되면, 연구자는 이와 같은 영향에 대처할 수 있는 연구 절차를 수정 보완해야 할 의무가 있다.

⑰ 연구자는 자신의 연구가 정치적·사회적·학문적으로 중요한 의미를 지니고 있음을 염두에 두고 연구 결과의 제시를 신중하게 해야 한다.

⑱ 연구에 참여하는 실험집단 어린이들이 연구를 통해 유익한 정보를 받게 된다면, 이러한 정보를 비교 집단에게도 제공할 수 있는 방안을 강구해야 한다.

⑲ 연구자는 연구 결과나 실험 계획 못지않게 연구에 참여하는 사람들의 권리가 대단히 중요하다는 점에 유의해야 한다.

⑳ 모든 연구자는 자신의 윤리적 규준뿐만 아니라 동료의 윤리적 규준을 유지해야 할 책임을 지고 있다.

㉑ 어린이에 관한 연구물을 보고하는 「저널」의 편집장은 그 저널에 연구 보고를 하는 연구자에 대한 책임을 져야 한다. 즉, 편집장은 연구자에게 연구 절차의 정당성과 자신이 취한 예방조치를 설명할 수 있는 지면을 확보해 주어야 한다. 연구자의 설명에 의문이 발생하면, 편집장은 이에 대한 상세한 보고를 요구해야 한다.

㉒ 학회와 그 회원들은 항상 위의 기준에 대해 의문을 제기하고, 수정하며, 정정할 의무를 지닌다.

경제·인문사회연구회에서는 국책연구기관의 연구윤리 강화와 연구 부정행위를 방지하기 위하여 연구기관 정책연구보고서의 연구윤리 위반 유형을 파악하고 연구보고서에 대한 실사평가를 실시하고 있다. 실사평가 시 연구윤리규정 준수 여부는 주로 표절과 중복게재 그리고 부적절한 논문저자 표시를 중심으로 **표 1-3**과 같은 표절 판단 기준을 적용하여 판단한다.

표 1-3 경제·인문사회연구회의 표절판단 기준

〈표절〉

표절은 타인의 아이디어 연구내용·결과 등을 정당한 승인 또는 인용 없이 도용하는 행위를 말하고 중복게재는 저자 자신의 이전 저작물을 사용하면서 그 출처를 밝히지 않는 행위를 말한다.

〈표절판단기준〉

① 타인(원저자)의 아이디어, 논리 및 분석체제, 표현(고유한 용어, 어구나 문장, 데이터, 그림, 사진 등)을 출처를 밝히지 않고 마치 자신의 것처럼 활용하는 경우
- 공식 출판된 것이든 공식 출판되지 않은 것이든 저작물의 요건을 갖춘 타인의 저작물을 출처표시 없이 사용한 경우

② 외국 문헌을 인용한다고 했지만, 사실은 국내의 다른 저자에 의해 이미 1차 인용된 내용을 재인용 표시를 하지 않고 원전을 본 것처럼 한 경우(2차 문헌 표절)
- 외국 문헌을 그대로 옮기거나 paraphrasing 또는 요약하면서도 출처를 표시하지 않은 경우

③ 출처 표기를 명확하게 하지 않은 경우
- 타인의 저작물을 여기저기서 많이 인용하면서도 그 중 일부에만 출처를 표시하고 다른 부분에는 마치 자신의 것처럼 하면서 출처를 표시하지 않은 경우

〈중복게재의 판단기준〉

자신의 이전 저작물의 내용(문구, 아이디어, 자료 등)을 상당 부분 원문 그대로 자신의 후속 연구보고서에 옮기는 경우, 비록 출처를 밝혔다고 해도, 재해석되어 활용되지 않고 단순 지면 채우기식으로 하여 전체적으로 새로움(연구로서의 가치)이 명확하게 드러나지 않는 경우

Chapter 02

아동연구의 접근방법

아동 또는 교육연구는 여러 교육현상을 파악하여 이론을 정립하는 데 그 목적이 있다. 이러한 연구는 일정한 절차와 과정을 거쳐 수행된다. 연구의 절차는 해당 연구문제의 성격이나 연구의 유형에 따라 다를 수 있다. 또한 연구의 유형은 연구 접근방법, 연구목적, 연구 실시시간에 따라 다양하게 분류된다.

이 장에서는 아동연구의 일반적 절차모형을 제시하고 각 단계별 특징을 간략하게 제시한다. 아동연구의 유형은 연구 접근방법, 연구목적, 연구 실시시간에 따른 분류에 대해서만 간단히 설명하고자 한다.

1. 아동연구의 절차

교육학 분야에서 비교적 보편적으로 적용되고 있는 연구의 일반적 절차는 ① 문제의 발견, ② 문헌고찰, ③ 연구문제와 가설설정, ④ 연구설계, ⑤ 도구선택과 제작, ⑥ 연구대상, ⑦ 자료수집, ⑧ 자료분석과 해석, ⑨ 보고서 작성 등과 같이 9가지 단계로 구분된다. 각 요소와 단계는 명확히 분리되어 있는 것이 아니고 어느 정도 중첩되면서 계열적으로 연결되는 일련의 연구 과정이므로, 모든 연구가 반드시 9가지 단계의 절차에 따라 수행되는 것이 아니다. 즉, 연구의 과정은 상황적 변수의 영향을 많이 받기 때문에 다양한 것이다. 특히 연구문제의 발견에서 연구의 설계에 이르는 과정에서는 경우에 따라 위로 거슬러 올라가 그 단계의 연구 활동을 재고해야 할 경우도 있다(이종승, 1984; 김석우, 1997).

이러한 각 단계별 연구 활동의 상호 관계를 그 진행과정의 흐름에 따라 화살표로 연결해 놓은 것이 **그림 2-1**과 같다.

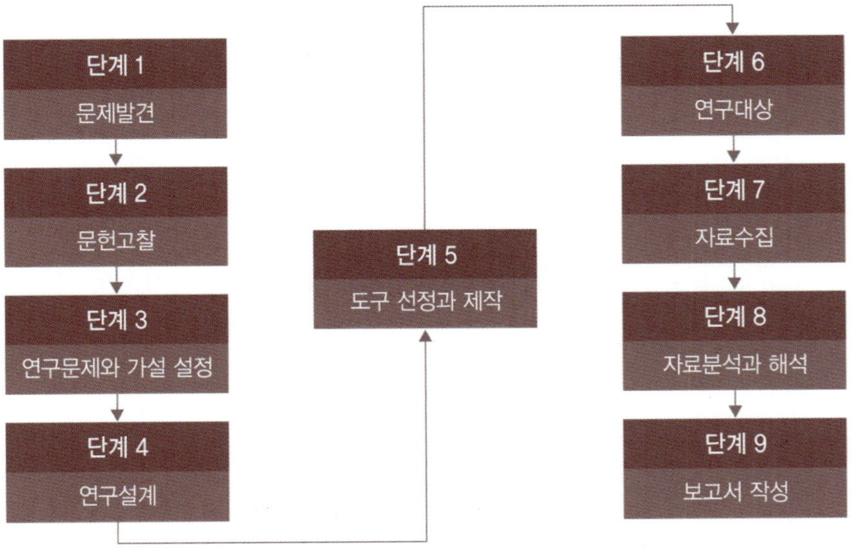

그림 2-1 ▸ 연구의 일반적 절차

그림 2-1에 제시된 순서를 반드시 따라야 한다거나, 그 과정의 모든 단계를 빠짐없이 거쳐야 한다는 의미는 아니며 연구의 과정을 하나의 전체로서 살펴보아야 한다는 뜻이다. 여기에서는 연구과정의 9단계를 간략하게 살펴보기로 한다.

1) 문제의 발견

연구자가 먼저 연구하고자 하는 문제를 발견하고 이 문제를 구체화하는 일이 가장 우선적으로 선정해야 할 일이다. 연구문제는 바로 연구자가 밝히기를 원하는 문제로서 연구의 가장 핵심적인 부분이다. 연구문제는 연구자의 학문적 성숙에 의한 직관력, 분석력, 비판력, 창의력 등에 의하여 선택되는 것이 일반적인 경향이다. 연구문제를 발견하는 원천과 연구주제를 선정하는 지침과 기준은 다양하게 논의되고 있다.

(1) 연구문제의 원천

연구문제의 원천은 다음과 같다(김호권, 1963).

① 연구문제의 원천으로는 우리들의 학급, 학교, 지역사회를 들 수 있다.

② 새로운 문제를 파생시키고 새로운 연구에의 길을 터놓는 사회의 변화와 기술의 발달이 원천이 될 수 있다.

③ 전공분야의 학문적 탐색을 통해서도 풍부한 문제 자원에 접할 수 있다.

④ 최신의 연구보고서, 연구논문이 원천이 될 수 있다.

⑤ 학생으로서 연구를 추진할 때는 그 방면의 전문가, 지도교수, 연구자들과 상담해 보는 것이 좋다.

연구문제를 발견하기 위한 지침은 다음과 같다(장상호, 1977).

① 기존의 연구결과를 다른 견지에서 보려고 노력하라.

② 기존의 이론이나 견해의 함의가 무엇인지를 추궁하라.

③ 사물 간의 관계를 유추해 보라.

④ 우연하게 새로운 사실을 발견했으면 그것을 개념화하고 그 현상이 어느 정도로 일반화될 수 있는가를 궁리하라.

⑤ 어리석은 질문도 쉽게 포기하지 말고 곰곰히 정리해 보라.

⑥ 잘 인정된 연구결과를 적용하는 데 봉착할지도 모르는 예외적인 상황에 민감하라.

⑦ 이해하고자 하는 현상이 있으면 그것을 직접 관찰하고 다시 한 번 추상적인 수준에서 그것을 검토해 보라.

⑧ 의심나는 현상이 발견되면 그 방면의 전문가에게 그것에 대해서 질문하라.

⑨ 불일치하는 이론이나 견해를 극대화하거나 극소화시켜 보라.

⑩ 해명되지 않은 문제를 노트에 적어 두고 잠시 휴식을 취하라.

연구문제를 발견하는 일반적 원칙을 다음과 같이 제시하고 있다(이종승, 1984).

① 주의 깊은 관찰

② 빠른 정보

③ 비판적 독서를 통한 다양한 분석

(2) 연구문제 선정기준

연구문제의 선정기준은 다양하게 제시되고 있다. 이종승(1984)은 연구문제의 선정기준으로 ① 참신하고 새로운 문제, ② 학문발전에의 공헌도, 실용적 가치, 방법론적 의의가 있는 중요한 문제, ③ 연구자의 연구수행 능력, 연구자료의 수집 방법과 입수 가능성, 행정적 지원 여부 등을 고려한 가능한 문제 등을 제시하고 있다. 김종서(1986)는 구체성, 교육개선에 도움을 주는가의 여부, 새로운 문제, 교사능력에 적합한가의 문제, 그리고 연구자의 흥미에 맞는가의 문제 등을 연구문제 선정기준으로 보고 있다. 김석우(1997)는 참신성, 구체성, 가능성, 공헌도, 윤리성을 선정 기준으로 삼고 있다.

특히 반복연구가 필요한 경우를 다음 5가지로 구분하고 있다. ① 새로운 연구결과를 검토하기 위한 경우, ② 다른 모집단을 통해 연구의 타당성을 검토하기 위한 경우, ③ 시간이 경과하면서 변화한 경향을 검토하기 위한 경우, ④ 다른 방법론을 사용하여 중요한 연구결과를 검토하기 위한 경우, ⑤ 효과적이고 능률적인 중재 프로그램을 개발하기 위한 경우 등과 같다.

(3) 연구제목 진술

연구제목은 연구의 내용을 간결하고 명확하게 표현한 것이다. 논문의 제목은 연구의 독립변수와 종속변수의 이름을 포함시키는 것이 바람직하다. 예를 들면 '인터넷 활용수업이 과학 성취도와 태도에 미치는 효과'가 논문의 제목이라면 인터넷 활용수업이 독립변수이고 과학성취도와 태도가 종속변수임을 쉽게 알 수 있다.

좋은 논문의 제목을 제시하고자 할 때 주의사항은 다음과 같다(성태제, 1998).

① 구체적이며 간결·명확하게 서술한다.
② 중심단어를 포함시킨다.
③ 속어(jargon)를 사용하지 않는다.
④ 가치 중립적인 단어를 사용한다.
⑤ 가능하면 부제를 원제에 포함시킨다.
⑥ '......에 관한 연구', '......의 실험연구'라는 용어를 사용하지 않는다.
⑦ 지나치게 길어지지 않도록 한다.

좋은 논문제목의 예시는 다음과 같다(성태제, 1998).

① 초등학교 사회과 개념 학습에서 전형 모형과 사전 모형의 학습 효과
② 학습자의 메타인지 수준과 하이퍼텍스트 유형이 학습과제 수행에 미치는 효과
③ 중학생의 인지욕구와 학업 및 여가생활과의 관계
④ 부모의 수용이 청소년의 정서적 발달에 미치는 영향
⑤ 5세 유아 간 갈등의 특성과 교사의 중재 영역
⑥ 컴퓨터화된 개별 적응검사와 지필검사에 있어서의 문항 모수치 동등성 검증

2) 문헌고찰

연구문제가 어느 정도 구체화되었으면 그 문제와 관련된 이론이나 선행연구를 분석한다. 연구자는 문헌고찰을 통하여 연구문제와 가설을 형성하는 근거를 마련하고, 연구문제와 관련된 다른 연구결과를 얻게 된다.

유용한 정보는 다양한 출처에서 얻을 수 있기 때문에 광범위하게 문헌을 고찰해야 한다. 연구문제와 관련된 선행연구와 문헌을 고찰할 경우 연구자들이 염두에 두어야 할 일은 선행연구와 연구자가 연구하려고 생각하는 연구문제와 무엇이 다른지, 연구문제와 직접적으로 관련된 정보는 어떻게 수집해야 하는지를 알아보는 것이다. 문헌고찰은 연구문제와 가설을 보다 구체적으로 제한하고 확인시켜 준다. 선행연구의 검토과정을 통하여 연구설계와 방법론적 절차를 안내한다. 그리고 연구과정에서 발생할 수 있는 결함이나 문제점을 사전에 확인하게 만든다는 점에서 유용하다.

3) 연구문제와 가설

(1) 연구문제의 진술

연구자가 자신의 연구에서 다루고자 하는 연구주제를 선정한 후에 연구문제를 문장으로 진술해야 한다. 연구문제를 진술하게 되면 연구주제가 분명하게 드러나게 된다. 연구문제는 연구에서 가장 핵심적인 두 변수 또는 그 이상의 변수 간의 관계로 표현해야 한다. 예컨대 아동의 과

학에 대한 태도가 과학성취도와 관계가 있는가?와 같이 진술한다. 연구문제는 평서문보다는 의문문 형식으로 진술하는 것이 좋다. 연구문제를 질문형식으로 표현할 때 문제가 보다 구체화되고 직접적으로 제기될 수 있기 때문이다.

무엇보다도 연구문제는 경험적으로 검증할 수 있도록 진술되어야 한다. 예컨대 결혼은 좋은 것인가? 집단경험이 유아에게 좋은 영향을 미치는가?라는 진술은 경험적으로 검증하기 어렵다. 또한 지식이란 무엇인가?, 국어는 어떻게 지도되어야 하는가? 등의 질문은 너무 막연하고 검증이 불가능하며 변수들 간의 관계를 다루지 않고 있다. 이에 비하여 집중적인 강화가 저학력 아동의 국어 학업성취도를 증진시키는가?, 유아의 이유 시기는 중류계층과 하류계층 간 차이가 있는가? 등의 문제는 실제로 검증해 볼 수 있는 질문이 된다(이은해, 1985).

연구문제가 결정되면 연구자는 가능한 한 좋은 질문이 되도록 다듬어야 한다. 좋은 연구질문은 네 가지 필수적인 특성을 가지고 있다(이종성, 1996).

① 연구질문은 연구 가능해야 한다. 적당한 시간, 노력, 돈을 가지고 연구할 수 있어야 한다.
② 연구질문은 명확해야 한다. 대부분의 사람이 질문의 핵심단어가 의미하는 것에 대해서 동의해야 한다.
③ 연구질문은 의미 있는 것이어야 한다. 인간에게 중요한 지식을 제공하기 때문에 연구할 가치가 있어야 한다.
④ 연구질문은 윤리적이어야 한다. 인간에게 육체적으로나 정신적으로 피해를 주어서는 안 되며, 자연환경이나 사회환경에도 해나 손상을 입히지 않아야 한다.

(2) 가설의 설정

연구문제가 진술되면 이를 구체화하여 연구의 기본적 모형을 작성하고, 구체적인 가설을 설정하여야 한다. 연구가설이란 연구문제에 대한 잠정적 해답의 형태로 표현한 진술문이다. 변수와의 관계를 중심으로 보면, 가설은 두 개 이상의 변수들 간의 관계를 추측한 진술이라고 정의되기도 한다. Kerlinger(1973)는 가설이란 "둘 이상의 변수 간의 관계에 대한 추리를 문장화한 것이다"라고 정의하고 있다.

가설의 진술은 두 가지 형태를 취하고 있다. 하나는 선언적 형태의 문장으로 진술하는 것이고, 다른 하나는 가정법 형태의 문장으로 진술하는 것이다. 예컨대 선언적 형태로 진술하는 방식은 "아동의 자아개념과 학업성취는 상관이 있다"와 같은 것이다. 그리고 가정법 형태의 문장으로는 "아동의 자아개념이 긍정적이면 학업성취가 높을 것이다"와 같은 것이다.

가설은 서술된 내용면에서 볼 때 연구문제와 거의 동일하다. 연구문제와 다른 외형적인 차이점은 질문형식이 아니라 서술형식을 취한다는 것과 일반적으로 연구문제보다 가설이 더욱 구체화되는 특성이 있다는 것이다. 가설을 진술할 경우에 유의사항은 다음과 같다(이종승, 1984).

① 가설은 두 개 혹은 그 이상의 변인(변수)들 간의 관계로 진술한다. 변인이란 연령, 성별, 교육수준, 학업성취, 지능 등과 같이 서로 구별되는 다양한 수준이나 가치를 지니고 있는 개념을 의미한다. 인과관계를 나타내는 가설의 진술에는 독립변수와 종속변수의 구별이 명확해야 하고, 그 관계 또한 분명해야 한다.

② 가설은 검증이 가능하도록 진술한다. 실험처치의 측정문제에 관하여 구체적인 방안을 제시하지 못하면 이 가설은 타당하게 검증할 수 없다. 예컨대, 학생들에게 수학여행을 실시하면 감수성이 풍부해질 것이라는 가설은 수학여행을 어떻게, 또 어느 정도나 실시해야 하느냐 하는 점과 감수성을 어떤 방식으로 측정 또는 관찰할 것인가와 같은 실험처치나 변인의 측정문제에 대한 구체적인 방안을 제시하지 못하고 있다.

③ 가설은 간단명료하게 진술한다. 하나의 가설이 하나의 관계만을 검증하도록 진술하는 것이 좋다는 것이다. 복합적인 가설의 설정을

가급적 피하라는 뜻이다. 예컨대, "협동교수방법은 학생들의 사회성을 발달시키고, 학업성적도 향상시킬 것이다"라는 가설은 '협동교수방법과 사회성과의 관계', '협동교수방법과 학업성적과의 관계'와 같이 두 가지 관계를 동시에 검증해야 하므로 이를 두 개의 독립된 가설로 분리하는 것이 더 나을 것이다.

④ 가설은 선언적·가정적 문장형식으로 진술한다. "~는 ~한다" 또는 "만약 ~이면, ~일 것이다"라는 식으로 서술한다. 진술하는 문장의 시제는 연구자에 따라 미래형이나 현재형 중 어느 한쪽을 선택해서 사용한다. 예컨대 "학원교육은 아동에게 의타심을 조장한다", "학원교육을 받으면, 아동에게 의타심을 조장시킬 것이다" 등과 같다.

⑤ 가설은 연구자료를 수집하여 분석하기 이전에 설정하여 놓는다. 연구는 가설을 미리 세워 놓고 자신이 설정한 가설의 타당성을 따지는 활동이라 할 수 있다. 연구를 수행하기 전에 가설을 세우고 가설을 검증하도록 해야 한다.

일반적으로 모든 연구에서 가설이 필요한 것은 아니다. 탐색적 조사연구는 구체적인 가설이 없는 가운데 진행되는 경우가 많으며, 기술적 조사연구도 가설 없이 진행되는 경우가 있다. 실험연구에서는 반드시 가설을 설정해야 한다.

4) 연구설계

연구설계(research design)란 연구문제의 해결방안과 가설을 검증할 수 있는 구체적인 계획과 절차를 의미한다. 연구설계를 작성하는 과정에서 적당한 연구방법이 없거나 실행 가능성이 희박하다고 판단될 경우에는 이전의 단계로 되돌아가서 연구문제나 가설을 수정해야 한다. 연구설계를 작성할 때 연구자가 충분히 고려해야 할 사항은 연구대상의 표집, 자료의 수집과 분석방법, 연구설계의 실행방안, 연구의 제한점 등이다.

연구설계 및 기획단계는 건축설계와 마찬가지로 연구의 기본 '아이디어'에서 시작하여 그것을 구체적인 연구과정에 적용·실시하는 절차에 이르기까지 연구의 전반적인 윤곽을 보여주는 하나의 지침을 마련하는 과정이다. 연구설계는 탐색, 기술, 설명 등 연구의 주목적이 무엇인가에 따라서 여러 가지 유형으로 구분되며, 각 유형 내에서도 다양한 설계방법이 있다. 연구설계의 기본목적은 가장 경제적인 방법으로 연구문제에 대한 정확한 답을 얻는 것이다. 가설을 검증하기 위한 연구설계에서는 가설에 포함된 변수 간의 관계를 정확하게 분석하기 위하여 매개변수의 영향을 효과적으로 통제할 수 있어야 한다. 그러므로 가설검증에서는 매개변수가 미치는 영향을 통제하는 것이 설계의 주목적의 하나가 된다. 설명적(또는 실험적) 연구설계에서는 연구설계의 타당성 또는 인과적 추론의 타당성이 문제가 되는데, 타당성을 확보하려면 연구설계에서 외재변수의 영향을 제대로 통제할 수 있어야 한다.

5) 도구 선정과 제작

연구에 필요한 자료를 수집하기 위해서는 어떤 도구를 사용할 것인가를 결정하는 일은 아주 중요하다. 연구도구가 적절하지 못하면 연구목적과 일치하지 않는 연구결과를 얻을 가능성이 높다. 연구자는 기존의 연구도구나 검사 중에서 선택하거나 연구목적에 맞는 도구를 직접 제작해야 한다. 연구자가 기존 검사를 선택하거나 새로운 도구를 제작할 경우에는 그 도구의 타당도, 신뢰도, 객관도를 고려하여 최적의 도구를 제작 또는 선택해야 한다. 왜냐하면 연구도구를 잘못 사용하면 연구결과는 엉뚱한 방향으로 나타나기 때문이다.

6) 연구대상 선정

연구문제가 선정되면 누구를 대상으로 연구를 진행할 것인가를 결정하여야 한다. 연구대상의 선정단계에서 유념하여야 할 사항은 연구의 분석단위(unit of analysis)와 시간적 범위(time frame)이다. 연구의 분석단위는 개인, 집단, 프로그램, 조직 또는 제도, 지역사회 또는 정부나 국가, 사회적 생성물 등이다. 연구의 시간적 범위는 횡단적 연구, 종단적 연구 또는 시계열 단위 등과 같다.

연구대상을 구성하는 분석단위와 시간적 범위가 결정되면 연구의 모집단이 규정된다. 모집단은 연구자가 연구의 결과 얻게 될 결론을 일반화시키고자 하는 집단을 말한다. 모집단이 규정된 경우에도 우리가 관심을 가진 모집단의 모든 구성원에 대하여 조사하는 것이 불가능한 경우가 많다. 따라서 대부분의 경우에 모집단의 일부를 표본으로 추출하여 표본조사를 하게 된다. 표본조사를 위해서는 표본추출의 단위, 표본의 종류, 그리고 그 규모를 밝히고, 가설을 검증할 경우에는 모집단에 대한 가설의 검증방법을 고려하여야 한다.

7) 자료수집

자료수집은 연구설계에 따라서 경험적 자료를 수집하는 단계를 말한다. 연구자가 필요한 자료는 성격에 따라서 1차 자료와 2차 자료로 나뉜다. 1차 자료란 연구자가 현재의 연구목적을 위하여 직접 수집한 자료를 말하며 2차 자료는 1차 자료를 제외한 모든 자료를 포함한다. 2차 자료에는 정부기관이나 조사기관에서 발간한 간행물, 기업에서 수집한 자료, 학술지에 발표된 논문 및 다른 조사를 목적으로 수집된 자료로서 연구자의 연구목적에 도움이 될 수 있는 모든 자료가 포함된다.

연구자는 1차 자료를 수집할 것인가 아니면 2차 자료에 의존할 것인가를 결정해야 한다. 1차 자료를 수집한다면 자료수집방법을 결정하여야 한다. 1차 자료 수집방법에는 질문지법, 면접법, 관찰법 등의 방법이 있다. 수집방법이 결정되면 이에 따라 자료수집이 이루어진다. 수집된 자료는 분석에 앞서 용이하게 분석될 수 있도록 정리되어야 한다. 자료의 정리는 보통 편집, 분류 및 코딩처리 등을 뜻한다.

8) 자료분석과 해석

자료분석 단계에서는 수집된 자료를 분석하고 해석하여 경험적인 자료가 연구문제 및 가설과 부합되는지를 평가한다. 자료의 분석단계에서는 각종 통계적 기법이 사용되며 어떠한 기법이 사용될 것인가는 연구문제 및 가설, 조사설계에 따라서 미리 결정되는 것이 보통이다. 요즈음에는 경험적 자료의 분석단계에서 SPSS 또는 SAS 등 컴퓨터 통계 프로그램을 활용하는 것이 보편화되고 있다.

연구결과의 평가는 연구에서 발견한 사실을 바탕으로 가설의 긍정 여부를 판단하고, 연구를 진행하는 과정에서 있었던 문제를 전반적으로 검토·논의하고 연구의 결론을 도출하는 것이다. 연구의 결과가 원래 연구자가 기대했던 방향으로 나왔든 그 반대로 기대에 어긋나는 다른 결과가 나왔든 그것은 그 나름의 가치를 갖는 것이다. 따라서 연구자는 지적으로 정직해야 하며, 개방적인 자세로 연구에 임하는 것이 바람직하다. 그리고 연구결과를 해석하거나 결론을 내릴 때 지나친 일반화를 피해야 한다.

9) 보고서 작성

연구의 최종단계인 보고서 작성단계는 연구결과를 정리하여 보고서나 학술논문의 형태로 기술하는 단계이다. 연구결과는 구두로 보고되는 경우도 있으나, 보고서나 학술지의 양식과 체제에 따라서 문서로 작성된다. 독자들에게 연구내용을 효과적으로 전달하는 것은 매우 중요한 일이다. 연구보고서에는 연구의 목적과 문제, 방법과 절차, 결과 및 해석 등이 포함되며 솔직하고 간결하게 오직 사실대로만 기술해야 한다. 연구를 위해 수집한 문헌이나 자료 등을 모두 보고서에 인용하거나 제시할 필요는 없다. 보고서는 간단하면서도 논리정연하게 작성되어야 한다.

2. 아동연구의 유형

1) 접근방법에 따른 분류

(1) 양적 연구

연구는 연구접근방법에 따라서 경험주의와 실증주의에 입각한 양적 연구와 후기 실증주의에 입각한 질적 연구로 양분된다. 실증주의에 입각한 양적 연구는 주로 자연과학에서 주로 사용되어 온 전통적인 연구방법이다. 자연과학에서는 이 세계가 모든 사람에 의해 동일하게 경험되고 인식되는 객관적 실체로 이루어져 있다고 본다. 또한 이러한 실체는 기계적이고 수리적인 절차를 통해 경험적인 검증이 가능하다고 가정한다. 양적 연구를 지향하는 교육연구가들은 교육현상을 설명하고 이해하기 위하여 객관적인 척도에 의한 측정을 통하여 양적인 자료를 수집한다. 또한 이를 토대로 통계적인 추리과정을 거쳐 특정한 변인들 간의 인과관계를 제시한다(김석우 외, 2015). 전형적인 양적 연구로는 실험연구, 조사연구, 상관연구, 인과비교연구 등이 있다. 또한 양적 연구는 주로 통계적 방법을 사용하고 있다. 그리고 양적 연구의 절차는 네 가지로 요약된다(성태제, 2016). 첫째, 가설을 설정한다. 둘째, 가설의 경험적 결과를 추론하기 위하여 실제 상황이나 유사 상황을 만든다. 셋째, 실제 상황이나 유사 상황에서 발생하는 자료를 수집한다. 넷째, 수집된 자료를 분석하여 잠정적으로 서술된 가설이 참인지 거짓인지를 밝힌다.

(2) 질적 연구

양적 연구가 기계적이라는 비판과 더불어 후기 실증주의에 기반을 둔 질적 연구가 출현하게 되었다. 질적 연구는 관찰이나 면접을 통해 수집한 다양한 정보를 분석하며 해석하여 결과를 제시하는 방법이다(황혜정 외, 2011). 질적 연구는 현상학, 해석학, 상징적 상호작용이론 등에 기초하고 있다. 따라서 질적 연구에서는 인간 개개인의 존엄성을 강조하고 각 개인 특유의 경험세계가 있는 그대로 의미 있고 가치 있게 이해되어야 한다고 본다. 또한 특정한 인간이나 현상이 나름대로 보유하고 있는 의미 세계를 그대로 인정하고 이해하고 탐구하는 자세를 강조한다(김석우 외, 2015). 그래서 연구자의 주관적 판단이 연구결과에 영향을 준다는 점이 단점으로 지적되고 있다. 질적 연구를 주관적 접근, 예술적 접근, 문화기술적 접근이라고도 부른다(성태제, 2016). 질적 연구는 현상이나 상황이 나름대로 보유하고 있는 세계를 있는 그대로 인정하고, 이해, 탐구하려는 접근방법으로 교육현장에의 적극적인 참여, 현장 활동을 통한 자료의 수집, 연구자에 의한 자료의 의미 해석 등이 요구된다. 질적 연구로는 내용분석, 질적 사례연구, 역사연구, 문화기술연구, 근거이론 등이 있다.

(3) 양적 연구와 질적 연구의 비교

양적 연구와 질적 연구는 서로 다른 인식론적 근거를 두고 있다. 두 연구방법은 상호 대립되는 연구논리를 가지고 있지만, 상호보완적인 측면을 지니고 있다. 또한 두 연구방법은 지식을 산출한다는 점에서와 연구자의 체계성과 전문적 역할 수행이라는 점에서 공통점을 지니고 있다(김석우 외, 2015). 따라서 두 연구는 뚜렷한 차이점을 가지고 있음에도 불구하고 상호보완적 관계를 지니고 있는 것으로 판단된다. Borg 외(1996)의 양적 연구와 질적 연구의 특성을 비교한 결과는 **표 2-1**과 같다(김석우 외, 2015).

표 2-1 양적 연구와 질적 연구의 특성

양적 연구	질적 연구
• 객관적인 사회적 실체를 가정한다. • 사회적 실체란 시간과 장면에 걸쳐 비교적 항상적이라고 가정한다. • 기계론적 관점에서 사회적 현상들 간의 인과관계를 파악한다. • 연구참여자들과 그들이 놓인 장면을 분리	• 사회적 실체란 그 속에 참여하고 있는 참여자에 의해 구성된다고 가정한다. • 사회적 실체는 특정한 국지적인 상황 내에서 끊임없이 구성된다고 가정한다. • 사회적 현상들 간의 인과관계를 설명하는 데 인간의 의도가 중요한 역할을 한다고 가정한다.

(계속)

해 객관적이고 동떨어진 자세를 취한다. • 모집단을 연구하거나 모집단을 대표하는 표본을 대상으로 연구한다.	• 연구참여자들과 관점을 공유하고 서로 배려하는 태도를 지닐 정도로 사적으로 얽혀 있다. • 사례들을 연구한다.

양적 연구와 질적 연구를 대비시켜 두 연구방법을 전혀 별개의 것으로 간주할 수도 있으나, 연구 상황과 자료의 특성에 따라 연속선상에 존재하고 있는 것으로 보아야 한다. 양적 연구는 보다 통제된 상황에서 양적 자료에 의존한 연구이고, 질적 연구는 자연적 상황에서 질적 자료에 의존한 연구를 말한다. 양적 연구에서 깊이 분석하지 못한 내용을 질적 연구가 보완해 줄 수 있으며, 양적 연구는 주관적이기 쉬운 질적 연구의 연구결과에 객관적인 근거를 제공하여 질적 연구를 보완할 수 있다. 따라서 두 연구방법은 상호보완적 관계를 지니고 있다. 최근 일부 학자들을 중심으로 양적 연구방법론과 질적 연구방법론을 통합하기 위한 노력들이 진행되고 있다. 통합연구방법론은 크게 통합방법연구와 통합모형연구로 구별된다. 통합방법연구는 자료수집 단계와 같은 연구방법 단계에서 질적인 접근과 양적인 접근방법을 결합시키는 것을 의미한다. 통합모형연구는 연구의 여러 국면, 즉 연구문제 설정, 자료수집, 자료분석 및 추론 등 연구의 여러 단계에서 두 가지 방법의 통합을 시도하는 것을 의미한다(성태제·시기자, 2014).

2) 연구목적에 따른 분류

(1) 기초연구

연구를 수행하는 목적에 따라 기초연구(basic research)와 응용연구(applied research)로 나눌 수 있다. 기초연구는 어떤 사실에 대한 이론을 규명하여 지식을 확장시키는 역할을 하는 연구로서 원리 또는 특정한 사실을 발견하거나 이론을 발전시키고자 하는 목적을 가지고 있다. 다시 말하면 기초연구는 교육의 원리 또는 특정한 사실을 발견하거나 이론을 발전시키고자 하는 목적으로 수행하는 연구를 말한다. 기초연구는 세심한 연구절차를 거치지만 현장의 문제점을 해결하기 위한 구체적인 실천 방안을 제시하는 데는 관심이 부족하다. 다만 기초연구는 일반적인 법칙과 원리에 관한 중요한 과학적 지식을 발달시키며, 탐구를 보다 심도 깊게 하고 방법론을 발달시킨다. 또한 기초연구의 효과는 간접적으로 상당한 시간을 필요로 한다. 시간이 지나면 과학적 지식은 간접적인 방법으로 실제에 영향을 미친다. 기초연구에서 밝힌 원리나 이론이 실제 문제에 대한 의문점을 제기하게 만든다. 예를 들면, Piaget는 발달단계에 따른 아동의 지적 발달 수준에 관한 다양한 기초연구의 결과를 보고하였다. 교육자들은 개개 아동의 인지구조가 다르다는 사실을 파악하여 모든 아동에게 동일한 방법으로 지도하는 수업실제를 개선할 수 있다.

(2) 응용연구

응용연구(applied research)는 실제 문제 상황에서 이론적 개념을 검토하거나 어떤 상황의 진행과 결과를 개선시키는 데 목적이 있다. 기초연구와는 달리 응용연구는 과업중심이며 어떤 실제 문제에 대한 해결책이 되는 지식을 얻는 데 관심이 있다. 즉, 응용연구는 주어진 분야에 공통된 문제를 연구하는 데 초점을 두고 있다. 그러므로 대부분의 교육연구는 응용연구이며 교수학습 과정의 발전과 학습결과에 대한 일반화를 시도하기 위한 연구라고 할 수 있다. 아동연구자가 아동의 지적 발달단계에 맞는 최적의 교수방법을 찾아내는 경우가 바로 응용연구에 해당된다.

연구방법이 복잡하면 기초연구이고 단순하면 응용연구라는 인식은 잘못된 것이다. 기초연구는 이론가나 철학자에 의하여 수행되는 연구이고, 응용연구는 현장교사들이 수행하는 연구라는 인식도 잘못된 것이다. 따라서 기초연구와 응용연구는 어떤 위계가 있는 것이 아니며, 어떤 연구가 더 중요하다고 단정할 수 없다. 연구의 목적에 따라 선택되는 것이므로 두 연구 모두가 중요하다(성태제 · 시기자, 2014).

(3) 현장연구

일반적으로 연구목적에 따라 기초연구와 응용연구로 구분하고 있으나, 성태제(2016)는 Best와 Kahn(1989)의 견해를 참조하여 현장(실행)연구와 평가연구를 추가하고 있다.

현장연구(action research)는 실행연구 또는 행동연구로 번역되기도 한다. 현장연구는 교육상황에서 일어나는 문제를 해결하기 위하여 연구자와 교사가 공동으로 진행하는 연구이다. 현장연구는 이론의 전개나 이론의 일반적 응용이 아니라 학급 상황에 즉각적 적용에 관심을 두고 있다. 그러므로 현장연구는 연구결과를 일반화시키는 데 있어서 제한점을 가지고 있으며, 연구결과의 해석은 연구대상에게만 국한된다. 현장교육연구는 학생의 능동적 학습을 도와주고, 교사자신의 수업을 반성하며, 동료교사와의 협동연구로 동료애를 증진시킬 수 있으며, 교사 스스로 개별 학습을 가능하게 하며, 궁극적으로는 교직의 전문성을 제고할 수 있게 한다(Mettetal & Cowen, 2000). 현장교육연구의 구성요소는 헌신, 협력, 관심, 반성, 변화 등 5가지로 요약할 수 있다(Borgia & Schuler, 1996).

현장교육연구는 실무자의 실무를 개선하는 동시에 조직의 건강을 증진시키기 위한 강력한 도구로 간주되고 있다. 현장연구의 유형은 분류기준에 따라 다양하게 분류되고 있다. 김종서(1968)는 현장연구의 목적에 따라 진단형 현장연구, 경험형 현장연구, 실험형 현장연구로 구분하고 있다. Calhoun(1994)은 연구주체의 성격에 따라 교사 개인 연구, 공동협력 연구, 단위학교 현장연구로 구분하고 있다.

기초연구, 응용연구, 현장연구의 주요 특징을 비교하면 **표 2-2**와 같다.

표 2-2 기초연구, 응용연구, 현장연구의 특징

구 분	기초연구	응용연구	현장연구
연구목적	이론적	응용적	실천적
연구장소	실험실	교육현상	학교현장
연구대상	동물	인간	기존집단
통제정도	많음	중간	적음

3) 연구 실시시간에 따른 분류

(1) 횡단연구

횡단연구(cross-sectional research)는 한 시점을 기준으로 각기 다른 연령 집단에서 표집한 피험자들을 일정기간 동시에 연구하는 방법이다. 각기 다른 연령의 서로 다른 개인을 동일한 시기에 관찰하는 방법이다. 아동, 청소년, 성인을 동시에 관찰할 수도 있고, 연령이 서로 다른 아동을 동시에 표집하여 서로 비교할 수도 있다.

아동의 사회성 발달을 횡단연구로 수행한다고 가정하자. 2세, 5세, 8세의 아동을 동시에 각각 30명씩 동시에 표집하여 아동의 사회성을 관찰한다. 종단연구에서는 6년이 소요되는 연구를 단 한 번 실시함으로써 연구결과를 얻을 수 있다.

횡단연구의 장점은 단기간에 연구가 완료되므로 시간이 적게 소요되며, 모집단을 대표하는 표본의 결과를 얻게 되므로 연구결과를 일반화할 수 있다는 점이다. 그러나 횡단연구는 각 연령층마다 서로 다른 대상들을 가지고 각 연령단계별 대푯값을 구하여 그 대푯값을 서로 연결시켜서 발달의 일반적 경향을 알아보는 것이므로 개인의 성장과 발달과정에 관한 참모습을 알 수 없는 단점을 지니고 있다(이종승, 1984).

(2) 종단연구

종단연구(longitudinal research)는 동일한 연구대상을 오랜 기간 동안 계속 추적하면서 관찰하고 측정하여 자료를 수집하는 방법이다. 동일한 아동을 연구대상으로 하여 여러 해 동안 반복적으로 연구함으로써 시간의 경과에 따른 개인의 성장과 행동특성의 변화 양상을 밝혀낼 수 있다.

종단연구는 심도 있는 연구를 수행하고 깊이 있는 연구결과를 얻을 수 있다. 초기 경험과 후기 행동 간의 인과관계를 규명할 수 있다. 개인의 성장과정과 변화의 양상을 구체적으로 파악하는 장점이 있다. 그러나 종단연구는 시간이 많이 걸리고 비용과 노력이 든다. 시간이 경과함에 따라 피험자의 손실이 커진다. 반복적인 검사실시와 관찰로 인한 측정의 신뢰성에 관한 문제가 야기될 수 있으며, 연구의 초기와 후기에 사용되는 측정도구의 변화로 말미암아 측정한 결과를 서로 비교하기 어려울 경우도 있다.

횡단연구와 종단연구의 특성과 장단점을 비교하면 **표 2-3**과 같다(김석우, 1997; 황해익, 2010).

표 2-3 종단연구와 횡단연구의 특성과 장단점

구분	종단연구	횡단연구
특성	• 대표성을 고려한 비교적 소수를 표집한다. • 성장과 발달의 개인적 변화 파악이 가능하다. • 연구가 일단 시작되면 검사결과상 비교가 어렵기 때문에 도중에 사용하던 도구를 바꿀 수가 없다.	• 서로 비슷한 변인을 가진 다수를 표집한다. • 시간의 흐름에 따른 성장의 특성을 밝혀서 그 일반적 성향을 알 수 있다. • 개선된 최신의 검사도구를 충분히 활용할 수 있어 비교적 선택이 자유롭다.
장점	• 소수의 대상을 일정 기간 지속적으로 관찰기록하므로 대상의 개인 내 변화와 연구목적 이외의 유의미한 자료를 얻을 수가 있다. • 특정 주제, 즉 아동기의 신체발달과 성인기의 건강 간의 관계를 밝히는 주제에 용이하다.	• 종단적 연구에 비해 경비와 시간, 노력이 절약된다. • 각 연령에 따른 대푯값을 구해서 그 값들을 연결해서 일반적 성장의 곡선을 그려 볼 수 있다. • 상황에 따라 다양한 측정도구가 선택가능하다.
단점	• 긴 시간과 노력, 경비가 많이 든다. • 표집된 연구대상이 중도 탈락할 수 있다. • 한 대상에게 반복적으로 같은 검사도구를 이용한 측정을 해야 하므로 신뢰성이 낮아질 수 있다.	• 단지 성장의 일반적 경향만을 알 수 있을 뿐 개인적 변화상태는 알 수 없다. • 표집된 대상의 대표성을 확인하기 어렵다. • 행동의 초기와 후기의 인과관계에 관한 주제를 다루기가 어렵다.

이러한 횡단연구와 종단연구의 단점을 보완하기 위해 1965년에 Schaie가 단기종단연구(short-term longitudinal research)를 제안하였다. 단기종단연구는 종단연구보다 짧은 시간에 발달의 경향을 정확하게 파악할 수 있는 장점이 있다. 예컨대 1세에서 5세까지의 유아의 언어발달을 연구하기

위해 1, 2, 3세까지의 유아를 표집하여 2년간, 즉 1세 유아가 3세, 2세 유아가 4세, 3세 유아가 5세가 될 때까지 종단적으로 연구를 진행하는 방식이다. 이 방법은 종단 연구에 걸리는 시간을 단축할 수 있고 횡단연구의 동질성 문제를 어느 정도 해결하는 대안이 된다.

Chapter 3

문헌고찰

연구자는 탐구하려는 연구문제에 대한 선행연구가 어느 정도 수행되고 있는지를 먼저 확인해야 한다. 그래서 연구문제를 다루고 있는 학위논문, 학술잡지, 서적 등과 같은 다양한 문헌 자료를 수집하고 체계적으로 정리하여 분석하는 문헌고찰 작업이 수반되어야 한다.

이 장에서는 문헌고찰의 목적과 중요성을 논의한다. 자료의 종류별 특징을 간단히 언급하고 문헌고찰의 절차를 소개한다. 자료의 다양한 출처를 알아보고 인터넷을 활용한 자료 검색 방법을 살펴보고자 한다.

1. 문헌고찰의 목적

문헌고찰은 문헌조사나 문헌연구와 같은 의미로 사용되고 있다. 문헌고찰은 연구자가 선정한 주제와 관련된 기존의 연구결과를 수집하여 체계적으로 정리하는 활동이다. 연구자가 탐구하려는 연구문제를 해결하기 위하여 다른 연구자가 이미 수행한 선행연구 결과를 찾아야 한다. 이러한 선행연구의 결과는 이미 기존의 학위논문, 학술잡지, 서적 등과 같은 다양한 문헌 자료에서 발표되어 있다. 최근까지 연구된 참고문헌을 읽으면서 어디까지 연구가 진행되었고, 누가 어떤 연구를 수행하였으며, 앞으로 더 연구해야 할 문제가 무엇인지를 파악해야 한다. 연구자가 아무리 흥미로운 연구결과를 얻었다고 하더라도 이미 다른 연구자가 같은 연구논문을 미리 발표했다면 그 연구는 가치 없는 연구로 전락한다. 문헌고찰의 목적은 다양하게 논의되고 있다.

이종승(1984)은 문헌고찰의 목적을 해당 분야의 연구 현황의 파악, 문제해결을 위한 접근방법의 탐색, 연구의 이론적 기초와 가설설정의 근거탐색으로 요약하고 있다. 김석우 외(2015)는 문헌고찰의 목적을 새로운 연구주제의 발견, 연구문제의 한정, 비효율적인 접근의 예방, 연구방법론에 대한 통찰, 결과에 대한 해석적 근거 마련, 문헌분석을 통한 연구결과의 산출 등 6가지로 구분하여 설명하고 있다. 성태제(2016)는 문헌연구의 중요성을 해당 학문 분야의 선구자가 되는 것, 연구 가능한 주제의 선택, 연구문제의 구체화, 새로운 접근방법의 모색, 연구방법에 대한 통찰력의 획득, 연구를 시행하는 과정에서 발생할 수 있는 시행착오의 예방 등 6가지로 정리하고 있다. 여기에서는 선행연구의 현황 파악, 새로운 접근방법의 모색, 연구방법에 대한 통찰, 불필요한 시행착오의 예방 등으로 구분하여 살펴보고자 한다.

1) 선행연구의 현황 파악

문헌고찰의 일차적 목적은 선행연구의 현황을 파악하는 데 있다. 문헌고찰을 통하여 연구문제에 대한 전반적인 현황을 파악함으로써 연구자는 연구문제의 범위를 명확하게 한정할 수 있다. 실제로 연구문제의 범위를 구체적으로 한정하지 않고 광범위한 문제를 대충 다루는 조잡한 연구가 많다. 연구 분야의 현황을 잘 파악하면 연구자는 불필요한 반복연구를 미리 피할 수 있고, 자기의 연구결과를 선행연구의 결과와 비교할 수 있으며 해석하는 데도 도움을 받을 수 있다.

2) 새로운 접근방법의 모색

연구자는 문헌고찰을 통하여 연구문제에 대한 가장 타당한 접근방법을 선택할 수 있다. 연구자의 독특한 경험과 경력은 다른 연구자가 간과한 새로운 연구문제를 새로운 각도에서 특유한 연구방법을 찾아낼 수 있다. 다시 말하면 문헌고찰을 통하여 연구 수행에 관한 새로운 아이디어를 획득할 수 있다. 또한 같은 연구 주제에 대해서도 다른 연구방법을 통하여 새로운 연구 결과를 도출할 수 있다.

3) 연구방법에 대한 통찰

연구자는 선행연구를 검토함으로써 선행연구에서 어떤 연구대상에게 어떤 연구방법과 절차를 동원하였는가를 파악하여 연구방법에 대한 통찰을 얻을 수 있다. 연구대상의 선정, 측정도구의 선정과 제작, 조사나 실험 절차, 자료의 분석방법 등에 이르기까지 다양한 측면에서 유용한 도움을 받을 수 있다. 특히 최근의 선행연구를 검토할수록 이러한 연구방법론에 대한 통찰을 얻을 가능성이 더 높다.

4) 불필요한 시행착오 예방

연구를 시행하는 과정에서 발생할 수 있는 시행착오를 피할 수 있다. 연구자들은 해당 분야의 문헌고찰을 통하여 사전에 무의미한 연구의 효과를 발견함으로써 불필요한 시간낭비를 줄이게 된다. 연구의 제한점 부분은 연구를 진행하는 과정에서 발생하였던 문제점이나 단점을 서술하고 있으므로 연구자는 사전에 시행된 연구를 참고함으로써 연구를 실시할 때 발생할 수 있는 문제점을 미연에 방지할 수 있다.

2. 문헌고찰의 절차

문헌고찰은 연구자가 수행하고자 하는 적절한 주제를 선정하고 연구를 효율적으로 실시하는 데 있어서 중요한 역할을 담당한다. 그래서 체계적인 절차에 의거하여 문헌고찰을 수행하는 것이 시간을 절약하고 효율적으로 연구를 진행하는 지름길이 된다.

학자에 따라서 문헌고찰 또는 문헌연구의 절차는 다소 다르다. 김석우 외(2015)는 관심주제의 명료화, 주제어 혹은 핵심어 목록 작성, 자료의 탐색, 자료요약 카드 작성, 핵심 내용의 읽기와 요약, 자료의 종합 등의 절차를 제안하였다. 성태제(2016)는 연구주제에 관련된 중심단어 확인, 중심단어에 의한 2차 자료 열람, 1차 자료 목록집 열람, 해당 논문 확인 참고 등의 절차를 제시하였다. 이 글에서는 중심단어의 확인, 연구자료의 탐색, 연구자료의 읽기, 연구자료의 종합하기 등으로 구분하여 살펴보기로 한다.

1) 중심단어의 확인

연구주제에 관한 중심단어(key word)를 찾는다. 해당 연구의 내용을 대표할 수 있는 단어를 한두 개로 제한한다는 것은 쉬운 일이 아니지만,

가능한 한 중요한 중심단어들을 열거한다. 중심단어는 필요한 문헌을 체계적으로 조사하고 참고문헌을 효율적으로 정리하는 데 많은 도움을 준다.

2) 연구자료의 탐색

중심단어가 확정되면 2차 자료를 열람한다. 교과서나 개론서적과 같은 2차 자료는 연구분야의 개괄적 지식을 습득할 수 있으므로 연구주제를 보다 구체화시킬 수 있다. 연구와 직접 관련된 논문을 수집하기 위하여 1차 자료인 연구논문의 목록을 수록한 목록집을 열람하여 최근에 어떤 연구가 진행되었는지를 검토해야 한다. 예를 들면, ERIC, Education Index, Psychological Abstracts 등과 같은 연구논문 목록집은 연구논문에 대한 개괄적 지식을 습득할 수 있다.

1차 자료와 2차 자료를 구분하지 않고 연구문제와 관련된 서적과 연구논문을 가능하면 모두 찾아야 한다. 문헌고찰의 질은 연구문제와 관련된 자료를 얼마나 많이 빠짐없이 수집하였는가에 달려 있다.

3) 연구자료의 읽기

연구자가 연구에 직접 참여하여 관찰한 연구자료는 도서관이나 저자로부터 입수할 수 있다. 만약 본인의 연구를 수행하는 데 직접적인 영향을 주는 자료라면 전체 문서를 복사할 필요가 있다. 복사한 후에는 최근 자료부터 읽는 것이 좋다.

4) 연구자료의 종합하기

연구에 관련 있는 문헌을 수집하여 읽고 난 다음 1차 자료와 2차 자료를 종합하여 문헌에 제시된 지식을 기반으로 어떻게 연구에 연결시키고 설계해야 할 것인지에 대하여 명확히 파악해야 한다. 즉, 문헌을 통해 얻은 정보를 이론적·경험적 체제와 자신이 계획한 연구를 관련시켜야 한다.

3. 자료의 종류

문헌고찰에서 다루는 자료는 예비자료, 2차 자료, 1차 자료로 구분할 수 있다. 여기에서 각 자료의 특징을 간단히 살펴보고자 한다.

1) 예비자료

예비자료(preliminary sources)는 관련 문헌을 요약하여 출처를 알려주는 자료이다. 연구자들은 예비자료를 통해 연구주제와 관련된 논문과 단행본 등의 출처를 알 수 있다. 예비자료에는 색인(index), 초록(abstracts), 서지(bibliography) 등이 있다. 색인은 저자, 제목, 출판사 등에 대한 정보가 수록되어 있다. 초록은 출판물의 내용을 간단하게 요약해 놓은 자료이다. 서지는 서명, 주제, 저자, 출판사, 출판연도 등을 기록한 책이다.

2) 2차 자료

2차 자료(secondary sources)는 연구에 직접 참가, 관찰하지 않은 연구자가 기록한 자료를 말한다(김석우 외, 2015). 이러한 출판물에는 교과서, 백과사전, 안내서, 잡지의 평론기사 등이 있다. 대부분의 역사 교과서는 2차 자료인데, 저자는 과거 사건을 기술하는 데 있어서 다른 사람의 연구논문과 보고서에 의존하기 때문이다.

2차 자료는 많은 연구결과에 의한 다양한 이론을 소개하고 있기 때문에 연구주제에 대한 기초 지식을 쉽고 광범위하게 얻을 수 있는 장점이 있다. 이러한 2차 자료는 실제로 연구를 수행하기보다는 이론을 발전시키고 견해를 피력하기 위하여 문헌 고찰을 통해 종합해 놓은 자료로서 연구에 매우 유용한 자료가 될 수 있다.

2차 자료의 특징은 1차 자료에 대한 정보를 포함하고 있다는 점이다. 2차 자료를 읽으면서 연구문제에 대한 지식을 습득할 수 있지만, 연구문제와 관련된 1차 자료가 무엇이 있는가를 파악할 수 있다. 연구에 관련된 1차 자료를 수집하기 위해서 우선 2차 자료를 정독할 필요가 있다.

교육연구를 위한 대표적인 2차 자료로는 Encyclopedia of Educational Research를 들 수 있다. 이 교육연구 백과사전은 미국 교육학회에서 발간한 참고문헌으로 1941년에 처음 발간된 이래 거의 10년 주기로 발행되고 있다. 교육연구를 16개 분야로 구분하여 최신 연구결과와 연구동향을 서술하고 있다. 또한 교육연구의 특정 연구주제에 대한 안내서(handbook)는 해당 주제에 대한 일반적 지식과 구체적 연구주제의 동향을 파악하는 데 도움이 된다. 대표적인 안내서 목록은 다음과 같다.

- Handbook of Research on Curriculum
- Handbook of Research on Educational Administration
- Handbook of Research on Educational Psychology
- Handbook of Research on Multicultural Education
- Handbook of Research on Teacher Education
- Handbook of Research on the Education of Young Children

3) 1차 자료

1차 자료(primary sources)는 연구에 참여한 연구자가 직접 작성한 연구논문을 말한다(성태제, 2016). 학회나 학술단체에서 발행하는 학술지 등이 1차 자료에 해당한다. 이러한 학술지에는 다수의 연구논문이 수록되어 있다. 또한 개인의 학위논문이나 연구소의 연구보고서도 1차 자료에 속한다. 우리나라의 경우 대학교육협의회에서 발간되는 「대학교육」지에 연구자, 박사학위논문 제목, 해당 대학 등이 게재되고 있다.

1차 자료는 연구자가 연구의 진행과정과 결과를 기록한 보고서이므로 구체성과 과학성을 지니고 있어서 많은 연구자가 세부적인 연구내용을 참조하기 위하여 1차 자료에 의존한다. 1차 자료는 연구문제를 중심으로 분류하여 읽는 것이 바람직하다. 이러한 분류는 연구할 주제에 내재된 주요 주제와 관련된 자료를 적극적으로 읽도록 자극하고, 특정 주제에 관련된 자료를 빨리 확인함으로써 문헌연구 작업을 단순화할 수 있다. 그리고 연구보고서 등은 서론, 연구의 과정, 연구의 결과 등에 대하여 세밀하게 평가할 필요가 있다.

대학의 도서관에서 1차 자료를 수집하는 것이 가장 용이하다. 원하는 1차 자료가 없을 경우에 사서의 도움을 받아서 다른 인근 대학의 도서관과 연결하여 자료를 수집할 수도 있다. 획득한 1차 자료가 자신의 연구주제와 밀접한 관련이 있다면 자료 전체를 복사하는 것이 좋다. 복사본을 직접 가지고 연구에 참고하는 것이 훨씬 편리하기 때문이다.

교육연구에 참고가 되는 국내 1차 자료로는 한국교육학회에서 간행하는 『교육학연구』(1963~)와 각 분과 연구회에서 간행하는 분과 학회지가 있다. 대표적인 분과 학회지는 다음과 같다(성태제, 2016).

- 『교육공학연구』(1985~)
- 『교육과정연구』(1974~)
- 『교육사회학연구』(1990~)
- 『교육심리연구』(1988~)
- 『교육철학』(1977~)
- 『교육평가연구』(1986~)
- 『유아교육연구』(1976~)

4. 자료의 출처

문헌고찰을 효율적으로 실시하기 위해서는 연구문제와 관련된 문헌들을 가능한 한 모두 수집하여 체계적으로 정리하는 기술이 필요하다. 관련 문헌을 찾기 위해서는 자료의 출처를 잘 알아야 한다. 연구에 필요한 문헌에 대한 정보는 교육자료정보센터(Educational Resources Information Center; ERIC)를 비롯하여 서지, 색인집, 초록집, 참고문헌 등에서 얻을 수 있다.

1) 교육자료정보센터

ERIC은 1965년에 미국 정부가 설립한 교육 관련 정보통신망이다. 조직은 본부, 16개 지점, 8개의 지소, 3개의 지원센터로 구성되어 있다. 16개의 각 지점은 하나의 특정 주제를 맡아 관련 문서들에 대한 목록, 초록, 색인의 출판을 책임지고 있다. 또한 각 지점은 회보, 학회보고서, 서지를 출판하고 있다. 본부는 미국 교육부 산하 교육연구개선연구소(OERI)에 있고 인터넷 주소는 eric@inet.ed.gov이다.

초등유아교육 분야 지점은 Illinois 대학에 있으며 인터넷 주소는 ericeece.org이다. 각 지점에서는 학회에서 발표된 논문, 학술지에 게재된 논문을 정기적으로 수합하여 논문 목록집을 발간하고, 논문과 보고서의 내용을 마이크로피시와 CD-ROM을 제작하여 각 학교와 연구소에 보급한다.

ERIC은 정기적으로 주제목록집(Thesaurus of ERIC Descriptors), 교육학술지색인(Current Index to Journals in Education; CIJE), 교육자원(Resources in Education; RIE)을 발간하고 있다. 주제목록집에서 연구주

제에 관련된 참고문헌이 있는지를 알기 위하여 논문의 중심단어를 찾은 후에 이 중심단어를 사용하여 검색을 하면 연구주제를 찾을 수 있도록 되어 있다. 중심단어는 보통 각 논문의 요약 뒤에 나와 있다. ERIC을 통하여 참고문헌을 찾을 경우에는 주제목록집을 열람하여 주제별, 저자별 색인을 통해 논문제목과 논문의 열람번호를 찾을 수 있다.

먼저 책자로 된 CIJE와 RIE를 검색하는 것이 좋다. 즉, 중심단어를 이용하여 연구자가 원하는 관련 연구의 개요를 찾을 수 있다. 대부분 대학 도서관에는 ERIC의 CIJE와 RIE의 CD-ROM 버전을 갖추고 있다. 만약 도서관에 CD-ROM이 없다면 온라인 검색도 가능하다. 참고문헌이나 초록에서 컴퓨터 검색 시 발견하지 못한 문헌이 발견될 수도 있다. 이는 대부분 적절한 수의 검색어를 사용하지 않았거나 ERIC 색인 작성자가 본인이 사용한 것과 같은 검색어로 문서를 코드화하지 않았기 때문이다.

2) 서지

(1) 대한민국 출판물 총목록

이 목록집은 월간으로 출판되며, 300여 개가 넘는 교육 관련 전문잡지에 실린 논문들, 단행본, 교육학 관련 보고서 등을 목록화해 놓고 있다. 최근호부터 찾아보는 것이 요령이며, 교육학 분야만 찾아보는 것보다는 인접분야도 검색해 보는 것이 바람직하다.

(2) 한국출판연감

이 목록은 대한민국출판문화협회에서 1963년부터 출간하고 있다. 제1권은 1943~1963년까지의 상업도서를 수록하고 있으며 그후 연간으로 출판하고 있다.

3) 색인과 초록집

(1) 교육 색인집

교육 색인집(Education Index)은 월간으로 발간되며 저자와 주제명 색인집이다. H. W. Wilson 출판사가 1929년에 처음 간행되었으며, 7월과 8월을 제외하고 매달 정기적으로 간행하는 논문목록집이다. 목록집에는 논문제목별, 저자별로 목록이 작성되며, 교육학에 대한 학회논문의 내용을 담고 있다. 매월 간행한 참고문헌 목록을 7월부터 다음 해 6월까지 종합하여 연감으로 출판한다(성태제, 2016).

Education Index가 ERIC과 다른 점은 Thesaurus가 없고 논문의 주제와 저자가 혼합되어 있어서 원하는 논문을 찾기가 쉽지 않으며, 약어를 사용하고 있다는 점이다. 예컨대, Journal of Educational Measurement를 J Educ Meas로 표기한다. Education Index에는 논문제목, 저자명, 게재된 학술지 이름과 호수, 해당 페이지, 게재 연도가 수록되어 있다. Eduction Index도 모든 정보를 CD에 수록하여 컴퓨터로 문헌에 대한 정보를 검색할 수 있게 하고 있다.

(2) 심리학 초록

심리학 초록(Psychological Abstracts)은 1927년 처음으로 발행되었으며 미국심리학회(American Psychological Association; APA)가 심리학과 관련된 분야의 학술지에 게재된 논문을 모아서 발행하는 것이다. 16개 영역으로 구분되나 일반적으로 심리학, 심리측정이론, 실험심리, 임상심리, 발달심리, 산업심리학과 관련된 논문들을 수록하며 미국뿐만 아니라 외국의 논문도 포함된다.

Psychological Abstracts는 매월 발간되며 Subject Index와 Abstracts의 두 부분으로 구성되어 있다. 그리고 3개월마다 두 부분을 합하여 하드커버로 발간한다. 연구주제에 해당하는 단어를 Brief Subject Index에서 찾으면 해당주제와 관련 있는 논문들의 일련번호가 제시된다. 논문의 일련번호는 매년 1번부터 부여되기 때문에 참고논문을 종합하였을 때 같은 번호가 중복될 수 있다. 그러므로 Psychological Abstracts 호수, 즉 몇 연도에 발간되었는지를 반드시 확인해야 한다. Psychological Abstracts에는 논문의 일련번호와 저자, 논문제목, 게재한 학술지명과 호수 그리고 해당 페이지, 논문 내용의 요약내용을 수록하고 있다. 해당 논문의 요약내용을 읽고 논문의 전체를 더 구체적으로 알고 싶을 때는 해당 학술지의 논문을 찾아서 읽고 필요할 경우에 복사하면 된다.

Psychological Abstracts에서도 Thesaurus of Psychological Index Terms를 보고 연구자가 연구내용과 관련된 중심단어를 확인할 수 있다. 중심단어를 확인한 후에 해당 주제와 관련 있는 논문이 있는지를 확인하기 위하여 Psychological Abstracts를 열람한다.

(3) 박사학위논문 초록

박사학위논문 초록(Dissertation Abstracts International; DAI)은 논문을 작성하기 위해 가장 많이 인용하는 참고문헌으로 월간으로 간행된다. DAI에는 미국과 캐나다의 대학에서 통과된 박사학위논문의 초록을 싣고 있다.

매월 발간되는 단행본에는 핵심어 색인을 싣고 있다. 참고문헌 목록은 이들 핵심어에 따라 분류되고 알파벳순으로 나열된다. 특정한 주제를 찾으려면 관련 초록의 위치를 알기 위해서 핵심어 색인을 찾아보도록 한다.

(4) 한국 석박사 학위논문 총목록

국회도서관에서 발행하며, 해방 이후 학위논문은 모두 싣고 있다. 연구주제와 관련하여 최신호부터 거슬러 검색하는 것이 효과적인 검색 방법이다.

(5) 인터넷과 기타 참고문헌

정보화 사회가 빠른 속도로 진행되면서 인터넷을 통한 관련 교육정보의 검색이 점차 일반화되고 있다. 교육관련 홈페이지를 비롯하여 전자우편, 전자게시판, 전자저널, 파일전송 등을 통하여 더욱 더 빠르고 편리하게 자료를 검색하고 수집할 수 있는 다양한 통로가 열려 있다. 기타 참고문헌으로는 측정도구 참고문헌을 비롯하여 참고문헌 색인, 북리뷰 색인, 교육과 그 연관된 분야의 책 색인, 교과과정 자료 색인, 인명록 색인, 석박사 학위 논문 색인, 교육에 관련되면서도 CIJE에 오르지 않은 저널 아티클, 논문, 보고서들의 색인, 잡지와 신문 색인 등을 통하여 관련 문헌을 찾을 수 있는 많은 예비자료가 있다.

측정도구 참고문헌으로는 미국의 Mental Measurement Yearbook, Test Critiques, Test in Print, ETS Test Collection 등이 있다. 우리나라에서 참고할 검사의 목록집은 서울대학교 사범대학 교육문제연구소(1997)에서 발간한 「한국교육심리검사총람」과 고려대학교 행동과학연구소(1999)에서 발간한 「심리척도핸드북」이 있다.

Mental Measurement Yearbook은 미국 Nebraska 대학의 The Buros Institute of Mental Measurements에서 2년에 한 번씩 개정하여 발간하는데, 미국 내에서 사용되고 있는 모든 표준화검사를 수록하고 있다.

5. 인터넷 자료 검색 방법

1) 국회도서관(http://www.nanet.go.kr)

국회도서관의 전자도서관을 이용하여 단행본, 학위논문, 학술지 등을 통합적으로 검색할 수 있다. 문헌고찰을 할 때 가장 많이 이용하는 곳은 도서관이다. 도서관은 자료와 정보의 보물창고 역할을 담당하고 있다. 신분증을 지참하면 누구나 도서관을 이용할 수 있다. 또한 단행본, 석·

박사학위논문, 정기간행물 등의 데이터베이스를 구축하고 있어 관심 있는 주제에 관련된 연구를 쉽게 검색할 수 있다. 회원 가입 절차를 거치면 국회도서관 내 전자도서관을 인터넷상에서 누구나 이용할 수 있다. 국회도서관 홈페이지에서 ID와 비밀번호를 입력하여 로그인하고 [전자도서관] → [검색]을 선택하면 다음과 같은 검색창이 나온다.

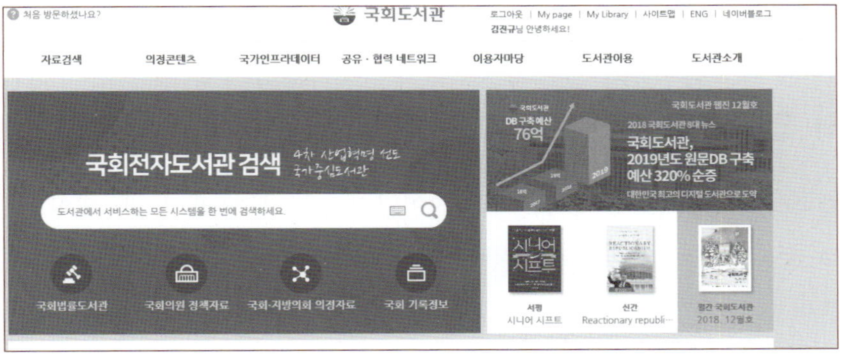

2) 한국교육학술정보원(http://www.riss4u.net)

한국교육학술정보원(KERIS)에서는 학술연구정보서비스(Research Information Service System; RISS)를 제공하고 있다. 이 시스템을 활용하면 국내 1,100개 학회의 학술지논문, 100여 개 대학의 학위논문, 단행본, 학술지를 광범위하게 통합 검색할 수 있다. 간단한 회원가입 절차를 거치면 누구나 이용할 수 있다. 또한 국내·외 도서관과 관련 기관이 링크되어 있어 자료를 손쉽게 검색하고 원문을 다운받을 수 있어 널리 이용되고 있다. 원문은 pdf 파일로 제공되며 무료로 다운받을 수 있다.

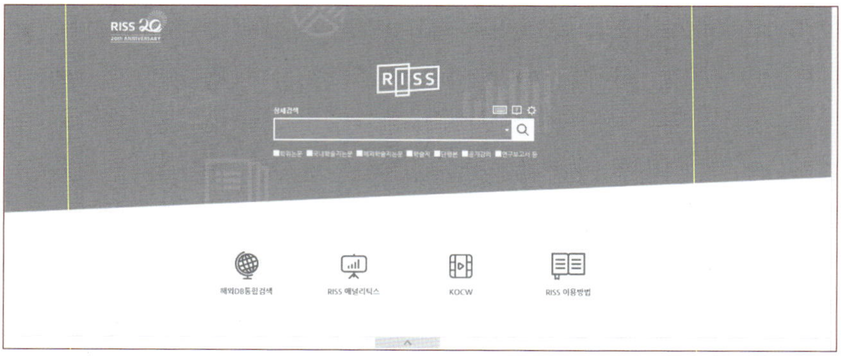

3) 한국사회과학자료원(http://www.kossda.or.kr)

한국사회과학자료원에서는 국내 연구자료와 문헌의 통합 데이터베이스를 제공하고 있다. 연구자는 이 웹사이트를 통해 양적·질적 자료와 연구문헌을 이용할 수 있다. 양적 자료로는 국제비교 조사자료를 포함한 각종 통계자료를 제공하고 있다. 질적 자료로는 텍스트, 동영상, 녹음, 이미지 등 다양한 형태의 지역공동체, 가족, 해외동포, 정치 및 사회운동 자료를 검색할 수 있다. 또한 문헌 자료는 국내외에서 발간한 한국과 한국관련 사회과학 연구논문, 보고서, 단행본, 및 학위논문을 검색할 수 있다.

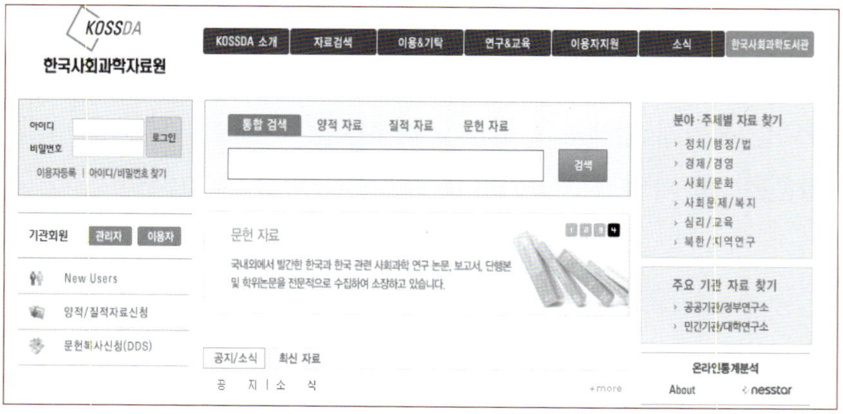

4) 누리미디어 DBPIA(http://www.dbpia.co.kr)

인문, 사회, 어문, 경제, 경영, 교육, 행정 등 11개 분야의 총 285여 개 학회, 협회 및 출판사에서 발행되는 600여 종의 디지털 간행물에 대한 원문 정보를 제공한다. 다수의 대학도서관 및 연구기관과 협약을 맺고 있어 대학이나 기관과 링크를 통해 접속하면 무료로 자료를 받을 수 있다.

5) 포털 사이트

학술 정보를 제공하는 전문적인 사이트 외에 Naver, Daum, Google 등과 같은 포털 사이트에서 제공하는 검색 엔진을 이용하여 많은 자료를 수집할 수 있다. 예컨대, 외국 학술잡지를 읽다가 참고문헌에 실려 있는 자료를 학술 정보 사이트에서 찾을 수 없을 경우에 Google 검색창에 저자 이름과 제목을 입력하면 다양한 자료를 검색할 수 있다.

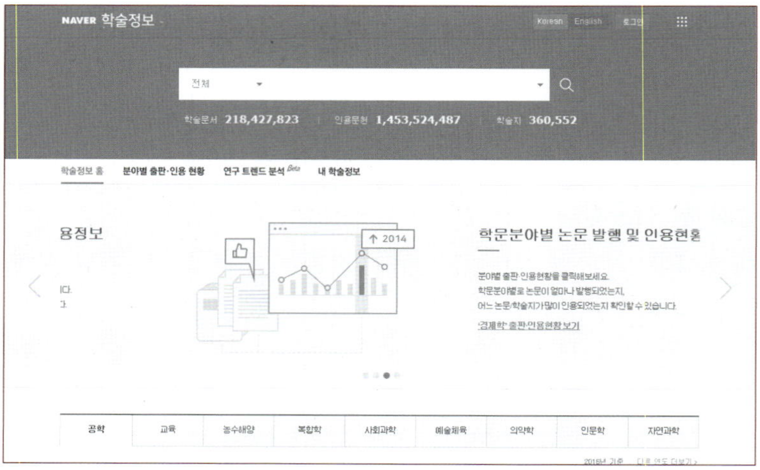
NAVER 학술정보
Korean English 로그인
전체
학술문서 218,427,823
인용문헌 1,453,524,487
학술지 360,552
학술정보 홈
분야별 출판·인용 현황
연구 트렌드 분석 Beta
내 학술정보
2014
학문분야별 논문 발행 및 인용현황
공학
교육
농수해양
복합학
사회과학
예술체육
의약학
인문학
자연과학

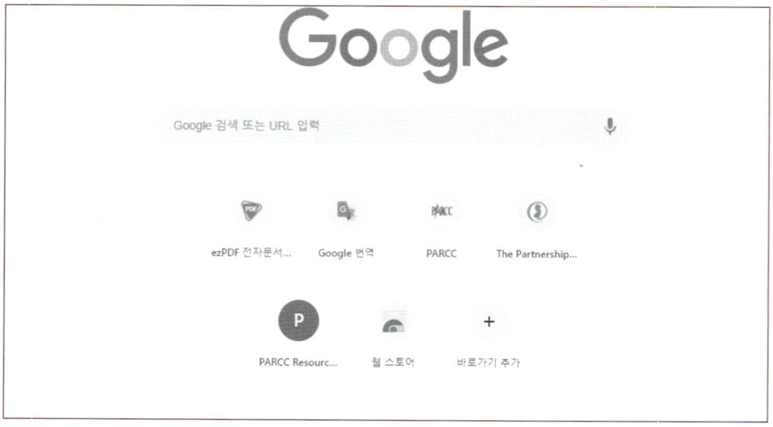
Google
Google 검색 또는 URL 입력
ezPDF 전자문서...
Google 번역
PARCC
The Partnership...
P
PARCC Resourc...
웹 스토어
+
바로가기 추가

6) 학회 및 연구기관

아동연구 분야에 관련된 학회 홈페이지를 방문하여 직접 학회지를 열람할 수 있다. 학회지를 직접 찾을 경우에는 정확한 권과 호, 그리고 페이지를 확인하고 찾는 것이 좋다. 최신호의 목차를 읽어보는 것은 최신 연구 동향을 파악하거나 시사성이 있는 연구주제를 찾을 경우에 도움이 된다. 아동연구 관련 국내 학회지는 **표 3-1**과 같다(황해익, 2010).

표 3-1 ▸▸ 아동연구 관련 국내 학회지 현황

학회	학회지명(발행횟수)	홈페이지
한국유아교육학회	유아교육연구(연 6회)	http://www.ksece.or.kr
한국아동학회	아동학회지(연 6회)	http://www.childkorea.or.kr
한국열린유아교육학회	열린유아교육연구(연 6회)	http://www.open33.or.kr
한국영유아교원교육학회	유아교육학논집(연 6회)	http://www.eceteacher.or.kr
한국생태유아교육학회	생태유아교육연구(연 4회)	http://www.ecoece.or.kr
한국영유아보육학회	한국영유아보육학(연 6회)	http://www.kacce.or.kr
미래유아교육학회	미래유아교육학회지(연 4회)	http://www.futureece.or.kr
한국어린이미디어학회	어린이미디어연구(연 3회)	http://www.childrensmedia.org
한국보육지원학회	한국보육지원학회지(연 2회)	http://www.educarechild.org
한국아동교육학회	아동교육(연 4회)	http://www.childedu.or.kr
한국실천유아교육학회	실천유아교육(연 2회)	http://www.kpaece.or.kr

Chapter 04

연구대상의 표집

아동연구에서는 모든 아동을 대상으로 연구를 실시하는 경우는 거의 없다. 따라서 전체 모집단 중에서 일부분을 표본으로 선택해서 그 표본 집단을 대상으로 연구를 진행해야 하는 경우가 대부분이다.

이 장에서는 표집과 관련 있는 개념을 알아본다. 다양한 표집방법의 개념과 표본추출 방법을 설명한다. 그리고 무선할당의 의미와 주요 방법을 제시한다. 표본을 선정할 경우에 유의해야 할 사항을 살펴본다. 마지막으로, 각 연구방법별로 연구대상의 최적한 크기를 논의하고자 한다.

1. 표집의 개념

아동연구를 수행할 경우에 연구대상의 전체를 모두 다룰 수 없다. 예컨대 동화교육 프로그램의 효과를 연구하고자 할 때 전국의 모든 아동을 대상으로 실험하는 것은 불가능하다. 그래서 일부 유치원이나 학급을 실험대상으로 삼아서 연구하게 된다. 연구대상을 선정할 경우에 사용되고 있는 모집단, 표본, 표집의 개념을 설명하고자 한다.

1) 모집단

모집단(population)은 연구대상이 되는 전체를 말한다. 모집단을 전집이라고 부르기도 한다. 연구자가 5세 아동을 대상으로 학습준비도를 조사하려고 한다면 전국의 5세 아동이 바로 모집단이 된다. 일반적으로 모집단 전체를 대상으로 연구하기 어렵다. 모집단을 연구대상으로 하면 시간과 경비가 문제가 된다. 또한 시간이 너무 많이 걸리므로 모집단이 변화될 수 있다. 전국의 아동을 대상으로 연구가 진행되는 도중에 아동의 나이가 6세로 변할 수 있다는 것이다.

2) 표본

표본(sample)은 모집단을 대표하여 추출된 실제 연구대상이 된 집단을 말한다. 모집단을 대상으로 연구하는 것이 현실적으로 불가능하기 때문에 모집단을 대표하는 표본을 사용한다. 연구의 성공은 바로 모집단을 잘 대표하는 표본을 선정하는가에 달려 있다. 표집과정에서 발생하는 오차를 줄여서 편파적인 표집이 되지 않도록 노력해야 한다. 표본은 연구의 직접적 대상이므로 표본의 속성을 파악하기 용이하다. 표본의 속성을 가지고 모집단의 속성을 유추하고 추정하게 된다.

3) 표집과 표집오차

표집(sampling)은 모집단으로부터 표본을 추출하는 과정을 말한다. 표집과정에서 발생하는 표집오차를 최소화해야 한다. 표집오차(sampling error)는 표본평균과 모집단평균의 차이를 의미한다. 만약 표본평균과 모집단평균과 같다면 이는 표집이 완벽하게 되었다는 뜻이다. 표본평균이 모집단평균과 차이가 크면 표집이 잘못되었다는 것이고 표집오차가 커진다.

2. 표집방법

모집단에서 표본을 추출하는 방법은 다양하다. 표집방법은 크게 확률적 표집과 비확률적 표집으로 구분된다.

확률적 표집과 비확률적 표집을 비교하면 **표 4-1**과 같다(채서일, 1993; 황해익, 2010).

표 4-1 확률적 표집과 비확률적 표집의 비교

확률적 표집	비확률적 표집
• 연구대상이 표본으로 추출될 확률이 알려져 있을 때 사용	• 연구대상이 표본으로 추출될 확률이 알려져 있지 않을 때 사용
• 무작위 표본 추출	• 인위적 표본 추출
• 모수추정에 편파성 없음	• 모수추정에 편파성 존재 가능
• 표본 분석 결과의 일반화 가능	• 표본 분석 결과의 일반화 제약
• 표본오차의 추정 가능	• 표본오차의 추정 불가능
• 시간과 비용이 많이 듦	• 시간과 비용이 적게 듦

확률적 표집방법은 모집단에서 확률적 절차에 따라 확률이 동일하도록 표집하는 방법을 말한다. 집단의 각 사례가 표본으로 추출될 확률이 동등하게 부여되는 표집방법이다. 확률적 표집방법에는 단순무선표집,

체계적 표집, 유층표집, 군집표집 등이 있다.

비확률적 표집방법은 집단의 각 사례가 표본으로 추출될 기회가 동등하지 않고 연구자의 자의적 기준에 따라 표본을 선정하는 방법을 말한다. 비확률적 표집은 추출될 확률을 알 수 없고 표집오차를 계산할 수도 없지만 어쩔 수 없이 사용되는 경우가 있다. 비확률적 표집방법에는 의도적 표집, 할당표집, 우연적 표집 등이 있다.

1) 확률적 표집방법

(1) 단순무선표집

단순무선표집(simple random sampling)은 확률적 표집의 가장 대표적인 방법으로 모집단의 모든 구성원이 표본에 추출될 확률이 같고, 하나의 구성원이 추출되는 사건이 다른 구성원이 추출되는 것에 영향을 주지 않는 독립적인 표집방법을 말한다. 예컨대, 1,000명의 모집단에서 100명으로 구성된 표본을 추출하고자 할 경우 1,000명의 모집단 구성원이 표본에 뽑힐 확률은 1/1,000로 같아야 한다.

단순무선표집을 하는 방법으로는 난수표를 이용하거나 제비뽑기를 하는 방법이 있다. 단순무선표집의 절차는 다음과 같다(성태제, 1998).

① 모집단을 선정하여 모집단 전체의 수와 표본의 크기를 정한다.

② 모집단 구성원에게 1번부터 N번까지 번호를 부여한다.

③ 난수표의 한 지점을 연구자가 임의로 선정한다.

④ 그 지점에서 표집을 위한 난수를 추출한다. 난수표에서 선정된 번호가 N보다 크면 버리고 다음 번호를 읽어서 N보다 작으면 추출한다.

⑤ 그 다음 난수를 추출하기 위하여 이동할 방향을 정한다. 난수 추출을 위한 이동 방향은 상하좌우 어느 방향이든 관계가 없으나 일관성을 유지해야 한다.

⑥ 표본의 크기가 채워질 때까지 그 다음 난수를 추출한다.

⑦ 난수표의 난수가 N보다 크거나 중복되면 버리고 N보다 작으면 추출한다.

⑧ 표본의 크기가 채워지면 표집을 완료한다.

난수표의 예시는 **표 4-2**에 제시되어 있다.

표 4-2 난수표의 예시

	열									
행	1	2	3	4	5	6	7	8	9	10
1	32388	52390	16815	69298	82732	38480	73817	32523	41961	44437
2	05300	22164	24369	54224	35983	19687	11052	91491	60383	19746
3	66523	44133	00679	35552	35970	19124	63318	29686	03387	59846
4	44167	64486	64758	75366	76554	31601	12614	33072	60332	92325
5	47914	02584	37680	20801	72152	39339	34806	08930	85001	87820
6	63445	17361	62825	39908	05607	91284	68833	25570	38818	46920
7	89917	15665	52875	78323	73144	88662	88970	74492	51805	99378
8	92648	45454	09552	88815	16553	51125	79375	97596	16296	66092
9	20979	04508	64535	31355	86064	29472	47689	05974	52468	16834
10	81959	65642	74240	56302	00033	67107	77510	70625	28725	34191

표 4-2에 제시되어 있는 난수표를 이용하여 표집하는 방법을 실습해 보자. 어느 교육청 관내 유치원에 등록한 유아 500명의 모집단으로부터 50명의 유아를 단순무선표집한다고 가정해 보자. 연구자는 먼저 유아의 명부에서 일련번호를 매긴다. 총수가 500명이므로 다섯 자릿수의 마지막 세 자리 숫자만 사용한다. 가령 1행 4열부터 아래로 시작한다면 298을 선택하고 224를 선택하며, 552를 제외하며(모집단에는 500의 경우만 있기 때문), 366을 선택하는 등 계속한다. 이러한 과정을 거쳐 50명의 유아가 선택될 때까지 계속하면 된다.

단순무선표집방법의 장단점은 **표 4-3**과 같다.

표 4-3 단순무선표집방법의 장단점

장점	단점
• 모집단에 대한 사전지식이 없을 때 • 모집단의 층화가 없을 때 • 표집오차의 계산이 쉽다.	• 표집틀이 없으면 표집이 불가능 • 층화되어 있을 경우 표집오차가 증가한다.

(2) 체계적 표집

체계적 표집(systematic sampling)은 모집단의 전체 사례에 번호를 붙여놓고 일정한 표집간격에 따라 표집하는 방법이다. 이는 계통표집이라고 부르기도 한다. 표집목록에 일련번호를 부여한 다음 한 번호를 선정하고 k번째를 뛰어 넘어 표집하는 방법을 말한다.

모집단에서 표본을 추출할 때 k번째 1의 법칙을 적용한다. 먼저 k를 선정한 후, 일련번호를 추출하고 k번째마다 대상을 추출한다. 예컨대, 100명의 아동 가운데 10명을 선정하고자 한다면 출석부에서 7번 아동을 추출한 다음 10번 간격으로 추출하면 7, 17, 27, 37, 47, 57, 67, 77, 87, 97 등과 같이 10명의 표본이 만들어진다.

체계적 표집방법의 장단점은 **표 4-4**와 같다.

표 4-4 체계적 표집방법의 장단점

장점	단점
• 간편하게 활용할 수 있다. • 빠른 표집이 가능하다. • 학년별 지역별 명단이 있을 때	• 명단을 구하기 어려울 때 • 명단이 특정한 특성을 반복 제시될 경우

(3) 유층표집

유층표집(stratified sampling)은 모집단을 구성하고 있는 하위집단을 여러 속성에 따라 유층으로 구분하여 각 유층에서 단순무선표집을 하는 방법을 말한다. 유층이란 어떤 기준에 따라 나누어 놓은 모집단의 여러 하위집단을 의미한다. 유층별로 일정수를 골고루 선택함으로써 표본과 모집단의 동질성을 확보하고 표본의 대표성을 높이는 표집방법이다.

모집단의 속성에 따라 유층으로 분류하고 각 유층에서 필요한 수만큼의 표본을 추출한다. 예컨대 유층을 나누는 속성이 학교의 유형과 성별을 고려하여 분류하였다면 2단계유층표집이라 부른다.

유층표집방법은 비례유층표집(proportional stratified sampling)과 비비례유층표집(nonproportional stratified sampling)으로 나눌 수 있다. 비례유층표집에서는 표본에서 각 하위집단의 비율이 모집단에서의 비율과 같도록 하여 표집한다. 예컨대 성별, 거주지역, 교육수준, 종교 등과 같은 모집단의 특성에 따라 유층을 나누고 각 유층별로 하위집단의 구성비율을 파악하고, 표본의 수에서도 그 구성비율을 그대로 적용하여 표집한다.

비비례유층표집은 하위집단의 크기에 비례하여 표집하는 것이 아니라 필요한 수만큼 각 집단에서 똑같이 뽑는 방법이다. 따라서 모집단에서의 구성비율이 그대로 표집에 반영되지 않는다.

유층표집방법의 장단점은 **표 4-5**와 같다.

표 4-5 유층표집방법의 장단점

장점	단점
• 모집단의 특성을 잘 대표할 수 있다. • 계층으로 분류된 특성을 알 수 있다. • 각 계층에서 표본추출이 용이하다.	• 계층을 분류하는 정보가 부실하면 오류가 생긴다. • 계층 간 표집틀이 없으면 시간이 오래 걸린다.

(4) 군집표집

군집표집(cluster sampling)은 모집단을 자연적으로 구성되어 있는 군집을 먼저 뽑아내고, 뽑혀진 군집 내에서의 모든 사례를 표집하는 방법을 말한다. 군집표집에서는 표집의 단위가 개인이 아니라 집단이다. 군집표집을 집락표집 또는 군락표집이라 부르기도 한다.

모집단을 군집으로 나눈 다음 무선표집에 의하여 군집을 추출한다. 군집표집은 표집틀을 사용하는 것이 어려울 경우 연구대상의 집단을 추출하는 방법이다. 예컨대 강남지역의 유치원에 다니는 5세 아동 가운데 300명을 선정하여 지능 발달수준을 알아보고자 한다고 가정해 보자. 만약 모집단이 50개의 학급으로 구성되어 있고 학급당 평균 아동수가 30명이라고 가정하면 군집표집에서는 10개의 학급을 무선표집하면 된다.

군집표집방법의 장단점은 **표 4-6**과 같다.

표 4-6 군집표집방법의 장단점

장점	단점
• 표집목록 사용이 원활하지 않을 경우에도 실시가 용이하다. • 표집단위가 집단이므로 시간과 경비를 절감할 수 있다. • 모집단의 특성에 대한 사전지식이 없을 때 사용 가능하다.	• 군집 단계에 표집오차가 생긴다. • 연구자료의 통계치를 계산하는 전통적 방식에는 사용할 수 없다. • 통계치는 집단 차이에 대해 덜 민감하다.

2) 비확률적 표집방법

(1) 의도적 표집

의도적 표집(purposive sampling)은 연구자가 연구목적에 비추어 주관적 판단하에 사례들을 의도적으로 표집하는 방법이다. 연구의 특정한 목적을 위하여 연구목적에 부합하는 표본을 추출하여 연구를 진행하는 예로 역사연구나 인류학연구를 들 수 있다. 이 방법은 연구자의 독자적 판단과 전략에 따라 대표적인 사례를 의도적으로 표집하는 것이 단순무선표집방법보다 더 대표성을 지닌 사례를 표집할 수 있다는 가정에 근거한다. 대부분 연구자의 경험이나 전문적 식견에 바탕을 두고 표집하게 된다.

의도적 표집방법은 표집이 간편하고 비용을 절감할 수 있는 장점이 있다. 연구자의 주관적 판단이 잘못되었을 경우에 발생하는 오류를 수정할 수 없다는 것이 단점이다. 의도적 표집의 경우 모집단에서 요소를 추출할 때 무작위로 추출하지 않는다는 사실에 유의해야 한다. 그래서 의도적 표집은 연구결과의 외부적 당위성이나 대표성의 문제가 없을 경우에만 사용될 수 있는 표집방법이다.

(2) 할당표집

할당표집(quota sampling)은 모집단의 여러 특성을 대표할 수 있는 여러 개의 하위집단을 구성하여 각 집단에 알맞은 표집수를 할당한 후 그 범위 내에서 임의로 표집하는 방법이다. 유층표집과 유사하지만 비확률적 표집이라는 점에서 차이가 있다. 할당기준으로는 연령, 성별, 교육수준, 직업 등을 들 수 있다.

장점으로는 최종적으로 뽑는 표집의 단위를 각 조사자들에게 지리적으로 가깝게 할 수 있기 때문에 비용을 줄일 수 있고, 어느 정도의 유층화를 기대할 수 있다는 점이다. 그러나 할당을 하는 데 연구자의 편견이 작용할 가능성이 많으며, 비확률적 표집이기 때문에 대표성이 문제가 된다.

(3) 우연적 표집

우연적 표집(accidental sampling)은 임의표집 또는 편의표집이라고도 한다. 이러한 표집방법은 특별한 표집계획 없이 연구자가 임의로 가장 손쉽게 구할 수 있는 대상들 중에서 표집하는 방법이다. 길거리나 대중이 모인 장소에서 기자들이 아무나 선정하여 인터뷰하는 방식이 우연적 표집의 대표적인 예이다.

우연적 표집방법은 표집의 대표성을 전혀 고려하지 않은 표집방법으로서 어떤 모집단을 대표한다고 할 수 없으므로 그 조사결과도 일반화하기 어렵다. 그래서 과학적 연구에서는 되도록 사용하지 않는 것이 바람직하다. 다만 연구자가 연구의 경향을 파악할 목적으로 예비연구를 수행할 경우에 사용하기도 한다.

3. 무선할당

1) 의미

실험연구에서 연구대상이 되는 학생들을 전국에서 모집단을 대표하는 표본을 추출하는 것은 불가능하다. 앞에서 다룬 표집방법으로 모집단에서 연구대상 전체를 무선으로 표집할 수 없다. 그 대신에 무선화(randomization) 또는 무선할당(random assignment)이 필요하다. 무선할당은 무선배치, 무작위배치 또는 랜덤배치라고도 한다. 무선할당은 연구대상이 각각의 집단에 배정되는 과정이 무선으로 이루어지는 것을 말한다. 학생, 학급, 학교 등과 같은 각 표집단위가 각 실험집단에 배치될 확률이 동일한 것을 의미한다. 모집단의 일부인 기존의 학급집단에서 일부를 선택하여 무선으로 실험조건에 배치하는 방식을 사용한다. 예컨대, 중산층 아동들에게 새로운 동화교육프로그램을 실시하여 이해도의 변화를 알아보고자 한다면 모집단이 중산층의 아동이 된다. 중산층 아동들을 연구하기 위하여 중산층이 살고 있는 지역의 유치원 중 연구자가 알고 있는 유치원의 아동들을 연구대상으로 연구를 선정할 수 있다. 무선할당의 의미를 나타내면 **그림 4-1**과 같다.

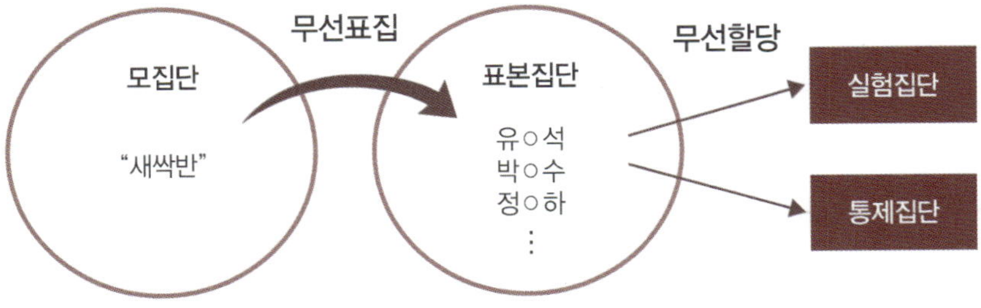

그림 4-1 ▸ 무선할당의 의미

2) 방법

연구대상의 모집단이 선정되면 모집단을 대표하는 기존 학급집단을 선정한다. 기존집단이 모집단을 대표하지 못하면 연구대상의 타당성이 결여되므로 주의를 기울여야 한다. 기존집단을 추출하여 연구집단에 할당하는 방법으로는 단순무선표집, 대응집단, 균형집단 등의 방법이 있다(성태제, 2016).

(1) 단순무선표집

기존집단의 구성원들에 대한 표집틀을 만든 다음, 피험자들을 통제집단과 실험집단에 단순무선표집으로 할당할 수 있다. 이는 무선적으로 피험자들을 각 집단에 할당할 때 확률적으로 집단 간의 유사성이 보장된다고 가정하기 때문이다.

(2) 대응집단

대응집단(matching group)은 모집단으로부터 선정된 기존집단 구성원들의 특성을 분석하여 각 집단에 균등히 할당하는 방법이다. 예컨대, 성적순으로 각 학급에 학생을 반편성하는 방법이 여기에 해당된다. 실험연구에서도 각 하위집단별로 어떤 속성을 기준으로 균등하게 배치하는 방법을 의미한다.

(3) 균형집단

균형집단(balancing group)은 모집단으로부터 선정된 기존집단을 구성원의 특성에 따라 각 집단에 할당하는 것이 아니라 유사집단들을 실험연구의 각 집단에 배정하는 방법이다. 예컨대, 어떤 학교를 기존집단으로 선정한 후 해당 학교의 각 학급특성을 분석하여 그 특성이 같은 집단을 통제집단과 실험집단에 각각 배정할 수 있다.

4. 표본 선정 시 유의사항

연구대상을 표집할 경우에 모집단을 가장 잘 대표할 수 있도록 표본을 선정하는 것이 가장 중요하다. 모집단의 성질을 대표하지 못할 경우에는 표집오차가 필연적으로 크게 발생할 가능성이 높아지게 된다. 따라서 표본을 선정할 때 유의해야 할 사항을 제시하면 다음과 같다(김석우 외, 2015).

1) 모집단의 크기

모집단의 크기를 고려해야 한다. 모집단의 크기가 아주 작을 경우에 전집 조사를 통해서 연구결과를 수집하는 것이 좋다. 이러한 경우 표집을 시도한다면 모집단의 특성을 표본에 반영하기 어렵기 때문이다. 일반적으로 표본 연구를 수행할 때 모집단이 충분히 클 경우가 좋다.

2) 모집단의 동질성의 정도

표본과 모집단의 동질성 정도를 고려해야 한다. 동질성이란 모집단을 구성하고 있는 요소들의 특성이 연구대상이 될 표본의 특성들과 어느 정도 비슷한가를 의미한다. 표집이 모집단과 동질성을 충분히 유지하지 못한다면 보다 많이 표집하는 방법을 통해서 모집단과의 동질성이 유지되도록 해야 할 것이다. 모집단의 동질성을 확보한 경우라면 소표본만으로도 모집단의 특성을 대표할 수 있을 것이다.

3) 표집방법의 특성에 대한 이해

여러 가지 표집방법의 특성을 충분히 이해해야 한다. 어떤 표집방법을 사용하여 표집하느냐에 따라 표본의 크기가 달라질 수 있다. 각 표집방법의 절차와 장단점이 다르기 때문에 연구의 특성에 최적한 표집방법을 선택해야 한다.

4) 현실적 문제 고려

현실적 문제를 고려해야 한다. 표집할 경우에 연구자가 동원할 수 있는 인력과 비용, 시간 등과 같은 현실적 문제가 가장 먼저 고려되어야 한다. 이러한 현실적 문제를 고려하지 않고 표집을 크게 하여 소요되는 비용을 감당하지 못하면 연구수행에 따른 결과를 얻지 못할 수도 있다. 철저한 사전 점검과 준비를 통해 이러한 현실적 문제를 충분히 검토해야 한다.

5) 표집방법의 일관성

표집방법의 일관성을 유지해야 한다. 모집단에서의 표집방법은 그 연구가 진행되는 경우 동일해야 한다. 학부모의 양육태도를 조사할 경우 서울에서는 무선표집방법을 사용하고 제주도에서는 다단계 표집방법을 사용하는 식으로 해서는 안 된다는 것이다.

6) 표본의 대표성

표본의 대표성을 확보해야 한다. 연구자가 추출하고자 하는 표본집단이 고의적으로 모집단의 대표가 될 수 있도록 해서는 안 된다. 만 5세아의 언어발달 실태를 조사할 경우 유아를 표집하는 데 거리상 가깝고 언어발달 환경이 우수하기 때문에 연구자 자신이 근무하는 유치원을 표집한다면 실제적으로 언어발달 환경이 열악한 지역의 유아들의 언어발달 실태가 누락되는 결과를 초래하여 연구결과의 오차를 발생시키게 된다.

7) 자료분석 시 사용할 분석 유목의 수

자료를 분석할 경우 분석 유목의 수를 고려해야 한다. 대체로 연구에 있어서 분석 유목의 수는 연령별, 성별, 지역별, 교육 정도별 등으로 나뉘는데, 이 경우 분석 유목의 수가 많으면 표본의 숫자도 그만큼 늘어나야 한다.

5. 연구대상의 크기

연구대상의 크기를 정하는 일은 어려운 작업이다. 연구대상의 수를 결정하는 절대적인 규칙은 없다. 연구목적, 연구방법, 자료분석 기법에 따라 연구대상의 크기는 다르기 때문에 일률적으로 크기를 말하기 어렵다. 연구대상의 수를 늘리는 것이 바람직하지만, 비용과 노력을 적게 들이는 경제적 표집을 해야 한다(성태제, 2016). 요즈음에는 G*power와 같은 컴퓨터 통계 프로그램(http://www.gpower.hhu.de)을 사용해서 필요한 사례수를 계산하는 방법도 가능하다(김아영 외, 2016).

1) 조사연구

표본의 크기가 모집단의 크기에 따라 달라져야 한다고 주장하고 있다. Lodico 외(2006)는 모집단의 수가 200명 이하면 전수조사를 하는 것이 좋고, 400명 정도면 50%, 1,000명 정도면 20%, 5,000명 이상이면 350~500명 정도의 표본이 적절하다고 제안한다. 조사연구는 동시에 많은 연구 변수를 포함시키고 각 변수에 포함된 범주가 많아서 충분한 사례수가 확보되어야 한다. 조사연구에서는 모집단의 크기와 분석하고자 하는 변수의 수 그리고 자료 수집 비용에 따라 연구대상의 수가 결정되며, 일반적으로는 100명 이상의 연구대상을 필요로 한다(Gall, Borg & Gall, 1996).

2) 실험연구

일반적으로 실험연구의 경우 한 집단에 8, 10, 15, 30명 정도가 적합하나 연구집단이 많을 경우에 한 집단의 연구대상의 수를 적게 해야 한다. 네 집단으로 연구를 설계할 경우 연구대상을 각 집단에 30명씩 할당한다면 전체 연구대상의 수는 120명으로 실험연구를 수행하기 곤란한 상황이 일어난다. 따라서 이러한 경우에 한 집단에 15명 정도 할당하여 총 연구대상을 60명으로 하는 것이 적절하다. 실험연구의 연구대상 수는 각 집단당 5명에서 15명 사이가 적합한 것으로 생각된다(성태제, 2016).

3) 상관연구

대체로 상관연구를 위해서는 30명 이상의 연구대상이 필요하며, 요인분석을 실시하기 위해서는 300명 이상의 연구대상이 필요하나 최근에는 요인분석방법의 발전으로 연구대상의 수가 줄어도 요인분석이 가능하다(성태제, 2016).

실제로 연구대상의 크기를 결정하는 절대적인 규칙은 없다. 연구방법, 종류, 연구 가능성, 자료수집비용, 연구대상의 손실 등을 고려하여 연구대상의 수를 결정해야 한다. 그러므로 사전연구를 하는 것이 연구대상의 수를 결정하는 데 도움이 된다.

Chapter 05

측정도구의 선정과 제작

아동의 행동과 심리적 특성을 측정하기 위해서는 좋은 연구도구나 검사가 필요하다. 일반적으로 좋은 검사를 선정하는 기준으로 타당도, 신뢰도, 객관도, 실용도 등이 사용된다. 기존의 검사를 선정해서 연구를 수행하는 경우도 있지만, 연구목적을 달성하기 위해 기존의 측정도구가 없을 경우 연구자가 직접 제작해야 한다.

이 장에서는 측정도구의 개념과 검사의 종류를 알아본다. 다음으로 연구에서 사용할 측정도구의 선정기준을 제시한다. 또한 측정도구의 양호도 가운데 타당도와 신뢰도에 대하여 간단히 살펴보고자 한다.

1. 측정도구의 개념

1) 측정

측정(measurement)이란 사물을 구분하기 위하여 규칙에 따라 수를 부여하는 절차인데, 대체로 연구자가 관심을 갖고 있는 대상의 특성을 조직적으로 규정한 다음, 반복할 수 있는 절차에 따라 체계적으로 숫자를 지정한다. 측정은 어느 시점에서의 현상이나 개인의 특성이 비교적 안정적이라는 가정하에 실시하므로 신뢰도와 객관도를 유지하는 데 관심이 있다(교육평가연구회, 1995). 측정에 대한 정의는 학자들에 따라 다양하다. Stevens(1946)은 측정을 규칙에 의거하여 대상이나 사건에 수를 부여하는 과정이라 하였다. 그리고 Kerlinger(1973)는 연구하고자 하는 대상이나 사물에 대하여 일정한 규칙적 방법에 따라 숫자나 기호와 같은 상징적인 수치를 부여하는 과정으로 정의하고 있다.

이와 같이 측정은 어떤 행동이나 성격, 사물, 사건 등에 대한 양적 서술을 의미하는 것임에 비하여 평가는 어떤 대상의 질이나 가치를 판단하는 것을 의미한다. 즉, 평가는 그 대상의 가치를 판단하는 것이고 측정은 대상을 수량화하여 나타내는 것이다.

2) 검사

검사(test)는 시험, 고사 등과 같은 의미로 사용되는 측정을 위한 척도를 말한다. 또한 검사는 행동의 증거를 표준절차에 따라 수집하는 도구, 즉 측정도구라고 부르는 것이 일반적인 견해이다. 검사의 정의는 학자들에 따라 다양하게 정의되고 있다. Aiken(1979)은 검사를 개인의 행동이나 수행을 평가하는 데 사용되는 도구로, Anastasi(1976)는 행동의 표본을 객관적이고 표준화된 절차에 따라 측정하는 도구로, Brown(1976)은 행동의 표본을 측정하기 위한 체계적인 절차로, Cronbach(1970)는 개인의 행동을 관찰하고 숫자 척도나 범주 체계의 도움으로 행동을 기술하기 위한 체계적 절차로, Crocker & Algina(1986)는 특정 영역에서 일련의 행동을 표집하는 표준절차로 정의하고 있다.

심리학이나 교육학에서는 신체적·정신적·사회적 능력 또는 특성에 대한 개인차를 측정할 목적으로 일정한 조건하에 미리 정해 놓은 문서나 자극을 제시한 다음 그에 대한 반응 및 성과를 어떤 기준을 근거로 하여 양적으로 혹은 질적으로 비교, 기술하는 조직적인 절차를 검사라고 정의할 수 있다. 좁은 의미로 볼 때, 누가, 언제, 어디서 실시해도 검사의 내용과 실시, 채점, 해석 방법이 동일하도록 표준화한 검사만을 검사라고 규정하기도 한다.

3) 척도

척도(scale)는 측정대상이 되는 속성을 숫자로 나타내기 위한 점수체계를 말한다. 척도라는 용어는 검사와 혼용되고 있다. 실제로 심리검사와 심리척도는 같은 의미로 사용되고 있다. 검사와 척도는 측정도구라는 점에서 공통점을 지니고 있다. 특히 척도는 인간의 특성이나 현상에 어떤 연속성이 존재한다는 가정하에 일정한 규칙에 따라 수량화하는 도구이다. 따라서 측정내용에서의 연속성 여부는 척도화하는 데 중요한 특성이다. 또한 척도는 측정도구라는 일반적 의미 외에 도구에 체계적으로 부여한 숫자, 즉 척도치(scale value)를 뜻하는 경우도 있다(이은해 외, 2006).

일반적으로 척도는 두 가지 의미로 사용되고 있다(AERA, APA, & NCME, 1999). 하나는 측정의 기본단위로 사용하는 경우와 다른 하나는 측정에서 사용되는 문항들이나 검사들의 세트로 간주되는 경우이다. 측정의 기본단위로 척도가 사용될 경우에 측정수준에 따라 척도의 종류를 크게 명명척도, 서열척도, 등간척도, 비율척도로 구분한다. 각 척도의 개념은 제11장에 간략하게 설명할 것이다.

2. 검사의 종류

1) 검사의 분류

검사는 다양한 기준에 따라 분류될 수 있다. 변창진 외(1996)는 표준화 여부, 표현양식, 측정내용, 실시방식, 측정단위, 응답형식, 준거기준에 따라 분류하고 있다. 김석우 외(2015)는 검사의 수행양식, 검사받는 인원수, 채점방식, 검사의 제작자, 검사의 문항형식, 검사의 목적, 피험자의 반응양식, 검사 점수에 의미를 부여하는 참조체계, 검사의 내용 등에 따라 분류하고 있다. 여기에서는 표준화 여부, 표현양식, 측정내용, 실시방식, 측정단위에 따른 분류만을 다루고자 한다.

(1) 표준화 여부에 따른 분류

표준화 여부에 따른 분류는 표준화검사(standardized test)와 비표준화검사(nonstandardized test)로 구분된다. 표준화검사란 일반적으로 검사 제작절차, 검사내용, 검사의 실시 조건, 채점 및 해석과정이 엄격하게 규정된 전문가들이 제작한 검사를 말한다.

비표준화검사는 교사가 출제한 시험이나 설문지(교사제작검사: teacther-made test) 또는 연구자들이 비공식적으로 제작한 척도나 설문지 등을 지칭하며 흔히 비형식적 검사(informal test)라고도 한다.

(2) 표현양식에 따른 분류

표현양식에 따른 분류는 언어검사(verbal test), 비언어성 검사(nonverbal test), 동작검사(performance test)로 구분된다. 언어검사는 문항진술과 표현에 있어서 문자로 구성된 검사를 말한다.

비언어검사는 문항표현과 진술에 있어서 기호, 도형, 그림으로 구성된 검사를 가리킨다. 동작검사는 비언어검사에 포함시키기도 하지만, 피검사자가 문항에 대하여 동작으로 반응하도록 설계된 검사를 말한다. 주로 기계나 공구를 직접 조작하도록 요구하는 검사이다.

(3) 측정내용에 따른 분류

측정내용에 따른 분류는 최대능력검사(test of maximum performance)와 전형적 행동검사(test of typical performance)로 구분된다. 최대능력검사는 일정한 시간 내에 특정 검사에서 최대한의 능력을 발휘하도록 하는 검사로서, 지능검사나 적성검사와 같은 지적 영역과 심동적 영역의 검사가 이에 속하며 성능검사라고도 한다.

전형적 행동검사는 특정개인의 대표적인 행동을 측정하려는 검사로서, 성격검사나 태도척도와 같은 정의적 영역의 검사가 이에 속하며 성향검사라고도 한다.

(4) 실시방식에 따른 분류

실시방식에 따른 분류는 개인검사(individual test)와 집단검사(group test)로 구분된다. 개인검사는 한 사람의 검사 실시자가 한 번에 한 명의 피검사자를 상대로 실시하는 검사를 가리킨다.

집단검사는 한 사람의 검사 실시자가 한 번에 여러 명의 피검사자를 대상으로 하여 동시에 일률적으로 실시하는 검사를 가리킨다.

(5) 측정단위에 따른 분류

측정단위에 따른 분류는 속도검사(speed test)와 역량검사(power test)로 구분된다. 속도검사는 거의 모든 피검사자들이 쉽게 풀 수 있음은 물론 곤란도가 비슷한 과제(문항) 또는 작업을 제시한 다음 그것을 수행하는 데 소요된 시간을 재는 검사이다. 그러므로 일정한 시간을 정해 좋고 주어진 시간 내에 수행한 작업량을 재는 속도제한검사(speed limit test)는 본질적으로 속도검사이다.

역량검사는 곤란도가 매우 다양한 과제(문항) 또는 작업을 제시한 다음 시간을 전혀 제한하지 않는 상태에서 어떤 수준의 과제 또는 작업을 수행할 수 있는가를 측정하는 검사방식이고 역량제한검사(power limits test)라고도 한다. 그러므로 난이도 수준이 다른 여러 개의 문제를 제시한 다음 시간을 일체 제한하지 않는 상태에서 어느 정도 복잡하고 어려운 문제에 대답했느냐를 따지는 역량제한검사는 역량검사의 일종이다.

2) 표준화검사

(1) 표준화검사의 개념

표준화검사란 일반적으로 검사 제작절차, 검사내용, 검사의 실시조건, 채점 및 해석과정이 엄격하게 규정된, 전문가들이 제작한 검사를 말한다. 표준화검사의 특징은 여러 가지 조건이 다른 피험자들에게 동일한 검사를 실시하여 얻은 점수를 의미 있게 상호 비교할 수 있도록 검사의 작성에서부터 실시에 이르기까지의 모든 조건을 표준화하였다는 것이다.

표준화검사는 연구자가 직접 제작한 검사와는 달리 통계적 절차에 의한 규준을 가지고 있다. 규준이란 규준참조검사에서 한 개인의 점수를 다른 사람들의 점수와 비교해서 해석할 때 비교가 되는 점수(대부분의 경우 평균점수)를 말한다. 이때 비교대상이 되는 집단을 규준집단(norm group)이라고 한다. 규준의 종류에는 백분위(percentile rank), 표준점수(standard score), 표준등급, 연령규준, 학년규준 등이 있다.

일반적으로 상업적으로 시판되고 있는 표준화검사는 검사지와 전문가 지침서(실시요강)로 구성되어 있다. 검사지에는 수험자에 대한 지시문과 검사문항이 포함되어 있다. 전문가 지침서에는 검사의 실행 처리 해석의 지침서이므로 검사 전반에 걸친 자세한 내용이 포함되어 있다. 지침서에는 검사의 목적과 특징, 검사의 문항내용과 형식, 하위검사의 종류, 표준화된 검사의 실시방법, 채점방법과 점수 표시, 규준집단과 규준, 신뢰도와 타당도, 해석 및 활용방안, 기타 주의사항 등과 같은 정보들이 수록되어 있다.

따라서 표준화 검사는 지침서에 따라 실시하고, 엄격히 정해진 채점방법에 따라 채점하고, 결과를 검사의 규준에 비추어 아동의 특성을 상대적으로 비교하여 해석한다. 표준화검사는 전국 규준을 가지고 있기 때문에 이를 사용하면 개개의 학생이나 학급 또는 학교와 같은 집단의 능력, 학업성취도, 흥미, 성격, 태도 등을 시간이나 공간의 구애를 받지 않고 전국의 아동과 비교할 수 있다.

(2) 국내 표준화검사의 현황

우리나라에서 개발된 표준화검사는 대부분 개발된 지 오래된 것이 많으며 외국의 검사를 번안한 것도 많다. 한국행동과학연구소에서 강상조·오영환(1974)이 처음으로 한국판 표준화검사 목록을 작성하였고, 중앙교육평가원(1987)에서는 국내 표준화검사의 현황을 분석하였다. 또한 김진규(1987)는 정의적 특성을 측정하는 국내 표준화검사를 수집하여 그 당시 현황을 분석하였다. 정의적 특성 표준화검사를 구체적으로 살펴보면 흥미검사가 7종, 태도·가치관검사가 2종, 성격검사가 15종, 적응 및 문제진단검사가 19종, 기타 성격검사가 10종 등 총 53개 표준화검사가 수집되었다. 그 당시 적응 및 문제진단검사가 가장 많이 개발된 것으로 분석되었다. 또한 중앙교육평가원에서는 정의적 특성을 측정하는 표준화검사와 연구용 검사를 수집하여 1987년에 정의적 특성의 측정도구 편람 Ⅰ, Ⅱ, Ⅲ권과 1988년에 정의적 특성의 측정도구 편람 Ⅳ, Ⅴ권 등 모두 5권을 발간하여 교육대학원이 설치되어 있는 대학교로 송부하여 대학원생들이 학위논문을 작성하는 데 도움을 주고자 하였다.

한국교육평가연구회에서는 1987년 10월에 교육 및 심리검사의 발전과제와 전망이라는 주제로 추계학술대회를 개최하였고, 발표된 논문들은 교육평가연구 제2권 제2호에 게재되었다. 10년이 지난 1996년 2월에 한국교육평가학회에서는 21세기를 위한 준비 한국 표준화 심리검사의 문제와 전망이라는 주제로 학술대회를 개최하였다. 여기에서는 표준화 지능검사의 문제와 전망(송인섭), 표준화 학력검사의 문제와 개발 과제(김성훈), 표준화 적성검사의 문제와 개발과제(성태제), 표준화 인성·태도검사의 문제와 개발 과제(윤명희), 표준화 심리검사의 양호도 문제와 준거 개발 과제(이순묵), 표준화 심리검사를 위한 컴퓨터 활용 발전 과제(백순근) 등 6개 주제의 논문들이 발표되었다.

서울대학교 사범대학 교육연구소(1997)에서 「한국교육심리검사총람」을 발간하였다. 이 책의 제1부에는 검사제작과 활용에 대한 기본원리와 검사의 종류, 검사내용과 활용 지침을 소개하고 있으며, 제2부에는 국내에서 간행된 표준화 검사들의 적용 대상, 제작서, 제작 및 개정연도, 검사목적, 검사구성, 표준화, 신뢰도, 타당도, 검사실시상의 유의점, 검사 소요 시간, 채점방법, 기타 유의사항을 수록하고 있다. 「한국교육심리검사총람」에는 지능검사 37개, 적성검사 18개, 성격·인성검사 24개, 흥미검사 10개, 기타 정의적 특성 검사 9개, 유아검사 19개, 특수검사 13개, 인성검사 14개, 심동적 영역 검사 등에 대한 정보가 실려 있다. 유아를 대상으로 제작된 표준화검사의 종류는 **표 5-1**과 같다(황해익, 2010).

표 5-1 ▸▸ 국내 유아용 표준화 검사 현황

분류	검사명	저자 제작년도	대상	출판사
학습 준비도 · 학업 성취 검사 · 창의성	학습준비도검사	이은해, 1979	학령전 아동	연세대 아동학과
	학습준비도검사	이연섭, 김성일, 1980	학령전 아동	한국교육개발원
	유아학습준비도검사	한국교육개발원, 1987	2~6세	동아출판사
	기초학습기능검사	한국교육개발원, 1987	5~12세	한국교육개발원
	유아용 종합창의성 검사	전경원, 1995	유아	한국유아교육원
	유아발달수준검사	국립교육평가원, 1996	만 5세	국립교육평가원
	유아그림수학능력검사	황해익, 최혜진, 2007	만 4~6세	양서원
	수학학습능력에 대한 역동적 평가도구	황해익, 2008	만 5세	교육평가연구
사회 · 정서 ·	CAT아동용 투사검사	김태련, 서봉연, 이은해, 1976	6~9세	이화여대출판부
	유아성격검사	송인섭, 1993	4~7세	학지사심리검사 연구소

(계속)

기타 영역 검사	유아음악적성검사	한국가이던스, 1994	만 3~7세	한국가이던스
	그림좌절검사(아동용)	김재은, 김태련, 1972	유~초6	중앙적성연구소
	사회성숙도검사	이규성, 김정희, 이성진, 1976	0~12세	한국행동과학연구소
	사회성숙도검사	김승국, 김옥기, 1985	0~성인	중앙적성출판사
	자아개념검사	Joseph, 1979(번안 신현옥, 1996)	3년 6개월~9년 11개월	서울여자대학교
	가정환경검사	한국행동과학연구소, 1973	3~6세	한국행동과학연구소

(3) 국내 표준화 심리검사 발행 기관

초창기의 표준화 심리검사는 주로 코리안 테스팅 센터와 중앙적성연구소(출판사)에서 판매되었다. 또한 한국교육개발원과 한국행동과학연구소에서도 일부 표준화 심리검사를 개발하였고, 사립중고등학교장회에서도 표준화 심리검사를 개발하였다. 중앙적성연구소를 비롯하여 한국심리적성검사연구소, 한국가이던스, 학지사심리검사연구소, 기타 사설 심리검사연구소 등이 심리검사를 개발하거나 판매하고 있다. 중앙적성연구소(www.cyber-test.co.kr)는 1958년부터 다양한 종류의 심리검사를 개발하여 판매하고 있다. 한국심리적성검사연구소(www.kipat.kr)는 1986년에 설립하여 각종 심리검사를 개발하여 판매하고 있다. 그리고 한국가이던스(www.guidance.co.kr)도 1988년에 설립된 이래 여러 가지 심리검사를 개발하고 보급하고 있다.

학지사심리검사연구소(www.inpsyt.co.kr)는 1996년도에 학지사 출판사의 심리검사 사업부를 신설하여 심리검사연구소로 확대 개편하였다. 특히 학지사 심리검사연구소는 어린이집/유치원에서부터 초등학교, 중학교, 고등학교, 대학교 등 여러 대상을 위한 심리검사를 판매하고 있다. 또한 지능검사를 비롯하여 창의성검사, 성격검사, 진로적성검사, 부적응검사 등과 같은 다양한 심리검사를 구비하고 있다. 또한 온라인으로 검사를 시행하고 즉각 결과를 통보받을 수 있는 시스템을 구축하고 있다.

3. 측정도구의 선정기준

1) 측정도구의 기본 조건

측정도구를 선정하기 위해서 우선적으로 측정도구가 갖추고 있어야 할 기본 조건을 확인해야 한다. 연구에 필요한 기존의 측정도구 가운데 측정도구의 기본 조건을 충족시키지 못하는 측정도구가 많이 개발되어 있다. 그래서 연구자는 연구에서 사용할 측정도구를 선정할 경우에 측정도구의 기본 조건에 특별한 관심을 기울여야 한다. 일반적으로 측정도구가 갖추어야 할 기본 조건으로는 신뢰도, 타당도, 객관도, 실용도 등이 가장 많이 열거되고 있다(변창진 외, 1996).

2) 측정도구의 선정기준

연구자가 연구에 사용할 측정도구를 선정할 경우에는 먼저 기존의 측정도구 중에서 자신의 연구에 적합한 측정도구를 골라 사용하는 방법이 있고, 기존의 측정도구를 일부 문항을 수정하거나 추가해서 사용하는 방법이 있다. 만약 기존의 측정도구로 자신의 연구목적을 달성할 수 없을 경우에는 새로운 측정도구를 제작하여 사용해야 한다. 만약 기존의 측정도구 중에서 선정할 경우에는 연구자는 측정도구의 기본 조건이 충족되었는가를 확인하고, 자신의 연구목적에 부합되는 도구를 선택해야 한다.

이은해 외(2006)는 측정도구의 선정기준으로 연구변인의 반영 정도, 연구대상 연령과 문화적 배경의 적합도, 측정도구의 양호도, 측정도구의 유용성, 실제적 문제 등을 제안하고 있다. 여기에서는 측정도구의 기본 조건 이외에 연구목적의 부합도, 연구대상 연령의 적합도, 측정도구의 유용성, 측정도구의 실제적 활용도 등으로 구분하여 제시한다.

(1) 연구목적의 부합도

측정도구가 측정목적에 부합되는 측정내용을 다루고 있는지를 면밀히 검토해야 한다. 측정도구의 명칭과 그에 상응하는 연구변인의 정의와 측정내용이 부합되고 있는가를 확인해야 한다. 자신이 측정해야 할 연구변인을 선정해야 할 측정도구에서 충실히 측정할 수 있는가를 판단해야 한다. 선정해야 할 측정도구가 자신의 연구변인을 구체적으로 측정할 수 있어야 한다.

(2) 연구대상 연령의 적합도

아동기 후기 이후 또는 성인을 대상으로 하는 측정도구는 크게 문제되지 않으나, 영유아용 측정도구는 반응양식이 대상 연령 수준에 맞아야 한다. 영유아용 측정도구는 집단검사보다 개인검사가 더 적합하다. 영유아용 개인검사에서는 주로 구두 또는 동작으로 반응하도록 유도해야 하고, 그림 자료나 실물을 활용하여 제시해야 한다. 특히 어린 연령에서는 적절한 반응양식을 사용한 도구를 필요로 하므로 연령에 맞게 개발된 측정도구를 선정해야 한다.

(3) 측정도구의 유용성

기존의 참고문헌, 학술논문, 학위논문에 많이 인용되거나 사용되는 측정도구는 비교적 평판이 높아서 유용한 도구라고 해석된다. 유용한 측정도구일 경우에 연구보고서에 빈번하게 인용되며, 연구보고서에서 나온 결과를 통해서 구인에 대한 경험적 증거를 파악할 수 있다. 연구자는 유용한 측정도구를 사용한 보고서에서 연구변인의 이론적 배경과 연구방법론에 대한 도움을 받을 수 있다.

(4) 측정도구의 실제적 활용도

측정도구의 실제적 문제로는 측정도구 사용에 특별한 훈련이 요구되는 문제, 실시에 소요되는 시간 문제, 구입 비용 문제 등이 있다. 측정도구가 연구목적에 부합되고 연구대상 연령에 적합하고, 유용한 측정도구일지라도 현실적으로 실시과정에 특별한 훈련이 요구되고 실시시간이 많이 소요되고 구입 비용이 고가일 경우에는 측정도구를 선정하는 데 어려움을 겪게 된다.

4. 측정도구의 양호도

1) 타당도

타당도(validity)는 검사 또는 시험이 평가하려고 하는 내용을 충실하게 재고 있는 정도를 의미한다(변창진 외, 1996). 타당도는 측정하려고 하는 내용만을 재고, 측정하려고 하는 내용과 관계 없는 불순물을 측정하지 않는 정도를 나타내는 지수이다. 다시 말해 측정하고자 하는 변수를 검사가 제대로 측정하였느냐가 타당도이며, 이는 검사도구의 목적에 대한 적합성에 해당된다(성태제, 1995; 1996). APA/AERA/NCME(1985)는 타당도란 검사 점수로부터 만들어진 추리의 적합성, 의미성, 유용성과 관계되는 개념으로 파악하고 있다.

(1) 내용타당도

내용타당도(content validity)는 검사의 문항, 질문, 목적이 측정을 위하여 규정된 내용 영역이나 전체를 얼마나 잘 대표하느냐의 정도를 말한다. 내용타당도는 논리적 사고에 입각한 논리적 분석과정으로 판단하는 주관적인 타당도로 객관적인 자료에 근거하지 않는다. 이는 검사내용 전문가에 의하여 검사가 측정하고자 하는 속성을 제대로 측정하였는지를 주관적으로 판단한다.

내용타당도와 유사한 용어로 안면타당도(face validity)라는 용어를 사용하기도 하였다. 안면타당도는 문항들이 피험자들과 얼마만큼 친숙하게 보이는가를 말한다. 교과타당도(curriculum validity)는 검사문항과 교수목표와의 일치도 또는 관련성을 구체적으로 관찰해서 기술하는 내용타당도이다. 즉, 개개 문항의 내용과 형식이 주어진 교수목표에의 도달 정도를 평가하는 데 얼마만큼 적절한가를 따져서 이론적으로 설명한 것이 교과타당도이다.

내용타당도는 전문가의 주관적 판단에 의존하므로 객관적 자료를 사용하지 않으며 내용타당도가 '있다' 혹은 '없다'로 표현할 수 있을 뿐이다. 검사내용의 분석에 의하여 내용타당도가 '있다' 혹은 '없다'로 표현함은 검사내용 전문가의 전문 지식에 의존하는 것이기 때문에 임의적 판단이 아님을 전제한다. 특히 학업성취도 검사의 내용타당도는 검사제작 전에 작성한 이원분류표에 의하여 문항들이 제작되었는지를 확인하는 과정을 통하여 검증된다.

내용타당도는 계량화되어 있는 정보를 제공하지 못한다 하여도 전문가들의 판단에 의하여 검사의 타당성을 입증받게 되는 것이므로 검사의 목적에 부합하는가의 여부를 검증할 수 있다는 장점이 있다. 일반적으로 전문가들이란 어느 특정 영역에서 공통된 인식을 고유하므로 검사의 타당성 입증에 다른 견해를 표출하는 경우는 많지 않다.

그러나 정의에 대한 통일된 인식이 없는 특성, 특히 정의적 특성을 측정할 때 전문가마다 각기 다른 견해를 가지는 경우가 많으므로 내용타당도에 대해 각기 다른 검증결과가 나올 수 있다. 내용타당도는 계량화되지 않았기 때문에 타당성의 정도를 표기할 수 없다는 점도 단점이라고 하겠다.

(2) 구인타당도

구인타당도(construct validity)란 특정 검사가 조작적으로 정의한 구인을 실제로 측정하고 있는 정도를 말한다. 이는 인간의 심리적 특성이나 성질을 심리적 구인으로 분석하여 조작적 정의를 내린 후 검사 점수가 조작적 정의에서 규명한 심리적 구인들을 제대로 측정하였는가를 검증하는 방법이다. 구인이란 심리적 특성을 설명하기 위하여 있을 것이라고 가정하는 심리적 요인을 말한다. 예컨대, 창의력이 민감성, 독창성, 도전성, 개방성, 자발성, 자신감으로 구성되어 있다고 한다면, 이러한 심리적 구인이라고 하고 그 검사도구가 이 구인들을 측정하고 있는지를 밝히는 것이 구인타당도를 검증하는 것이다.

구인타당도를 검증하는 통계적 방법으로 상관계수법, 실험설계법, 요인분석 등이 있다. 상관계수법은 각 구인들에 의하여 얻어진 점수와 심리특성을 측정하는 총점과의 상관계수에 의하여 타당도를 검증하는 방법이다. 구인 점수와 총점 간의 상관계수가 낮으면 그 구인은 심리적 특성을 설명해 주지 못함을 알 수 있다.

실험설계법은 심리적 특성을 구성하는 심리적 구인을 실험집단에 처치하고 통제집단에는 처치하지 않는다. 그러고 나서 두 집단에서 심리적 특성의 차이가 나타나는지를 측정하여 그 구인이 심리적 특성을 설명하는 구인인지 아닌지를 판단하는 방법이다.

요인분석은 복잡하고 정의되지 않은 많은 변수 간의 상호관계를 분석하여 상관이 높은 변수들을 모아 요인으로 규명하고 그 요인의 의미를 부여하는 통계적 방법이다.

구인타당도는 응답자료를 기초로 한 계량적 방법에 의하여 검증되므로 과학적이고 객관적 정보를 제공할 수 있다. 또한 모르는 심리적 특성에 부여한 조작적 정의의 타당성을 밝혀주므로 많은 연구의 기초가 될 수 있다.

단점으로는 요인분석을 실시할 경우 변수 혹은 문항 간의 보다 안정적인 상관계수를 얻기 위하여 많은 연구대상이 필요하다는 점을 들 수 있다.

(3) 공인타당도

공인타당도(concurrent validity)란 어떤 검사 점수가 '현재' 시점에서 다른 검사 점수와 어느 정도 일치되느냐의 정도를 말한다. 공인타당도는 준거타당도의 한 종류로서 검사 점수와 기존에 타당성을 입증 받고 있는 검사로부터 얻은 점수와의 관계에 의하여 검증되는 타당도이다. 즉, 새로운 검사를 제작하였을 때 기존에 타당성을 보장받고 있는 검사와의 유사성 혹은 연관성에 의하여 타당성을 검증하는 방법이며 공유타당도라고도 한다.

공인타당도는 새로 제작된 검사의 점수와 타당성을 검증받은 기존 검사 점수 간의 상관계수에 의하여 추정된다.

공인타당도의 장점은 계량화되어 타당도에 대한 객관적 정보를 제공할 수 있으며 타당도의 정도를 나타낼 수 있다는 점이다. 단점으로는 타당성을 입증받은 기존의 타당한 검사가 없을 경우 공인타당도를 추정할 수 없다.

(4) 예측타당도

예측타당도(predictive validity)는 검사 점수를 이용해서 일정 시간이 경과한 후 피검사자의 행동 수준 또는 성과를 예언할 수 있는 정도를 말한다. 예측타당도는 검사 점수가 피험자의 미래 행동이나 특성을 얼마나 잘 예언하느냐의 문제를 다루고 있다.

예측타당도는 검사 점수와 미래의 행동과의 관계에 의하여 추정되므로 계량화되는 특징을 지니고 있다. 공인타당도와 마찬가지로 검사의 점수와 미래 행동 간의 상관계수에 의하여 추정된다.

예측타당도의 장점으로는 검사도구가 미래의 행위를 예측해 주기 때문에 예측타당도가 높으면 선발, 채용, 배치 등의 목적을 위하여 검사를 사용할 수 있다. 예컨대, 약사고시, 의사고시, 대학수학능력시험에서 예측타당도가 중요시되어야 한다.

단점으로는 동시 측정이 불가능하므로 검사의 타당성을 검증하기 위해서는 시간적 여유가 필요하다. 일정한 시간이 경과된 후에 검사 점수와 측정된 행위 간의 상관계수에 의하여 타당도를 검증하기 때문에 연구용 검사도구의 예측타당도를 검증하기 어렵다.

2) 신뢰도

신뢰도(reliability)는 한 검사나 시험이 측정하고자 하는 내용을 어느 정도 일관성 있게 재고 있느냐는 것과 관련된 정확성을 뜻한다. 즉, 신뢰도는 한 검사가 재려고 하는 측정대상을 어떻게 어느 정도 정확하게 재느냐에 관심을 가지고 주로 측정과정에 작용하는 오차만을 문제삼는 검사의 정확성을 가리키는 개념이다.

한 검사에서 피험자가 얻은 득점, 관찰점수(obtained score; O)에는 그가 정말 받을 수 있고 받아야 하는 진짜 점수 또는 진점수(true score; T)와 오차점수(error score; E)가 섞여 있다. 이를 공식으로 나타내면 다음과 같다.

$$O = T + E$$

관찰점수, 진점수, 오차점수의 변량을 각각 S_o^2, S_t^2, S_e^2라 하고 그 관계를 식으로 나타내면 다음과 같다.

$$S_o^2 = S_t^2 + S_e^2$$

이들 관계를 도식화하면 **그림 5-1**과 같다.

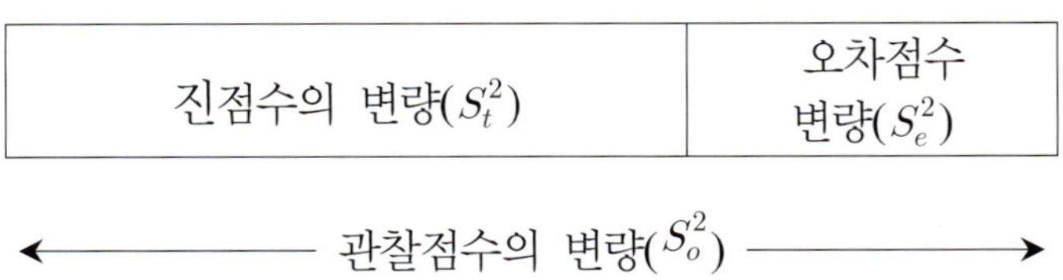

그림 5-1 ▸▸ **관찰점수, 진점수, 오차점수의 변량**

신뢰도는 관찰점수의 변량에서 오차점수의 변량을 뺀 값을 구하고, 그 값을 관찰점수의 변량으로 나눈 값을 말한다. 여기에서는 검사-재검사 신뢰도, 동형검사 신뢰도, 반분검사 신뢰도, 문항내적 일관성 신뢰도, 채점자 신뢰도 등을 간략하게 살펴본다.

(1) 검사-재검사 신뢰도

검사-재검사 신뢰도(test-retest reliability)는 동일한 검사를 동일한 대상에게 일정한 시간 간격을 두고 두 번에 걸쳐 실시했을 때 두 번 실시한 시험점수가 일치되는 정도를 의미한다. 두 번 실시한 점수가 일치되는 정도를 의미한다는 점에서 안정성 계수라고 부른다. 검사-재검사 신뢰도에서 오차의 근원은 시간 간격이다.

검사-재검사 신뢰도는 동일 검사를 동일 집단에게 두 번 실시하여 얻은 두 검사 점수 간의 상관계수로 추정된다.

신뢰도 추정방법이 간단하다는 장점을 지니고 있지만 여러 가지 단점을 지니고 있다. 첫째, 시험 간격 설정에 따른 논란이다. 시험 간격 설정은 검사를 두 번 시행하는 데 따른 기억 효과를 배제하기 위한 기간을 의미한다. 일반적으로 2주에서 4주의 기간을 설정하나 검사도구의 특성이 시험 간격 설정의 주요 변수가 된다.

둘째, 검사를 두 번 시행하는 데 따른 문제점이다. 현실적으로 검사를 두 번 시행해야 하는 번거로움과 동일한 검사환경, 검사에 대한 동일한 동기와 검사태도를 만들기 어렵다는 점이 문제로 제기된다.

(2) 동형검사 신뢰도

동형검사 신뢰도(equivalent-form reliability)는 문항내용은 다르지만 측정내용, 문항 수, 문항형식 등이 같도록 만든 두 개의 동형검사를 동일한 대상에게 연속적으로 실시했을 때 두 개의 검사에서 받은 점수가 일치되는 정도를 의미한다. 동형검사 신뢰도는 두 검사의 유사성을 측정하며 평행검사 신뢰도라고도 한다.

동형검사 신뢰도는 두 개의 동형검사가 제작되어 동일 피험자에게 검사가 두 번 시행되어야 한다. 두 번 시행으로 얻어진 각 피험자의 검사 점수 간의 상관계수를 계산하여 동형검사 신뢰도를 추정한다.

동형검사 신뢰도는 두 개의 동형검사를 동일 집단에게 동시에 시행하므로 시험 간격이 문제가 되지 않으며 신뢰도 계수 추정이 쉽다는 점이 장점이다. 단점으로는 동형검사 제작이 어렵다는 점을 들 수 있다. 동형검사 신뢰도는 추정 시 두 검사의 동형성 여부에 따라 동형검사 신뢰도 계수가 달리 추정되는 단점이 있으므로 연구자의 검사도구 제작 능력에 따라 신뢰도 계수가 영향을 받는다.

(3) 반분검사 신뢰도

반분검사 신뢰도(split-half reliability)는 한번에 실시한 검사문항을 동형이 되도록 두 부분으로 나누어 두 부분에서 얻은 점수들이 어느 정도 일치하는가의 정도를 의미한다. 반분검사 신뢰도는 하나의 검사를 가지고 추정해낸 동형검사 신뢰도라는 점에서 아주 간편하고 경제적인 방법이다. 반분검사 신뢰도는 한 개 검사를 반쪽으로 나누어 구한 상관 계수이므로 Spearman-Brown의 수정공식을 교정하여 문항수를 두 배로 증가시켰을 때의 신뢰도를 구하면 된다.

검사 점수를 양분하는 방법으로 전후절반법, 기우절반법, 문항특성에 따른 양분법, 무선 양분법이 있다. 반분검사 신뢰도는 한번의 검사 실시로 신뢰도를 추정할 수 있는 장점을 지니고 있으나, 검사를 양분하는 방법에 따라 신뢰도 계수가 변하는 단점을 지니고 있다. 특히 속도검사에서 반분검사 신뢰도를 사용할 때 주의가 필요하다.

(4) 문항내적 일관성 신뢰도

문항내적 일관성 신뢰도(inter-item consistency reliability)는 검사에 포함된 문항 하나 하나를 독립된 한 개의 검사로 간주하여 그들간의 합치도, 동질성, 일치성을 종합하는 신뢰도이다. 이 유형에는 KR-20, KR-21, Hoyt 신뢰도, Cronbach α계수 등이 있다. KR-20은 이분문항일 경우에 사용하고, KR-21은 문항점수가 연속점수일 때 사용한다.

(5) 채점자 신뢰도

채점자 신뢰도(scorer reliability)는 채점자의 채점이 어느 정도 신뢰롭고 일관성이 있는지를 상관계수로 나타낸 것이다. 주관식 문항으로 구성된 지필검사를 비롯하여 평정을 요구하는 관찰과 면접에는 후광효과, 관용의 오차, 집중경향의 오차, 논리적 오차 등이 작용하여 채점자나 평정자로 인한 채점의 오차가 생긴다.

채점자 신뢰도를 추정하는 방법은 평정기준에 따라 두 가지로 분류된다(성태제, 1995). 평정 점수가 연속변수인 점수로 부여될 경우에는 상관계수법과 일반화가능도 이론으로 신뢰도를 추정하며, 평정 점수가 항목으로 분류될 경우에는 일치도 통계와 Kappa 계수로 신뢰도를 추정한다.

상관 계수법은 평정자 간 신뢰도 추정의 용이함을 장점으로 들 수 있다. 단점으로는 일반화가능도 이론보다는 평정자 간 신뢰도가 낮은 원인에 대한 여러 각도에서의 분석이 불가능하다. 일치도 통계는 평정이나 관찰의 결과가 이름이나 유목으로 분류될 때 관찰자 간 신뢰도를 추정하는 손쉬운 방법이다. 쉽다는 것이 장점이나 우연에 의하여 동일하게 평정되는 확률을 포함하므로 관찰자 간 신뢰도를 과대 추정하는 단점을 지니고 있다.

Kappa 계수는 우연에 의하여 확률적으로 동일하게 평정되는 부분이 제거되기 때문에 일치도 통계보다 과학적이라는 장점을 갖는다. 계산에 따르는 번거로움이 있으나 단점으로 지적될 수 있다.

일반화 가능도 이론을 이용하면 채점자 간의 영향뿐만 아니라 다른 요인을 종합적으로 분석하여 오차 점수의 분산원인을 규명할 수 있는 장점이 있다. 그러나 변량(분산)분석의 기본원리를 이해해야 하며 분산 성분의 계산절차의 복잡함이 단점으로 지적될 수 있다.

3) 타당도와 신뢰도의 관계

(1) 개념의 성립 조건으로 본 관계

먼저 개념이 성립되는 조건을 분석하여 타당도와 신뢰도의 관계를 살펴볼 수 있다. 타당도는 측정도구의 필수적인 요건이다. 그런데 신뢰도가 낮아지면 타당도도 낮아지기 때문에 신뢰도는 타당도의 선행조건이다. 다시 말하면 신뢰도는 타당도의 필요조건이지만 충분조건은 아니다. 그러므로 높은 타당도를 확보하려면 반드시 신뢰도가 높아야 하지만, 신뢰도가 높다고 하더라도 반드시 타당도가 높은 것은 아니다. 신뢰도는 타당도의 충분조건이 아님을 기억해야 한다. 아무리 오차가 없고 일관성 있는 검사점수라도 목적에 적합하지 않는 것을 재고 있다면 아무런 의미가 없는 것이 되고 만다. 신뢰도와 타당도의 관계를 나타내면 **그림 5-2**와 같다.

그림 5-2 ▸▸ 신뢰도와 타당도의 관계

그림 5-2와 같이 과녁에 신뢰도가 타당도를 위한 필수조건이지만 충분조건이 아님을 잘 보여주고 있다. 가운데 그림을 보면 과녁에 일관되게 맞았지만 정 가운데가 아닌 곳에 일관되게 맞았기 때문에 타당도는 높을 수 없다.

타당도는 검사목적에 따른 검사도구의 적합성이라는 점에서 볼 때, 검사도구가 측정하고자 하는 목적을 달성하고 있는가를 증명하는 기본적인 절차이다. 타당도를 검정하지 않은 측정도구를 사용하여 얻은 자료로 학생들의 심리적 증상을 진단하고, 학업성취도를 비교하며, 인성을 측정하는 것은 잘못된 결론을 유도할 가능성이 높아진다.

(2) 관찰점수의 구성요소로 본 관계

관찰점수의 구성요소를 분석하여 타당도와 신뢰도의 관계를 살펴볼 수 있다. 검사에서 얻은 관찰점수는 진점수와 오차점수로 구분할 수 있고, 진점수는 다시 타당한 진점수와 타당하지 않은 진점수로 구분되며 **그림 5-3**과 같다.

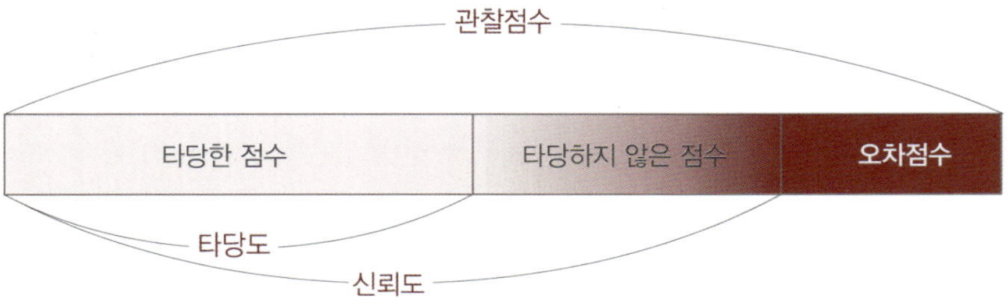

그림 5-3 관찰점수의 구성요소

그림 5-3에서 타당한 점수는 신뢰롭고 타당한 점수의 변량을 나타내며, 타당하지 않은 점수는 신뢰롭지만 타당성이 없는 내용을 측정한 점수의 변량을 지칭하고, 나머지 오차점수는 오차변량을 나타낸다. 따라서 타당도가 높기 위하여 신뢰도가 높아야 한다. 그러나 신뢰도가 높다하여 타당도가 항상 높은 것이 아니다.

타당도 계수는 피험자 집단의 응답결과에 의하여 추정되므로 피험자 집단이 보다 이질적일 때 공인타당도와 예측타당도 계수는 높아지는 경향을 보인다. 반대로 피험자 집단이 동질적이면 타당도 계수는 낮아진다. 그 이유는 두 변수간의 상관관계를 산출할 경우에 어떤 변수이든 절단되면 상관계수가 낮게 추정되기 때문이다.

Chapter 6

관찰연구

관찰법은 가장 오랜 전통을 지닌 연구방법이다. 일반적으로 아동은 언어발달이 미숙하여 자신의 생각이나 느낌을 정확하게 표현하지 못하므로 아동의 행동특성을 관찰하는 연구방법이 가장 적절하다고 주장한다.

이 장에서는 관찰연구를 보다 체계적으로 수행할 수 있는 기본 개념과 종류를 간략하게 제시한다. 관찰연구의 절차와 아동연구에 자주 사용되는 관찰기록방법의 주요 특징을 설명한다. 마지막으로 관찰연구의 장단점을 살펴보고자 한다.

1. 관찰연구의 기초

1) 개념

관찰법은 과학적 연구에서 가장 오랜 역사를 가진 방법으로서 인간 행동을 이해하는 기본적인 연구절차를 말한다. 관찰연구(observational research)는 관찰자의 관찰에 의하여 연구대상의 특성을 파악하고 분석하는 연구이다(성태제, 2016). 관찰연구는 객관성을 강조하는 양적 연구방법 위주의 사회과학 연구분야에서 다양한 형태로 발전되어 왔으며, 최근에 질적 연구방법에서 참여관찰 방법으로 사용되면서 더욱 주목받게 되었다.

2) 주요 특징

관찰법은 두 가지 경우에 효과적인 연구방법으로 사용될 수 있다. 하나는 관찰대상 집단 내의 사회적 상호작용 과정을 방해할 염려가 있는 경우이다. 또 하나는 관찰대상자가 자료 수집을 위한 활동을 하고 보고할 능력이 부족하거나 거부할 경우이다(김아영, 2000). 첫 번째 경우의 예로는 수업 중에 교사의 질책이 학생들의 수업태도에 미치는 영향을 알아보려고 할 경우를 들 수 있다. 교사가 질책한 후에 교실 분위기가 긴장되고 학생들의 태도가 경직된 상태인데 학생들에게 지금 어떤 느낌이 드느냐고 물으면 대답할 학생들이 많지 않을 것이다. 두 번째 경우의 예로는 특히 유아나 아동을 대상으로 연구할 때를 들 수 있다. 유아나 아동은 언어발달이 미숙하여 자신들의 생각이나 감정을 언어적으로 표현하기 어렵고 더욱이 지필검사를 사용하는 것은 더욱 힘들 경우가 많다. 발달연구자들은 아동을 연구할 때는 자연관찰법이 가장 적절하고 신뢰로운 방법이라고 주장한다(Morrison, 1995; Bentzen, 1997 재인용).

Goodwin과 Driscoll(1980)은 어린 아동들은 시험이나 질문지 같은 형식적인 검사형태의 자료 수집을 위한 활동에 어른들처럼 진지하게 임하지 않고 설사 검사에 임하더라도 심한 스트레스를 받아서 타당한 결과를 얻기가 어렵기 때문에 검사를 사용하는 방법은 타당하지 않다고 주장한다. 이 연구자들은 또한 어린 아동들은 관찰자가 자신들을 관찰하는 것에 위협을 느끼거나 불안해하는 정도가 낮아서 성인들의 경우에서처럼 심한 행동의 변화나 위장이 적고 또한 관찰자의 존재에 대해 쉽게 적응하기 때문에 아동을 연구할 때는 관찰법이 가장 타당한 방법이라고 주장한다(김아영, 2000).

2. 관찰연구의 종류

관찰법은 분류기준에 따라 여러 가지로 구분할 수 있다. 관찰 장면의 통제 여하에 따라 통제적 관찰과 비통제적 관찰로 나눈다. 또한 관찰의 조직성 여부에 따라 자연관찰과 조직적 관찰로 나눌 수 있다. 관찰자와 피관찰자의 참여 여부에 따라 참여 관찰과 비참여 관찰로 구분하기도 한다(변창진 외, 1996; 성태제, 2016).

1) 통제적 관찰과 비통제적 관찰

통제적 관찰은 대부분 실험연구에서 관찰자가 관찰의 목적에 맞게 관찰 장면과 조건을 인위적으로 조작해 놓고 그 조건에 따른 반응이나 영향을 관찰하는 방법이며 실험적 관찰이라 한다. 비통제적 관찰은 전혀 처치를 가하지 않는 상태에서 관찰하는 연구를 말한다. 인류학에서의 관찰연구의 대부분은 비통제적 관찰이다. 인위적인 처치 또는 제한을 가하지 않고 자연스럽게 관찰하는 방법을 의미한다.

2) 조직적 관찰과 자연관찰

조직적 관찰은 관찰의 내용이 제한적이어서 관찰내용, 관찰방법, 기록

방법 등이 사전에 규명되어 있는 관찰이며, 일반적으로 점검표에 의하여 관찰할 경우 관찰방법이 구조화되어 있다고 할 수 있다. 자연관찰은 조직적 관찰과 반대되는 관찰방법으로 관찰내용, 시기, 방법 등을 규명하지 않고 자연스럽게 관찰하는 방법이다.

3) 참여 관찰과 비참여 관찰

참여적 관찰은 관찰자가 관찰대상의 조직에 동참하여 구성원의 일원이 된 다음 그들과 공동생활을 하면서 관찰 대상을 자연 그대로 관찰하는 방법을 말한다. 완전참여 관찰은 관찰자가 역할을 숨기고 연구 상황에 참여하여 관찰하는 방법이다. 이 경우 연구대상이 관찰자에 의하여 영향을 받지 않는다는 장점이 있지만 연구자가 신분을 감추고 연구대상을 기만하는 것이 윤리적 문제가 제기될 소지가 있다. 비참여 관찰은 참여 관찰과 반대적인 형태의 관찰로 연구대상과의 상호작용을 극소화하기 위하여 관찰자가 관찰상황에 참여하지 않고 관찰하는 방법이다. 비디오를 사용하여 촬영한 후에 관찰하는 방법과 일방경이 있는 관찰실을 이용하는 방법이 있다.

3. 관찰연구의 절차

관찰은 양적 연구와 질적 연구에서 모두 사용되는 연구방법이다. 김석우 외(2015)는 양적 연구에서의 관찰하는 절차를 ① 관찰할 변인의 규정, ② 관찰기록방법의 선택, ③ 관찰기록 도구의 선택과 개발, ④ 관찰자 선정 및 훈련, ⑤ 관찰자의 영향 줄이기 등의 절차를 제시하고 있다.

한편 질적 연구에서의 관찰은 양적 연구에서의 관찰과 다른 점이 있다. 먼저 관찰하는 현상에 대해 중립적이거나 객관적일 필요가 없으며, 자신의 감정과 경험에 비추어 해석해도 된다. 다음으로 관찰의 초점은 보다 즉각적인 것으로 새로운 연구문제가 발생하면 자유롭게 그 문제에 주의를 집중

한다. 마지막으로 관찰의 초점은 양적 연구에 비하여 광범위하며 행동과 그것의 환경적 상황에 둔다. 김석우 외(2015)는 질적 연구에서의 관찰의 절차로 ① 관찰의 목적 설정, ② 관찰자의 다양한 역할 고려, ③ 관찰 준비, ④ 관찰의 초점(기술관찰단계, 집중관찰단계, 선별관찰단계)의 결정, ⑤ 관찰 현장 투입, ⑥ 관찰기록, ⑦ 관찰자 영향에 대한 조치, ⑧ 질적 연구자료의 분석 등이 제시되고 있다. 한편 정옥분(2008)은 관찰연구의 절차를 ① 연구목적의 설정, ② 관찰자의 선정과 훈련, ③ 관찰행동의 선정, ④ 관찰행동의 표집, ⑤ 관찰행동의 기록 등으로 구분하고 있다.

여기에서는 황해익(2010)이 제시한 연구목적 설정 및 행동의 표집, 관찰자 선정 및 훈련, 관찰기록 유형의 결정 및 기록지 제작, 관찰의 실제 수행, 분석 및 정보 요약 등의 5가지 관찰의 일반적 절차를 소개하고자 한다.

1) 연구목적 설정 및 행동의 표집

관찰연구에서 가장 먼저 해야 할 단계는 연구목적을 설정하는 것이다. 특히 연구목적에 가장 부합되는 행동을 대표할 수 있는 표본을 수집해야 한다. 연구목적에 따라서 관찰자를 선정하고, 관찰대상과 내용을 선정하고, 관찰장면을 결정하고 관찰시간과 기록방법을 결정해야 한다.

2) 관찰자 선정 및 훈련

관찰연구는 관찰자의 능력과 기술에 크게 의존하기 때문에 관찰자에게 적절한 훈련을 시키는 것이 필수적이다. 관찰자 훈련에는 관찰내용, 관찰방법, 관찰규칙 및 기록방법과 같은 내용들이 포함되어야 한다. 이러한 관찰자 훈련과정은 관찰자 간 신뢰도를 증진시키는 데 도움을 준다.

3) 관찰기록 유형의 결정 및 기록지 제작

관찰한 내용을 어떤 형식으로 기록할 것인지를 결정하는 일도 매우 중요하다. 음성녹음을 비롯하여 다양한 매체를 통하여 관찰행동을 기록하고 보존할 수 있지만 이들 기록을 그대로 사용할 수 없고 내용을 분석하여 연구자료로 변환시켜야 한다. 관찰행동을 기록할 경우에 먼저 관찰자의 이름과 관찰대상의 이름, 성별, 연령, 관찰일시, 관찰장면 등을 기록해야 한다. 실제 관찰된 객관적 사실과 관찰자의 주관적 해석을 구분하여 기록한다. 또한 관찰내용을 일정한 형식에 따라 일관성 있게 기록해야 한다.

4) 관찰의 실제 수행

연구에서 관심 있는 행동이 실제로 발생할 때 바로 기록하는 것이 바람직하다. 관찰자가 피관찰자에게 영향을 주어서는 안 된다. 관찰자는 관찰내용과 관찰방법을 미리 숙지한 후 대상행동이 발생했을 때 정확하게 기입하도록 한다.

5) 분석 및 정보 요약

관찰을 수행한 후에 기록된 관찰정보를 요약하는 작업이 필요하다. 관찰기록된 양적 자료는 빈도, 시간, 가중치의 평균 등의 기술통계치로 그래프를 이용하여 분석한다. 일화기록법과 같은 서술식 기록들은 진술문으로 요약하거나 별도로 준비된 유목에 할당한 다음 빈도나 평정치로 환산하여 분석할 수 있다.

4. 관찰기록방법

관찰법은 유아의 행동을 보다 더 잘 이해하기 위하여 유아가 보여주는 여러 가지 상황이나 활동을 과학적인 방법으로 자세히 관찰하고 기록·분석함으로써 유아의 발달 및 행동을 더 잘 이해할 수 있도록 하는 유아교육의 대표적인 방법이라 할 수 있다. 따라서 여기에서는 유아교육기관에서 흔히 사용되고 있는 관찰법의 종류 중 표본기록법, 일화기록법, 체크리스트법, 평정척도법, 시간표집법, 사건표집법에 대하여 각 관찰기록 방법들의 특징을 간단히 살펴보고자 한다.

1) 표본기록법

표본기록법(specimen record)은 설화적 기술법(narrative description)이라고 한다. 이 방법은 자연관찰 시 사용하는 기록방법으로 이야기식으로 행동을 기술하는 것이 기본 형태이다. 또한 이 방법은 엄격한 세부사항과 미리 정해 놓은 기준(언제, 어디서, 누가, 어떻게, 왜)에 따라 서술되기 때문에 형식적 기록방법이다.

표본기록법은 서술형식의 기록이라는 점에서 일기식 기술법과 유사하지만, 제한된 시간과 상황하에서 연속적인 행동을 관찰하고 자세하게 기록한다는 점에서 차이가 있다(김지은·김진숙, 1999; 황해익, 2000). 좀 더 완전하고 자세한 기록을 위해서 비디오 카메라를 이용하여 관찰대상 유아들의 활동 장면이나 그 장면에서 일어나는 유아들의 상황을 자세히 촬영하여 사용할 수 있다(황해익, 2000).

표본기록법은 어떤 행동에 대한 해석이나 평가를 하려고 하는 것이 아니며, 관찰대상 유아의 행동이나 상황을 있는 그대로 가능한 한 많이 수집하려는 것이 목적이다. 또한 유아의 행동과 언어를 자세하고 객관적으로 기록함으로써 관찰대상 유아의 발달을 여러 측면에서 볼 수 있도록 하는 데 있다. 따라서 표본기록법은 교사가 어떤 유아가 가지고 있는 문제행동을 해결한다거나 학기 초에 새로 유아를 알려고 할 때 도움이 많이 된다(이정환·박은혜, 1995).

표본기록법의 관찰양식은 **표 6-1**과 같다.

표 6-1 표본기록법의 관찰양식

<table>
<tr><td>관찰유아</td><td colspan="2"></td><td>생년월일</td><td colspan="2"></td><td>남/여</td></tr>
<tr><td>관 찰 자</td><td colspan="2"></td><td>관 찰 일</td><td colspan="3"></td></tr>
<tr><td>관찰시간</td><td colspan="2"></td><td>유아연령</td><td colspan="3">년 개월</td></tr>
<tr><td>관찰장면</td><td colspan="6"></td></tr>
<tr><td colspan="2">시간</td><td colspan="3">기록</td><td colspan="2">주석</td></tr>
<tr><td colspan="2"></td><td colspan="3"></td><td colspan="2"></td></tr>
<tr><td colspan="7">요약</td></tr>
<tr><td colspan="7"></td></tr>
</table>

2) 일화기록법

일화기록법(anecdotal record)은 개인의 특성을 이해하기 위하여 그 개인이 나타낸 구체적인 행동사례나 어떤 사건에 관련된 관찰 사건이나 행동을 상세히 기록하는 방법으로 직접적인 관찰방법 중에서 가장 실시하기 쉬운 방법이다. 이 방법은 아동의 성격이나 행동의 특정한 측면을 기록해 놓아서 아동을 이해하는 것을 돕고 후속 지도나 후임 교사들의 참고자료로 사용될 수 있다.

일화기록은 사건이나 행동을 기술함에 있어서 마치 사진을 보는 것과 같이 사실적으로 묘사되는 글이라 하여 '글로 묘사된 사진'이라고 표현하기도 한다(이은해, 1985). 일화기록법은 관찰자에게 의미 있다고 생각되는 것이면 어느 것이나 그때그때 기록하거나 행동이 일어난 후에 기록해도 된다(김지은·김진숙, 1999).

일화기록법의 특징은 다음과 같다(이은해, 1985).

① 일화기록법은 어떤 사건이나 행동에 대한 사실적이고 객관적인 기록이다.

② 일화기록법은 여러 가지 직접적인 관찰방법 가운데 가장 쉽고 간단한 기록 방법이다.

③ 일화기록법은 예기치 않은 행동에 대한 기록이다.

④ 일화기록법은 관찰자가 관심이 있는 특정한 어떤 행동이나 영역에 초점을 두고 관찰하여 기록할 수 있다.

유아교육현장의 교사들이 사용하기에 적합한 방법으로 **표 6-2**에서 일화기록양식이 제시되어 있다.

표 6-2 일화기록법의 관찰양식

관찰유아		생년월일		남/여
관 찰 자		관 찰 일		
관찰시간		유아연령	년 개월	
관찰장면				
기록				
발달영역				
해석				

3) 체크리스트법

체크리스트법(checklist)은 기대되는 행동들을 항목으로 만들어 놓고 관찰대상 아동이 항목과 같은 행동을 보였을 때 표시하는 방법이다. 이 방법은 행동목록법이라고 한다. 교사나 관찰자가 사전에 관찰할 행동특성에 대한 항목을 선정해 두고, 이 행동의 특성의 출현 여부에 초점을 두어 체크한다. 관찰대상이 자료나 환경일 때 행동목록이라기보다는 체크리스트라고 한다. 체크리스트로 일반화하여 사용할 때는 관찰보조도구로서 뿐만 아니라 질문지나 면접 등의 조사연구에서도 널리 사용된다(이은해, 1985).

체크리스트를 작성할 경우 유의사항은 다음과 같다(이은해, 1985).

① 체크리스트는 관찰하기 전에 준비되어 있어야 한다.

② 체크리스트에 포함된 문항은 가능한 한 관찰 가능한 구체적 행동을

나타내는 것이어야 한다.

③ 체크리스트의 문장은 포괄적이고 대표적인 목록으로 구성되어야 하며 문항 간 서로 중복이 없어야 한다.

④ 체크리스트의 문항은 일정한 체계에 맞게 논리적으로 조직되어야 한다.

⑤ 체크리스트가 관찰목적에 맞도록 구성되어야 한다.

⑥ 체크리스트의 출현 유무의 표기와 함께 처음 그 행동이 나타난 날짜를 기록하게 만드는 것이 좋다.

체크리스트법을 적용한 예시로서 이정환·박은혜(1995)가 개발한 행동발달 관찰기록서의 일부를 제시하면 **표 6-3**과 같다.

표 6-3 체크리스트 행동발달 관찰기록서

<table>
<tr><td>관찰유아</td><td></td><td>생년월일</td><td colspan="2"></td><td>남/여</td></tr>
<tr><td>관 찰 자</td><td></td><td>관 찰 일</td><td colspan="3"></td></tr>
<tr><td>지 시</td><td colspan="5">• 다음은 유아의 발달을 전체적으로 체크해 볼 수 있는 리스트이다.
1. 유아를 선택하여 관찰한다.
2. 체크리스트에 있는 행동이 나타나면 표시한다.
3. 체크리스트 마지막에 각 발달 영역별로 요약한다.
4. 관찰결과에 따라 각 영역별로 한 가지씩 교수방법을 계획한다.</td></tr>
<tr><td colspan="3">기본 생활 습관</td><td>예</td><td>아니오</td><td>비고</td></tr>
<tr><td colspan="3">1. 정리 정돈을 할 수 있다.</td><td></td><td></td><td></td></tr>
<tr><td colspan="3">2. 규칙을 잘 지키는 편이다.</td><td></td><td></td><td></td></tr>
<tr><td colspan="3">3. 어른에게 존댓말을 사용한다.</td><td></td><td></td><td></td></tr>
<tr><td colspan="3">4. 교사의 지시를 잘 이해하고 따른다.</td><td></td><td></td><td></td></tr>
</table>

4) 평정척도법

평정척도법(rating scale)은 체크리스트와 비슷하지만 각 항목의 방향성과 강도를 측정하는 방법이다. 대체로 어떤 특성이나 특질 혹은 성격을 미리 정해진 범주에 따라 평가할 때 사용되는 관찰의 보조도구이다. 이 방법은 어떤 행동의 출현 유무를 표시하는 데 그치지 않고, 행동의 질적 특성을 몇 등급으로 구분해서 알고자 할 경우에 유용하다. 그러나 평정척도법은 관찰자의 주관이 개입될 가능성이 높다. 체크리스트는 사실의 확인 기록이지만 평정척도법은 관찰자의 주관에 따라 강도와 방향이 달라질 수 있기 때문이다.

평정척도를 작성할 경우 유의사항은 다음과 같다(이정환·박은혜, 1995).

① 평정대상이 되는 행동특성은 객관적이고 관찰 가능한 용어로 기술해야 하며, 가능한 한 명확하고 간결하게 그리고 짧고 분명한 용어를 사용한다.

② 단어나 단서들이 평정하는 특성과 일치한다는 것을 확신할 수 있어야 한다.

③ 한 척도에 특수한 단어를 사용하나 여러 척도에서 의미가 중복되지 않은 단어를 사용한다.

④ 너무 극단적인 수준의 특성은 제시하지 않는 것이 좋다.

⑤ 가치판단적 용어는 사용하지 말아야 한다.

⑥ 시간표집법이나 표본기술법과 같이 보다 신뢰로운 측정법을 사용할 수 있는 경우에는 사용하지 말아야 한다.

⑦ 척도단위는 평정이 이루어지는 상황이나 조건, 요구되는 정확성 및 평정자의 훈련 여부에 따라 결정하여야 한다.

평정척도법 가운데 기술평정척도의 예시로서 이정환·박은혜(1995)가 개발한 평정척도를 이용한 관찰의 일부를 제시하면 **표 6-4**와 같다.

표 6-4 ▸▸ 기술평정 척도의 예시

관찰유아		생년월일		남/여
관 찰 자				
지　　시	• 각 문항에서 유아의 행동을 잘 진술한 문항에 표시한다. • 덧붙일 사항이 있으면 기타란에 적는다.			
1. 유아가 어려운 문제에 부딪혔을 때 어떻게 해결하는가? ( ) 문제가 무엇인지 잘 파악하지 못한다. ( ) 문제가 무엇인지 파악하나 해결하지 않는다. ( ) 문제가 무엇인지 파악하고 한 가지 방식으로 풀다가 포기한다. ( ) 끈기 있게 여러 가지 방법을 이용하여 문제를 해결한다. 기타:				

5) 시간표집법

시간표집법(time sampling)은 1920년대 Minnesota 대학의 "아동발달연구소"의 Willard C. Olson이 고안한 방법이다. 이 방법은 관찰상황에서 한 대상에 대한 관찰을 계속적으로 진행하지 않고 관찰할 기간을 선정하여 주기적으로 하는 것으로 관찰대상자가 그 기간 동안에 무엇을 하는가를 기록하는 방법이다(김아영, 2000). 관찰자는 관찰기간만을 결정하는 것이 아니라 관찰할 행동도 선정하게 된다. Irwin과 Bushnell(1980)은 15분에 한 번도 나타나지 않는 행동은 시간표집법의 대상이 될 수 없다고 한다. 왜냐하면 그러한 행동은 그 아동의 대표적인 행동으로 간주할 수 없기 때문이다. 한 아동에 대한 관찰지속시간은 대체로 3분 정도가 적절하다고 보지만(Bentzen, 1997), 연구의 내용이나 목적, 관찰상황에 따라서 얼마든지 조정할 수 있다(김아영, 2000).

시간표집법을 적용해서 관찰할 때의 일반적인 지침을 제시하면 다음과 같다(김아영, 2000).

① 시간표집법은 비교적 자주 발견되는 행동들에 대해서만 적절하다. 즉, 평균적으로 15분에 한 번도 나타나지 않는 행동에 대한 관찰법으로는 적절하지 않다.

② 시간표집법은 쉽게 눈에 보이는 행동에 대한 관찰에만 적합하다. 내면적인 심리상태나 정신적 측면을 반영한다고 추측되는 행동을 관찰하는 것은 부적절하다.
③ 관찰자는 행동에 대한 조작적 정의를 분명히 진술해 놓아서 누구든지 쉽게 이해할 수 있고 동의할 수 있게 하는 것이 중요하다.
④ 시간표집이 정확히 어떻게 구성되어야 할 것인지를 결정하기 위해서는 관찰의 목적을 분명히 진술하는 것이 중요하다.

시간표집법을 작성하는 데 있어서 유의사항은 다음과 같다(이은해, 1985).

① 관찰의 목적을 명확히 밝히기
② 용어의 정의를 분명하게 할 것
③ 미리 시간 단위를 정할 것
④ 연구대상별로 관찰횟수를 결정하기
⑤ 관찰결과의 기록은 관찰범주에 대한 일정한 부호 체계로 기록하기

표 6-5는 아동들의 여섯 가지 주요 행동의 발생빈도를 수집하기 위하여 시간표집법을 적용하여 관찰할 때 사용될 수 있는 기호체계를 기초로 한 관찰기록표이다(김아영, 2000).

표 6-5 행동발생빈도 수집을 위한 시간표집 기록지

〈발생빈도 수집표〉

시간	아동 이름	나이	공포	나눔	울음	웃음	잡담	자랑
첫 5분								
두 번째 5분								
세 번째 5분								
네 번째 5분								
다섯 번째 5분								
여섯 번째 5분								
5분당 평균								

참고: 행동발생빈도는 卌로 표시한다.

〈관찰상황과 관찰대상 아동에 대한 기술〉

1. (　　　　) ____________________

2. (　　　　) ____________________

기타사항: ____________________

표 6-6은 특정 행동의 출현 여부에만 관심을 둔 반응기록지의 유형을 제시한 것이다(김아영, 2000).

CHAPTER 06 관찰연구

표 6-6 시간표집법 적용 시 사용할 수 있는 반응기록지 유형

〈행동의 출현 여부〉

관찰상황/장소: ________________ 날짜: ______ __________ 시간: __________
아동 이름/나이/학년: ____

____

관찰할 행동:
과제 집중 행동: 수업시간 중 교사에게 집중하고 수업활동과 관련된 자료에 집중하는 행동
주의 산만 행동: 교사에게 주의집중하지 않고 수업을 방해하는 행동을 하고 수업과 관련되지 않은 것들을 가지고 있는 행동
절차: 선정된 아동들을 1분씩 관찰하고 행동이 나타나면 체크할 것.

아동 이름	집중 행동	산만 행동
1.		
2.		
3.		
4.		
5.		
전체		

6) 사건표집법

사건표집법(event sampling)은 단순히 어떤 행동의 발생유무만을 관찰하기보다는 행동이나 사건이 발생하기를 기다렸다가 관심을 갖고 있는 행동이나 사건이 일어나면 일정한 형식에 따라 행동의 순서를 자세히 기술하는 방법이다(황해익, 2000). 이 방법은 시간표집법과 달리 관찰의 단위가 시간이 아니라 어떤 행동이나 사건 자체에 있다.

사건표집법을 적용한 초기 대표적인 연구는 Helen C. Dawe(1934)가 분석한 200개의 유아들의 말다툼을 분석한 것이다. 이 연구에서는 1931년 10월부터 1932년 9월 사이에 한 유아원에서 19명의 여아와 21명의 남아를 대상으로 자유놀이 시간에 자발적으로 발생한 말다툼을 기술하였다. 관찰자는 말다툼이 생기기를 기다리고 있다가 말다툼이 시작되면 초시계를 가지고 시간을 재면서 상황을 관찰하고 끝나면 기록표에다 기

록하였다. 기록내용은 아동들의 이름, 나이, 성별, 말다툼 지속시간, 무슨 일이 발생했는가, 행동의 유형 등을 기록하였고, 가능한 한 실제 대화내용을 기억해서 기록하였다. 이 연구에서 시간은 하나의 요인이기는 했지만 말다툼의 지속기간은 수집된 자료의 일부분일 뿐이고, 말다툼이라는 사건 자체가 관찰자의 주의집중의 초점이었다(김아영, 2000).

Irwin과 Bushnell(1980)이 제시하는 사건표집법을 사용할 때의 지침들을 제시하면 다음과 같다(김아영, 2000).

① 연구하려는 행동을 명세화하고 조작적 정의를 내린다.

② 대상 행동의 일반적인 속성을 조사하여 언제 어디서 관찰할 것인지를 결정할 수 있어야 한다.

③ 어떤 종류의 정보를 기록할 것인지를 결정한다. 사건표집법은 시간표집법보다 훨씬 융통성이 있어서 미리 부호화된 유목표를 사용할 수도 있고 설화적 기술을 할 수도 있다.

④ 기록표를 가능한 한 사용하기에 쉽게 만든다.

사건표집법에는 문제행동 전후의 사건을 서술하여 행동의 원인을 밝히는 데 도움을 주는 ABC 서술식 사건표집법과 문제행동이 얼마나 자주 일어나는지를 알 수 있는 빈도 사건표집법이 있다(이정환·박은혜, 1995).

ABC 서술식 사건표집법 관찰양식의 예는 **표 6-7**과 같다.

표 6-7 ▸▸ 서술식 사건표집법의 관찰양식 예시

관찰유아		생년월일		남/여
관 찰 자		관 찰 일		
유아연령	년　　개월			
관찰행동				
시간	사건 전	사건	사건 후	
요약				

5. 관찰연구의 장단점

관찰연구는 개인의 내면적 특성을 파악할 수 있고, 자기보고식 설문지로부터 얻을 수 있는 자료보다 더 객관적인 자료를 수집할 수 있다. 그러나 관찰자의 주관이 개입될 여지가 있고, 관찰자에 따라 관찰장면이 달라질 수도 있다. 관찰법에 대한 장점과 단점을 요약하여 제시하면 다음과 같다(황해익, 2010).

1) 장점

① 관찰법은 비언어적 행동에 대한 자료를 수집할 수 있다.

② 어떤 문제의 사태나 관찰대상의 행동이 발생함과 동시에 기록될 수 있어 비교적 자세하고 풍부한 정보를 수집할 수 있다.

③ 관찰법은 관찰대상의 고의적인 방해를 받지 않고, 다만 관찰자 자신의 관찰능력에 의해서만 좌우된다.

④ 관찰법은 관찰대상의 연령, 학력, 사회경제적 지위를 막론하고 어떤 대상에게도 적용될 수 있는 방법이다.

⑤ 관찰대상과의 친밀성을 유지할 수 있어 심층적인 자료 수집이 가능하다. 관찰자가 관찰대상 집단의 일원으로 역할을 할 수 있는 참여관찰은 관찰대상의 외현적 행위나 대화 내용 이외에 그 저변에 깔린 의식구조, 태도, 가치관 등을 파악할 수 있다.

2) 단점

① 관찰자의 주관, 편견이나 선입견이 개입되기 쉬우나 이를 통제하기가 어려워 객관적인 관찰이 용이하지 않다.

② 관찰은 관찰의 대상이 되는 행동이 일어날 때까지 기다려야 한다는 어려움이 있다.

③ 관찰법은 양적 측정방법보다는 수집된 자료를 분류하고 유목화하

는 과정에서 관찰자의 주관적 판단이나 질적인 인식의 형태에 의존한다. 즉, 양적 측정이 어려워 일반적으로 빈도수나 백분율 같은 기본적인 방법에 의존하므로 자료 분석상의 정확도를 기하기 어렵다.

④ 대다수 관찰은 자연적 환경에서 이루어지는데 이때는 사전에 승인을 받아야 한다. 만약 승인 없이 관찰이 진행될 때는 윤리적 문제가 뒤따른다. 외부 관찰자가 유아교육기관을 방문하여 관찰을 진행하고자 할 때는 허락받기가 어렵다.

⑤ 관찰자에 의해 관찰상황이 변화될 수 있다. 특히 참여 관찰을 할 경우 연구대상의 행동이 부자연스러워지거나 연구목적에 부합되는 행위를 하는 경우가 많다.

⑥ 다른 방법에 비해서 시간과 경비가 많이 든다.

⑦ 관찰대상이 어릴 경우에는 관찰이 쉬우나 성인의 경우에는 어려움이 많다.

Chapter 07

조사연구

일반적으로 조사연구는 가장 손쉽게 질문지를 제작하여 사용하거나 면접을 실시하여 연구목적에 필요한 자료를 수집하는 연구방법이다. 조사연구는 현상의 원인과 결과를 분석하기보다는 현재의 실태를 파악하기 위한 자료수집 방법이다.

이 장에서는 조사연구의 개념과 종류를 간단히 설명한다. 질문지를 사용하는 조사연구의 절차를 제시한다. 조사연구의 도구로서 가장 많이 사용하는 질문지의 종류를 소개한다. 질문지 작성방법을 작성계획의 수립, 작성상의 유의점, 작성 지침으로 구분하여 살펴보고자 한다.

1. 조사연구의 기초

1) 개념

조사연구는 고대 이집트에서 인구조사, 농산물의 수확량의 파악, 세금 부여 등을 목적으로 처음 사용되었다. 그 후 20세기경 Lazarsfeld, Hyman, Stoufler 등의 사회학자들이 자료를 수집하고 통계적으로 분석하여 결과를 논리적으로 해석함으로써 조사연구의 방법을 발전시켰으며 현재에는 여론을 조사하기 위하여 많이 사용한다(성태제, 2016).

조사연구는 통제되지 않은 자연적 상황에서 질문을 통하여 현상을 파악하는 연구로서 현재의 사실을 연구하는 방법이다. 조사연구는 연구대상들에게 동일한 유형의 정보를 얻어 자료를 수집하고 그 자료를 분석한 후 결론을 유도하므로 동일한 도구를 사용하며 응답결과를 수량화할 수 있도록 도구가 제작되어야 한다.

조사(survey)는 사물 또는 사상의 실태, 조건, 관련 변인 등을 규명하기 위해 필요한 정보를 수집, 정리, 분석하는 일련의 활동을 말한다. 사회과학 분야에서 주로 조사법이 사용되기 때문에 사회조사법이라고 부르기도 한다.

2) 주요 특징

조사연구의 목적은 현재의 사실에 대한 의견이나 생각을 신속하게 파악하는 데 있다. 조사연구의 대표적인 사례가 바로 여론조사이다. 여론조사는 사회적인 쟁점이나 문제가 일어날 때마다 여론의 동향을 신속하게 파악하기 위해 가장 널리 사용되고 있다. 여론조사뿐만 아니라 연구용 조사연구에서는 연구대상의 의견이나 생각을 정확하게 파악할 수 있는 효과적인 질문을 작성하는 것이 가장 중요하다. 심지어 여론조사 전문기관에서도 의뢰하는 기관의 요구에 따라 유도성 질문을 작성하여 여론을 의도적으로 왜곡하는 사례도 가끔 일어나기도 한다.

일반적으로 조사대상자가 대규모이거나 조사내용이 단순한 경우에는 질문지를 사용한다. 개인의 태도나 가치관과 같은 민감한 주제를 다루거나 심층적인 반응을 요구할 경우에는 면접방법을 사용한다. 또한 연구자의 재량에 따라 질문지와 면접방법을 병행할 수도 있다. 실제로 조사연구에서는 모집단에서 추출한 표집으로부터 각종 정보와 자료를 수집하고 있어서 표본조사를 의미한다. 표본조사에서 수집된 자료는 통계분석기법을 활용하여 모집단의 특성을 추론하게 된다. 면접방법을 동원할 경우에도 면접내용을 쉽게 수량화될 수 있도록 구조화된 면접지를 활용하는 경향이 있다.

2. 조사연구의 종류

조사연구의 방법은 어떤 기준에 따라 분류하느냐에 따라 다양하게 구분되고 있다. 조사연구방법에는 전화조사, 우편조사, 설문지조사, 면접조사 등과 같은 말이 많이 사용되고 있다. 그래서 면접법도 일종의 조사법이라고 간주되고 있다(변창진 외, 1996). 먼저 자료 수집의 경로에 따라 우편조사, 면접조사, 전화조사, 팩스조사, 웹(web)조사, 디스켓조사 등으로 구분할 수 있다. 또한 질문에 누가 응답하느냐를 기준으로 조사 대상자 본인이 직접 응답하는 직접 조사와 조사대상자를 관찰한 제3자가 응답하는 대리조사로 나누기도 한다. 조사대상자의 수를 기준으로 전집조사와 표집조사로 구분하기도 한다. 표적대상 전원을 조사하는 것은 전집조사이고 모집단에서 일부 표집하여 조사하면 표집조사이다. 표집조사는 다시 소규모 표집조사와 대규모 표집조사로 구분된다. 조사연구는 질문지법과 면접법으로 구분된다(성태제, 2016).

1) 질문지법

질문지법은 연구대상에게 질문지를 보내 응답한 결과를 분석하는 방법이다. 조사방법이라고 하면 질문지를 연상할 만큼 조사법에서는 질문지법을 많이 사용하고 있다. 측정이론에서는 질문지법과 척도법(scaling method)을 개념적으로 구분하지만 여러 가지 면에서 공통점이 많고 척도를 제작하는 원리를 이용하여 질문지를 제작하는 경향이 지배적이므로 편의상 조사법에 척도법을 포함시키기도 한다(변창진 외, 1996).

직접 전달 질문지법은 연구대상에게 질문지를 직접 전달한 후 응답지를 회수하는 방법이다. 간접 전달 질문지법은 제3자나 기관을 통하여 간접적으로 조사를 실시하는 방법이다. 예컨대, 학교장을 통하여 교사의 의견을 조사하거나 학생을 통하여 학부모에게 질문지를 배부하고 회수하는 방법을 들 수 있다.

우편에 의한 질문지법은 편의상 가장 많이 쓰는 방법이다. 직접 질문지법은 연구자가 연구대상에게 직접 질문지를 전달하고 회수하므로 질문지 회수율을 높일 수 있다는 장점이 있으나, 시행에 번거로움이 따르므로 우편을 많이 이용한다.

2) 면접법

면접은 일정한 목적하에 이루어지는 사람 간의 대화 또는 면접자와 피면접자가 서로 면대면하여 의사소통하는 과정을 말한다(변창진 외, 1996). 면접은 질문지를 사용하지 않고 연구대상에게 직접 질문을 제시하여 얻은 응답을 분석하는 연구방법이다. 면접형태에 따라 직접면접과 간접면접, 개별면접과 집단면접, 구조적 면접과 비구조적 면접, 지시적 면접과 비지시적 면접, 문제중심 면접과 인간중심 면접, 외재적 면접과 내재적 면접으로 구분된다(변창진 외, 1996).

(1) 직접면접과 간접면접

직접면접은 면접자와 피면접자가 직접 서로 얼굴을 맞대고 대화를 나누면서 필요한 정보를 수집하는 면대면의 면접형태이다. 간접면접은 면접자와 피면접자가 직접 얼굴을 맞대지 않고 멀티미디어를 이용하여 묻고 대답하는 전화면접을 비롯하여 화상면접, 컴퓨터 이용 면접 등을 말한다.

(2) 개별면접과 집단면접

개별면접은 면접자와 피면접자가 각각 한 사람씩 대화하는 형식의 면접을 말한다. 집단면접은 면접자와 피면접자 중 어느 한쪽이 2명 이상이거나 양쪽이 모두 2명 이상으로 구성되어 한 자리에서 동시에 수행하는 면접을 말한다.

(3) 구조적 면접과 비구조적 면접

구조적 면접은 간단하고 짧은 답을 요구하는 제한적인 질문을 하고 질문내용, 질문순서, 용어사용 등이 엄격하게 정해져 있어 면접과정에서 면접자가 거의 아무런 융통성을 발휘할 수 없는 면접을 말한다. 비구조적 면접은 피면접자로 하여금 자신의 생각, 의견, 느낌을 자유롭게 답할 수 있도록 개방적 질문을 하고 질문형태와 내용을 면접자의 재량에 따라 결정할 수 있는 면접을 말한다.

3. 조사연구의 절차

질문지를 사용한 조사연구의 절차는 다음과 같다(성태제, 2016).

① 연구목적을 구체화한다.

② 연구대상을 선정하고 표집방법을 규명한다.

③ 안내문을 작성한다.

④ 질문지를 제작한다.

⑤ 사전연구를 실시한다.

⑥ 질문지를 분석 수정한다.

⑦ 표본을 추출한다.

⑧ 질문지를 발송한다.

⑨ 미회송자에게 독촉 편지를 발송한다.

⑩ 응답자료를 수합하여 분석한다.

4. 질문지의 종류

1) 자유반응형

자유반응형 설문지(open ended questionnaire)는 물음에 대해 응답자가 자유롭게 답할 수 있게끔 응답자의 반응에 제한을 가하지 않는 설문 형식이다. 이 형식을 사용하려면 응답자가 질문지 문항의 내용을 정확하게 이해하고, 그것을 표현할 언어 능력을 갖추고 있다고 가정할 수 있어야 한다.

예시 문항 현재 배우고 있는 과목 중에서 가장 좋아하는 과목과 싫어하는 과목을 각각 하나씩 괄호 안에 적고 그 이유를 밑줄 친 부분에 간단히 쓰시오.

1. 좋아하는 과목: (　　　　)
   이유:______________________________

2. 싫어하는 과목: (　　　　)
   이유: ______________________________

2) 강제선택형

강제선택형 설문지의 문항 형식에는 선택형, 분류형, 등위형, 적출형(체크리스트), 평정척도형, 양자택일형 등이 있다(변창진 외, 1996).

(1) 선택요구형

선택요구형 설문(selection required question)은 물음, 인물, 사상, 상황, 조건, 행동, 이유 등에 관해 물음을 제시한 다음 그 아래에 열거된 여러 개의 선택 가능한 답 중에서 응답자의 생각이나 의견과 일치되는 것을 고르도록 요구하는 형식의 설문이다.

예시 문항 다음 특별활동 부서 가운데 참가하고 싶은 부서 하나만 골라 괄호 속에 V표를 하시오.

( ) 서예반 ( ) 독서반 ( ) 과학반
( ) 방송반 ( ) 미술반 ( ) 합창반
( ) 문예반 ( ) 육상반 ( ) 영어회화반

(2) 분류형

한 영역에 속하는 일련의 항목들을 일정한 조건을 기준으로 하여 상호 배타적인 유목으로 분류하도록 지시하는 설문을 분류요구형 설문(classification required question)이라 한다.

예시 문항 아래의 여러 종류의 직업을 자신의 적성과 흥미에 맞고 취업의 전망도 있는 것은 A, 적성과 흥미에 맞으나 취업의 전망은 없는 것은 B, 적성과 흥미에 맞지 않으나 취업의 전망이 있는 것은 C, 적성과 흥미에도 맞지 않고 취업의 전망도 없는 것은 D로 분류하시오.

( ) 판사·검사	( ) 의사·약사	( ) 건축사
( ) 소설가	( ) 영화감독	( ) 가수
( ) 아나운서	( ) 정보처리사	( ) 사업가
( ) 교사·교수	( ) 회사원	( ) 화가·조각가

(3) 등위요구형

일련의 동류적인 사물이나 그 기능 또는 특성들을 제시해 놓고 선호도, 중요성, 필요성, 합리성, 적합성 등을 판단기준으로 하여 등수 또는 차례를 매기도록 요구하는 설문이 등위요구형 설문(rank-order required question)이고 서열요구형 설문이라고도 한다.

예시 문항 다음은 이순신 장군을 존경하는 여러 가지 이유를 제시한 것이다. 그중에서 가장 중요하다고 생각하는 것부터 순서대로 번호를 매기시오.

( ) 세계적으로 뛰어난 거북선을 발명한 과학적 우수성
( ) 간신들의 모함에도 굴하지 않는 꿋꿋한 정신과 자세
( ) 죽는 순간까지 나라를 걱정하여 죽음을 알리지 않은 애국심
( ) 각종 전투에서 보여준 치밀한 계획성과 작전술

(4) 체크리스트형

체크리스트형 설문(list-check required question)이란 관찰 또는 조사하고자 하는 상황, 실태, 동작, 행동, 작품, 태도 등을 구체적으로 진술, 열거해 놓은 목록을 제시해 놓고 목록에 있는 사항이 관찰되면 체크하도록 요구하는 설문이다. 이는 일련의 항목들을 열거한 목록을 제시한 다음 해당되는 항목에 표시하도록 하는 방법으로서 체크리스트라고도 한다.

예시 문항 33개 진술문을 읽고 자기 학급 담임 교사의 학급경영 방식과 일치한다고 생각되는 진술문에만 밑줄 친 부분에 V표시를 하시오. 일치되지 않는다고 또는 관계가 없다고 생각되는 진술문에는 아무런 표시도 하지 마세요.

_____ 1. 학급에서 지켜야 할 규칙이 분명하게 제시되어 있다.
_____ 2. 학급규칙은 누구에게나 일관되게 지켜진다.
_____ 3. 학급활동에 대한 역할분담이 공정하게 이루어지고 있다.

생 략

(5) 평정척도형

관찰 또는 조사하고자 하는 동작, 행위, 태도, 실태 등의 출현 여부만을 확인, 기록하는 체크리스트와는 달리 그 비중 또는 정도(빈도, 강도)를 판단하여 보고하게 하는 설문을 평정요구형 설문(rating required question) 혹은 평정척도 문항(rating scale item)이라 한다.

중요한 평정척도에는 숫자평정척도, 기술식 평정척도, 도식평정척도, 기술도표척도, 비교평정척도를 들 수 있다.

① 숫자평정척도

숫자평정척도는 주어진 진술문에 대한 찬반 또는 의견의 일치-불일치의 정도 또는 사물의 속성, 동작, 행동, 태도, 실태의 양(빈도)이나 질(강도)을 나타낸다고 생각되는 숫자(평정치)에 표시하게 하는 문장으로 구성된 설문지를 가리킨다.

예시 문항 아래 영역에 대한 학생의 음악 능력이 '아주 부족하다'고 생각하면 ①에, '부족한 편이다'고 생각하면 ②에, '보통이다'고 생각하면 ③에, '뛰어난 편이다'고 생각하면 ④에, '대단히 뛰어난 편이다'고 생각하면 ⑤에 표시하시오.

1. 리듬 ………………………………………… ① ② ③ ④ ⑤
2. 가락 ………………………………………… ① ② ③ ④ ⑤
3. 화음 ………………………………………… ① ② ③ ④ ⑤
4. 형식 ………………………………………… ① ② ③ ④ ⑤
5. 빠르기 ……………………………………… ① ② ③ ④ ⑤

② 기술식 평정척도

기술식 평정척도는 숫자는 쓰지 않고 낱말이나 간단한 문장으로 평정치의 무게를 나타낸 문항으로 구성된 척도를 말한다.

예시 문항 3학년 2반 학생들이 각각 얼마나 다른 학생들에게 선택 또는 배척되고 있고, 그에 대해 그가 어떻게 반응하고 있는지를 관찰해서 다음 다섯 가지 스타일 중에 어디에 속하는지를 체크하시오. 반드시 다섯 가지 중 하나만 선택해야 한다(학생 전원을 각각 이 기준에 따라 평정해야 한다).

( ) 누구에게든지 사랑을 받는다고 생각되고 적극적으로 활동한다.
( ) 많은 사람에게 인기가 있다고 생각되고 침착하다.
( ) 자랑스러운 일에는 적극적이지만 그렇지 않을 때는 소극적이다.
( ) 언제나 불안하고 우울하다.
( ) 배척당하고 있다고 생각되고 집단에 대해 적의를 가지고 있다.

③ 도식평정척도

도식평정척도는 설문과 함께 그림이나 선분으로 평정치의 무게를 나타내어 평정치의 비중을 응답자가 시각적으로 쉽게 인식, 판단하게 하는 문항으로 만들어진 설문이다.

예시 문항 평소 자기 자신의 행동과 일치되는 정도를 동그라미 속에 표시하면 되고 거의 일치하지 않으면 제일 작은 동그라미에, 아주 일치하면 제일 큰 동그라미에 체크하시오.

1. 학급이나 학교를 위해 시간과 노력을 많이 바친다.	○	○	○
2. 친구들과의 약속은 무슨 일이 있어도 꼭 지킨다.	○	○	○
3. 복장과 자세가 항상 단정하고 예의바르다.	○	○	○

④ 기술도표척도

기술도표척도는 평정자가 보다 정확하게 평정할 수 있도록 평정치의 무게를 숫자와 함께 낱말이나 짧은 문장으로 표현한 문항으로 구성된 척도를 말한다.

예시 문항 숙제를 해 오는 정도는?

1	2	3	4	5
항상 제시간에 제출하며 깨끗하고 성실하게 해 온다.		가끔 늦게 가져 오며 대충 해 오는 때도 있다.		거의 항상 늦게 내며 급하게 해서 글씨나 내용이 엉망이다.

⑤ 비교평정척도

비교평정척도는 전문가의 판단, 법률상의 규정 또는 통계적 절차를 거쳐 미리 정해 놓은 평정의 기준이나 표본을 제시하고 평정자로 하여금 그것과 대조, 비교하여 평정할 것을 요구하는 척도이다.

예시 문항 전문가의 자문을 얻어 다섯 개의 수준(A, B, C, D, E)에 해당되는 그림을 하나씩 골라 놓았다. 이 다섯 개의 그림을 기준으로 하여 다음 학생들의 그림을 A, B, C, D, E 중의 하나로 분류하여 ( ) 속에 기입하시오.

1. 강하나 ( )
2. 이한샘 ( )
3. 박아롱 ( )

⑥ 양자택일형

진술문, 사물, 행동 등을 2개씩 짝을 지어 놓고 그중에서 응답의 생각이나 행동과 일치되는 또는 더 좋아하는 것을 하나 선택하도록 요구하는 문항을 양자택일형 설문(dual choice question)이라 한다.

예시 문항 학생들이 여가시간을 어떻게 보내는지를 알아보고자 한다. 문제마다 2개씩 짝지은 글을 읽고 그중에서 더 좋아하는 것을 골라 ( )에 체크(V) 표시를 하시오.

1. ( ) 음악회에 간다.
   ( ) 미술전시회에 간다.
2. ( ) 운동경기를 관람하러 간다.
   ( ) 박물관에 간다.

5. 질문지의 작성방법

1) 작성 계획 수립

질문지는 어떤 목적을 가지고 특정 연구대상들로부터 정보를 얻기 위한 수단이다. 그래서 연구자는 먼저 자신의 목적을 확인하고 그 목적을 달성하기 위해서 어떤 구체적인 내용을 질문할 것인가를 구체화해야 한다.

연구자가 조사할 내용을 자료수집 단계에서 실질적인 지침이 될 수 있는 수준까지 구체화해야 한다는 의미이다.

실제로 상당수의 연구자들은 체계적인 설문지 작성 계획을 수립하지 않고 자신의 연구목적을 달성하기 위한 연구용 질문지를 작성하고 있다. 선행연구에서 사용된 질문지 문항을 수집하여 그대로 사용하거나 부분적으로 수정하여 사용하는 것이 보편적인 경향이다.

다음으로 질문지를 작성하기 위한 계획 단계에서 고려해야 할 사항에는 조사 대상의 규모, 조사 방법, 익명성의 여부, 문항 수, 문항 형태, 문항 내용 등이 포함되어야 한다.

질문지 작성 계획에 포함되어야 할 사항을 요약하면 표 7-1과 같다(김성훈, 1999).

표 7-1 ▸▸ 질문지 작성 계획의 구성요소

단계	주요 내용
연구목적의 구체화	• 구체적 연구문제의 진술 • 연구내용의 상세화
피험자 집단의 구체화	• 피험자 집단의 지역, 연령, 성 등의 표집 범주 • 표집의 크기
조사절차의 구체화	• 우편조사, 직접조사, 전화조사 등 방법 • 조사 시기 및 기간
질문지 형태	• 위의 각 조건에 맞는 문항 형태 • 문항 수
결과분석 및 보고 방법	• 양적 분석/질적 분석 • 분석 기법 및 표의 유형

〈예시 1〉 교사 훈육 설문조사

윤일완(1996)은 중학교 학생 훈육의 실제를 알아보기 위하여 인천광역시의 중학교 25개교 500명의 교사를 대상으로 조사하였다. 윤일완(1996)의 '중학교 학생 훈육에 관한 진단적 연구'에서 사용한 교사 훈육의 영역별 세부 내용을 발췌하여 제시하면 표 7-2와 같다.

표 7-2 ▸▸ 교사 훈육의 영역별 세부 내용

영역	세부내용
훈육에 대한 인식	1) 훈육의 개념에 대한 인식도
	2) 훈육과 생활지도의 차이
	3) 훈육의 중요성에 대한 인식도
	4) 훈육의 목적에 대한 인식도
	5) 훈육에 대한 참여 자세
	6) 훈육에 대한 참여 태도
훈육의 주요 내용별 훈육방법 및 과정	구체적 내용 생략(6개 세부 항목)
훈육방법별 구체적 실제	구체적 내용 생략(6개 세부 항목)
훈육 효과에 대한 학생의 반응수준 비교	구체적 내용 생략(6개 세부 항목)

윤일완(1996)의 연구에 근거하여 김성훈(1999)이 설문조사의 구체적 계획을 예시하기 위하여 문항번호, 문항형식, 분석계획, 배경정보를 추가하여 **표 7-3**과 같이 제시하고 있다.

표 7-3 ▸▸ 교사 훈육 설문 조사 계획

영역	세부내용	문항번호/형식	결과분석
훈육에 대한 인식	1) 훈육의 개념에 대한 인식도	1) 기술평정척도	빈도비교
	2) 훈육과 생활지도의 차이에 대한 인식도	2) 선택형	빈도비교
	3) 훈육의 중요성에 대한 인식도	3) 기술평정척도	빈도비교
	4) 훈육의 목적에 대한 참여 자세	4) 기술평정척도	빈도비교
	5) 훈육에 대한 참여 자세	5) 기술평정척도	빈도비교
	6) 훈육에 대한 참여 태도	6) 선택형	빈도비교
	중략		
배경정보	성별	기본적 정보로서 순서대로 번호가 매겨짐	빈도비교에서 독립변수로 사용됨
	교직경력		
	담당 학년		
	결혼 여부		

질문지 조사계획에 의하면 중학교 학생의 훈육 실상을 진단하기 위하여 총 4개 영역에 걸쳐 각 영역별로 6개 문항으로 구성되는 훈육에 관한 실태조사 설문지를 개발하였으며, 각 세부 내용영역별로 하나의 문항이 제작되고, 결과는 각 문항별로 반응 빈도수를 배경정보 변인에 따라 비교하고 있음을 알 수 있다.

2) 문항 작성 유의사항

일반적으로 질문지를 작성함에 있어서 유의할 사항에 대하여 여러 학자가 다양하게 제시하고 있다. 대체로 질문은 간단 명료하게 작성하고, 문항 수는 필요한 범위 내에서 최소로 하며, 응답자를 난처하게 만들거나 감정을 상하게 하는 질문은 피하도록 하고, 좋은 질문지를 만들기 위해서는 일차적으로 작성한 질문지를 가지고 예비실시의 과정을 거치는 일이 필요하다(이종승, 1984).

질문지 작성 시 유의사항은 다음과 같다(변창진 외, 1996).

① 조사목적과는 직접 관계없는 질문이 설문지에 포함되는 수가 있는데 설문지를 작성하기 전에 무엇을 측정하려고 하는가를 분명하게 확인해야 한다.

② 어휘선택과 표현이 간단·명료해야 한다.

③ 보통, 일반적으로, 가끔 등과 같이 애매모호한 표현이 포함되지 않도록 유의해야 한다.

④ 선택형 설문지의 경우 선택지의 내용이나 범위가 중복되지 않도록 유의해야 한다.

⑤ 모든 응답자가 똑같은 반응을 할 것이라고 예상되는 문항은 제외시키고 응답자들의 반응에서 변산도가 있을 것이라고 생각하는 문항을 구성해야 한다.

⑥ 응답자가 필요한 정보를 알고 있으며, 그 정보를 기꺼이 제공하려고 하는가를 충분히 검토해서 응답자가 답할 수 있는 물음만 선정

해야 한다.

⑦ 응답자의 연령과 능력에 적절한 형식을 사용해야 한다.

⑧ 특정 응답이 보다 바람직함을 암시하는 유도질문을 포함하지 말아야 한다.

⑨ 설문지에는 응답자가 솔직하게 반응하지 않거나 난처해서 아예 반응 자체를 회피할 가능성이 있는 직접적인 질문을 하지 않도록 해야 한다.

⑩ 응답시간을 감안해서 질문지에 포함되는 문항 수를 적절하게 조정해야 한다.

⑪ 한 개의 문항에는 한 개의 내용만 포함되어야 하며 여러 개의 내용이 포함되지 않도록 유의해야 한다.

⑫ 자유반응형의 경우 반응의 범위와 내용을 적절하게 제한하는 것이 좋다.

3) 질문지 작성 지침

(1) 안내문 작성

질문지의 안내문은 마치 사람의 얼굴이 첫 인상을 결정하는 것처럼 중요한 역할을 담당한다. 안내문은 질문지가 연구대상자들로부터 얼마나 호감을 주어 적극적으로 참여하고 솔직하게 반응하도록 유도하는 역할을 수행한다. 따라서 안내문에는 연구의 목적을 분명히 밝히고 개인의 사적 비밀을 보장하고 연구 이외의 목적으로 자료를 사용하지 않겠다는 의지를 표명하여 응답자들이 연구에 적극 협조해 줄 것을 당부하는 글을 실어야 한다.

안내문에 포함되어야 할 내용은 다음과 같다(성태제, 1998).

① 연구의 목적을 간결·명확하게 제시한다.

② 질문지를 받는 사람에게 그들의 응답이 매우 중요하다는 인식을 주어야 한다.

③ 응답에 소요되는 시간을 밝힌다.

④ 개인의 비밀은 보장한다는 언급이 필요하다.

⑤ 회수기일을 명기한다.

⑥ 감사를 표현하여야 한다.

예시 학교안전사고에 관한 설문조사의 안내문을 예시한다.

〈학교안전사고에 대한 설문조사〉

안녕하십니까?

본 설문지는 학교안전사고에 대한 교원의 의식을 연구하기 위하여 제작된 것입니다. 본 연구에서는 학교안전사고에 대한 교원의 인식을 조사하여 안전사고의 대비책을 수립하여 교권의 확립에 기여하고자 합니다.

선생님께서 평소에 느끼고 있었던 생각들을 솔직하게 응답 해주시기 바랍니다. 본 설문지 조사는 연구목적 이외에는 사용하지 않을 것을 약속드립니다. 협조해주셔서 감사합니다.

20○○년 월 일

○○대학교 교육대학원

교육행정전공 이○○ 올림

(2) 질문지 설문 작성

질문지의 설문은 크게 두 부분으로 구분할 수 있다. 첫 번째 부분은 연구에 참여하는 연구대상의 개인 신상 정보를 묻는 인적 사항 부분이고, 두 번째 부분은 연구대상의 지각, 태도, 의견 등을 묻는 응답자 반응 부분이다.

① 인적 사항 설문

인적 사항 설문은 연구에 필요한 개인의 신상 정보만을 물어야 한다. 연구에 필요한 개인의 신상 정보가 무엇인가를 구체적으로 분석하여 불필요한 개인 정보를 묻지 않도록 유념해야 한다. 개인의 사생활을 침해하는 질문은 회수율을 저하시키는 요인으로 작용할 수가 있다.

예시 답하시는 분의 인적 사항을 기입해 주십시오.

1. 성　　　별: _____① 남　　______② 여
2. 현 재직기관: _____① 초등학교 ______② 중학교 ______③ 고등학교
　　　　　　　_____④ 교육청
3. 직장 소재지: _____① 특별시, 광역시, 시 지역 _______② 읍·면 지역
4. 설립　유형: _____① 국공립　　_______② 사립
5. 교직　경력: _____년 ______개월
6. 학　　　력: _____① 교육대학졸　　________② 사범대학졸
　　　　　　　_____③ 일반대졸　　　________④ 대학원졸
　　　　　　　_____⑤ 기타(　　　　　　　　　　　　　)

② 응답자 의견 설문

응답자 의견 설문은 응답자의 의견 느낌, 지각, 인식, 태도, 가치관 등을 묻는 부분이다. 연구의 목적에 따라서 응답자의 의견을 묻는 설문은 다양할 수밖에 없다. 설문의 유형, 문항 수, 지시사항 등이 결정된 후에 지켜야 할 원칙은 다음과 같다(성태제, 1998).

- 자세하고 정확한 지시문을 제시한다.
- 어렵고 혼동되는 질문일 경우에 이해를 위해 예를 제시한다.
- 질문이 매력적이어야 한다.
- 질문에 따라 응답이 쉽고 편리하게 진행되도록 질문을 배열한다.
- 논리적 연계성에 의하여 질문을 배열한다.
- 가능하면 앞부분에 중요한 질문을 한다.
- 가능한 한 짧게 질문한다.
- 각 질문에 번호를 부여하고 각 장마다 쪽번호를 부여한다.

6. 조사연구의 장단점

조사연구는 연구자가 어떤 실험 처치를 가하거나 상황을 통제하지 않은 자연적 상황에 대한 연구를 실시할 수 있는 장점이 있다. 조사연구는 자연적 상황에서 실시하는 연구이므로, 변인 간의 인과관계를 설명할 수 없는 단점을 지니고 있다. 질문지를 실시하는 조사연구방법도 각각 장점과 단점을 지니고 있다. 예컨대, 우편조사는 전화조사보다 비용이 덜 들지만 회수 기간이 더 걸리는 단점이 있다. 각 조사방법의 장단점을 비교한 결과를 제시하면 **표 7-4**와 같다(김진규, 2002).

표 7-4 질문지 활용 조사방법의 장단점 비교

구분	우편	팩스	전화	개인	온라인	디스켓
비용	+	+	−	−	+	−
직원	−	−	−	−	+	+
시간	−	+	+	−	+	−
반응률	−	+	+−	+	?	?
면담자 통제	−	−	+	+	+−	+−
질문지 길이	+	+	−	+	+	+
민감한 주제	+	+	−	+−	+	+
추가정보 획득	−	−	+	+	−	−
시각적 보조	+	+	−	+	+	+
질문의 생략	−	−	+	+	+	+

단, +표시는 각 방법의 장점, −표시는 단점을 의미한다.

Chapter 08

실험연구

실험연구는 변수를 의도적으로 조작하여 나타나는 변화를 관찰하고 기술하는 실증적 연구방법이다. 이는 변수 간의 인과관계를 명확하게 밝혀주기 때문에 연구자가 이용할 수 있는 방법 가운데 가장 강력한 연구방법으로 평가된다.

이 장에서는 실험연구의 개념과 주요 특징을 설명한다. 실험연구의 연구절차를 제시한다. 실험의 타당성에 대한 논의는 내적 타당성을 저해하는 요인과 외적 타당성을 저해하는 요인으로 구분해서 제시한다. 또한 진실험설계와 준실험설계의 특징을 간단히 살펴보고자 한다.

1. 실험연구의 기초

1) 개념

실험은 자연현상을 인위적으로 통제하여 변화되는 현상을 객관적으로 관찰하는 절차를 말한다. 주로 실험은 사상 또는 변인(변수) 간의 인과관계를 밝히고자 할 경우에 사용한다. 실험연구(experimental research)는 현상에 대한 인과관계에 관한 가설을 검증하기 위해 어떤 사상이 일어나기를 기다리지 않고 통제된 조건하에서 사상을 인위적으로 일어나게 해서 자료를 수집하는 연구방법이다(한국교육심리학회, 2000).

실험연구에서는 인위적으로 연구할 사상을 원하는 조건과 시기에 관찰할 수 있다. 통제된 상황에서 관찰함으로써 관찰하는 상황에 영향을 주는 요인을 쉽게 확인할 수 있다. 실험연구에서 연구자는 환경의 변화가 일어나기를 가만히 앉아서 기다리는 것이 아니라, 체계적이고 조직적인 방식으로 그 변화를 일으키게 만든다. 실험연구는 교육의 이론이나 법칙을 발견하거나 그 합리성을 검증하기 위하여 특정 집단에게 조건을 엄격하게 통제하고 변인을 조작하여 나타나는 변화를 관찰하여 분석하는 연구이다. 예컨대, 동화극을 활용한 수업이 아동의 어휘력에 미치는 영향을 밝히는 경우도 실험연구의 예시이다. 또한 아동이 인형을 때리고 발로 차는 내용이 담긴 영화를 본 경험이 공격성에 미치는 효과를 밝히는 경우도 실험연구의 예시가 된다.

2) 변수

실험연구에서 쓰이는 변수(variable)에는 여러 가지가 있다. 변수 대신에 변인이라는 용어를 사용하기도 한다. 대표적인 변수로는 처치변수, 독립변수, 종속변수, 매개변수 등이 있다. 여기에서는 독립변수, 종속변수, 매개변수를 간단히 설명한다.

(1) 독립변수

독립변수는 다른 변수에 영향을 주거나 다른 변수를 예측해 주는 변수를 말한다. 실험연구에서는 독립변수를 실험변수 또는 처치변수라고도 한다. 처치변수는 연구상황에 가해지는 변수로서 연구 결과의 변화를 유도하는 변수를 말한다.

(2) 종속변수

종속변수는 변수들 간의 관계에서 영향을 받는 변수를 의미한다. 종속변수는 독립변수의 조작 또는 통제 여부에 따라 영향을 받게 된다. 실험연구에서 종속변수의 변화는 처치에 의한 것이라고 분석하게 된다. 예컨대, 아동을 대상으로 실시한 실험연구에서 독립변수는 연구자에 의하여 조작되는 반면에, 종속변수는 환경의 변화로 일어난 아동의 행동변화를 가리킨다. 일반적으로 종속변수로 측정되는 요인으로는 반응의 정확도, 반응의 잠재기, 반응속도, 반응빈도 등이 있다. 그리고 이외에도 능력수준이나 반응강도도 종속변수로 측정될 수 있다. 연구자들은 한 가지 요인을 선택할 수도 있고 여러 요인을 동시에 측정하기도 한다.

독립변수의 조작은 연구자에 의하여 임의로 결정되는 것이 아니다. 연구의 목적과 특성에 따라 체계적으로 조작해야 한다. 연구자가 모든 독립변수를 조작하거나 통제할 수 없다. 연구자가 조작할 수 있는 변수가 있는가 하면, 직접적 조작은 불가능하나 피험자의 특성에 따라 분류될 수 있는 범주변수가 있다.

(3) 매개변수

실험과정에서 처치변수 이외의 변수가 종속변수에 영향을 미칠 수 있다. 이와 같은 변수를 매개변수라고 한다. 즉, 매개변수란 종속변수에 영향을 미치는 독립변수 이외의 변수를 말한다. Best와 Kahn(1993)은 매개변수를 혼재변수(confounding variable)라 하고, 매개변수를 간섭변수(intervening variable)와 외재변수(extraneous variable)로 구분하였다. 간섭변수는 종속변수에 영향을 주는 독립변수 이외의 변수, 즉 간섭을 하는 변수를 말한다. 교실 언어실험에서 즉각적 강화가 언어학습에 미치는 효과를 연구할 경우에 피험자들의 학습동기, 불안수준, 피로 등이 그 예시가 될 수 있다. 외재변수는 종속변수에 영향을 주는 독립변수 이외의 변수로서 연구자가 조작하거나 통제할 수 없는 나이, 성별, 사회계층 등의 변수를 말한다.

3) 통제

실험연구에서 변수의 통제 여부가 연구의 성패를 좌우한다. 통제는 연구자가 연구를 할 때 변수들 간의 관계를 명확하게 규명하기 위하여 독립변수를 조작하고 매개변수의 영향을 제거하는 것을 의미한다. 다시 말하면, 통제에는 독립변수를 조작하는 것과 매개변수를 규제시키는 것을 포함하고 있다. 실험 후에 나타난 변화들이 연구자의 처치에 의해서만 일어난 결과라고 해석할 수 있어야 한다. 우선 처치변수의 조작이 체계적으로 이루어져야 한다. 또한 연구결과에 영향을 미칠 수 있는 많은 매개변수를 철저하게 통제해야 한다. 예컨대, 연구자가 강의법과 실험실습법이 과학성취도에 미치는 효과를 비교하는 연구를 수행한다고 하자. 우선 연구자는 강의법과 실험실습법을 조작적으로 정의해야 한다. 그리고 과학성취도에 영향을 미치는 여러 가지 매개변수를 통제해야 한다. 매개변수에는 연구대상의 학습동기, 과학에 대한 태도, 적성 등을 들 수 있다.

매개변수를 통제하는 방법으로는 변수를 제거하는 방법, 무선화 방법, 대응집단 구성, 균형집단의 구성, 공변량(분산)분석 방법 등을 들 수 있다(Best & Kahn, 1993). 매개변수를 제거하는 방법은 가장 간단하다. 예컨대 지능이 매개변수로 작용할 것으로 판단되면 종속변수에 영향을 미치는 하나의 지능수준 가령 100~120 범위 내의 피험자만을 대상으로 삼으면 지능의 효과를 간단히 제거할 수 있다. 무선화 방법, 대응집단 구성, 균형집단 구성 등과 같은 방법은 무선할당 방법에서 다루고 있다. 공변량분석 방법은 통계적으로 매개변수의 영향을 제거하는 방법이다.

4) 통제집단과 실험집단

일반적으로 실험은 특정한 처치의 효과를 검증하기 위하여 하나 이상의 집단을 대상으로 삼고 있다. 전형적인 실험에서는 실험집단과 통제집단으로 구분한다. 실험집단은 실험처치를 받는 집단이다. 이에 비해 통제집단은 실험집단과 비교하여 처치의 효과를 알아보기 위하여 실험처치와 다른 처치를 하거나 처치를 전혀 가하지 않은 집단이다.

실험연구에서 통제집단은 단순히 처치를 받지 않은 집단뿐만 아니라 실험집단과 다른 처치를 받은 집단으로 확대할 수 있다. 실험요인의 유형, 정도, 양에 따라 다양한 형태의 비교집단을 구성할 수 있다. 예를 들면, 연구자는 아동을 가르치는 여러 가지의 수업방법을 비교하는 경우에 여러 개의 통제집단을 구성할 수 있다.

2. 실험연구의 절차

실험연구의 일반적 절차는 다음과 같다(성태제, 2016).

① 연구목적을 명료화한다.
② 연구가설을 구체화한다.
③ 처치변수, 종속변수, 매개변수를 규명하고 그 특징을 파악한다.
④ 연구대상을 선정한다.
⑤ 종속변수의 변화를 측정할 도구를 개발한다.
⑥ 사전연구를 실시한다.
⑦ 사전연구에서 나타난 문제점을 제거한다.

⑧ 본 연구를 위하여 연구대상을 선정한다.

⑨ 실험을 실시한다.

⑩ 자료를 수집한다.

⑪ 결과를 분석한다.

3. 실험연구의 타당성

실험설계를 선정하고 나면 독립변수와 종속변수 간의 인과관계를 규명하는 데 저해되는 변수나 조건을 찾아야 한다. 실험설계에서는 실험조건이 아니면서도 실험결과에 영향을 미치는 요인을 외재변수라 한다. 그런 다음 실험설계의 내적 타당성과 외적 타당성을 극대화하도록 실험조건과 종속변수에 영향을 주는 외재변수들을 통제하는 방법을 강구해야 한다(변창진 외, 1996).

1) 내적 타당성을 저해하는 요인

실험결과에는 실험조건 이외의 여러 변인이 작용할 가능성이 있다고 했다. 실험의 내적 타당성(internal validity)이란 실험에서 처치조건만이 실험결과에 영향을 미쳐 실험결과로 밝혀진 독립변수와 종속변수 간의 인과관계를 보증할 수 있는 정도를 의미한다.

실험설계를 선정할 때는 실험의 내적 타당성을 저해시킬 위험이 있는 요인을 찾아 통제하는 방안을 강구해야 한다. 이와 같이 교육평가에서도 평가의 내적 타당성을 높이기 위해 적절한 조치를 취해야 한다. 내적 타당성을 약화시키는 주요 요인을 열거하면 다음과 같다(Campbell & Stanley, 1963).

(1) 역사

실험설계에서 내적 타당성을 저해하는 요인으로서 역사란 종속변수에 영향을 미칠 수 있는 실험 기간 중에 발생한 우발적 사건을 가리킨다. 예를 들어, TV 교육 프로그램(독립변인)이 종속변수에 미치는 영향을 연구하려고 하는데, 프로그램을 실시하는 기간 중에 전염병이 발생되었다면 전염병이라는 우발적 사건이 평가결과에 영향을 주게 되어 평가의 내적 타당성을 약화시키게 된다. 일반적으로 평가기간이 길면 길수록 의외의 사건이 발생할 가능성이 높다.

(2) 성숙

실험기간 중 종속변수에 영향을 줄 수 있는 피험자의 생리적·심리적 특성의 변화를 성숙이라 한다. 그러한 변화가 원인이 되어 실험조건과는 관계없이 사후검사 득점이 높아지거나 낮아질 수 있다. 예컨대, 1년 동안 전적으로 VTR 필름으로 생활영어 중심의 수업을 한 다음 학년말에 VTR 필름을 이용한 생활영어 중심 수업방법의 효과뿐만 아니라 학년이 올라감에 따라 자연적으로 증가된 영어실력이 포함될 수 있다. 이와 같이 연령 또는 학년이 높아짐으로 인해 성취도가 올라간 것이 성숙의 영향이다.

(3) 검사경험

검사경험이란 실험 전에 실시한 사전검사 경험이 실험결과를 측정하기 위한 사후검사 득점에 영향을 주는 현상을 의미한다. 즉, 사전검사로 학력검사를 실시하고 일정기간 어떤 특별한 교육적 조치(프로그램 또는 수업방법)를 취한 후에 사전검사와 완전히 동일한 또는 거의 유사한 학력검사로 사후검사를 실시했다면 사전검사에 출제된 문항내용을 풀어 본 경험이 작용하여 사후검사의 득점이 높아질 가능성이 있다.

(4) 도구

관찰자 혹은 평정자를 비롯하여 측정도구가 사후검사의 득점에 영향을 주는 현상을 도구의 영향이라 한다. 처음에는 관찰법을 이용해서 측정하고, 나중에는 지필검사를 통해 측정할 경우 측정도구의 변화로 인해서 측정결과가 달라지고, 이로 인해 실험결과에도 변화가 생긴다. 또한 사후검사가 사전검사보다 더 어렵거나 쉬울 때 혹은 평정자가 달라질 경우 평가도구가 원인이 되어 평가의 내적 타당도가 저하될 수 있다. 관찰자가 동일하다고 하더라도 사전검사와 사후검사 사이에 관찰자의 숙련도가 높아지거나, 반대로 피로가 누적되어 부주의로 인해 평정결과가 달라질 가능성도 있다.

(5) 통계적 회귀

극단적으로 높거나 낮은 점수에 근거하여 피험자를 선발한 경우 사후검사 득점이 처치와는 관계없이 평균으로 접근하는 현상을 가리킨다. 즉 어떤 능력이나 특성이 아주 낮은 피험자는 실험조건의 영향과는 관계없이 사후검사에서 비교적 높은 점수를 받게 되고 반대로 득점이 아주 높은 피험자는 사후검사에서 다소 낮은 점수를 받는 경향이 있다. 왜냐하면 사후검사에서 아주 낮은 점수를 받은 피험자들은 사후검사에서 조금이라도 더 높은 점수를 받을 확률이 높기 때문이다. 반면에 사전검사에서 아주 높은 점수를 받은 피험자들은 높은 점수를 받기보다 낮은 점수를 받을 가능성이 높기 때문이다.

(6) 선발

피험자 선발의 차별성에서 기인하는 오차를 선발에 의한 내적 타당도의 저해요인이라고 한다. 예를 들어, 새로운 프로그램이나 수업방법을 평가할 때 실험집단에는 학습동기가 높은 피험자를 선발하고 통제집단에는 학습동기가 낮은 피험자를 선발하여 수업을 한 후 시험을 실시했다면 실험집단과 통제집단의 시험점수는 프로그램 또는 수업방법의 영향보다는 두 집단의 동기수준의 차이에서 비롯되었을 가능성을 배제할 수 없다.

(7) 탈락

실험집단과 통제집단의 피험자의 탈락률이 현저하게 다른 경우 그것이 종속변수에 영향을 주는 탈락이라 한다. 다시 말해 실험집단에서는 사전검사점수가 낮은 피험자들이 탈락했고 통제집단에서는 그와 같은 일이 발생하지 않았을 경우 실험집단이 통제집단보다 사후검사 득점이 높아질 가능성이 높다. 그 경우 실험결과는 부분적으로 탈락률에 기인했기 때문에 순전히 실험처치로 인해 성적이 향상되었다는 결론을 내리기 어렵다.

(8) 상호작용

상호작용이란 선발, 성숙, 검사경험, 도구, 통계적 회귀, 탈락 등의 요인들이 일부 복합해서 실험의 내적 타당성을 저해하는 경우를 의미한다. 예컨대, 평가대상으로 자진해서 참여한 학생을 실험집단으로 하고, 그렇지 않는 학생을 통제집단으로 한 평가에서 실험집단과 통제집단의 사전검사 득점이 동등하다고 하더라도 지능이나 동기와 같은 다른 요인들의 차이가 평가대상의 선발방식과 맞물려 실험집단의 사후검사 득점이 통제집단보다 높을 수 있다. 그런 경우 평가의 내적 타당성이 낮아진다.

(9) 처치의 확산 · 모방

처치의 확산 또는 모방이란 실험집단의 피험자들이 실험이 진행되는 동안 또는 실험이 끝난 직후 처치조건을 상호교환하거나 모방함으로써 종속변수에 영향을 주는 현상을 가리킨다. 예를 들면, 학급풍토를 개선하기 위한 새로운 학급경영 방식이 행동발달에 미치는 효과를 평가할 때 일부 학생들의 행동변화는 교사의 새로운 학급경영 방식에 직접 영향을 받은 것이 아니라, 다른 학생들의 행동변화의 파급으로 인한 변화나 단순히 다른 학생들의 행동을 모방함으로써 생긴 변화에 의해서 나타난 결과라면 그것은 순수한 의미의 처치효과는 아니다. 또한 한 학교에서 동일한 학년 중에 한 반을 실험집단으로 하고 다른 한 반을 통제집단으로 했을 때 실험집단과 통제집단 간에 정보가 교환되어 통제집단이 실험집단의 행동을 모방한 것이 실험결과에 나타났다면 그것도 처치의 모방과 확산에 의한 효과이다.

(10) 보상적 동등화

통제집단의 피험자가 처치를 받지 못함으로써 입게 되는 손해를 다른 방식으로 보상해 주는 경우, 통제집단이 된 학년이나 학급에게 아무런 처치를 하지 않는다는 것은 비교육적이고 비인도적이라고 해서 실험기간 중에 다른 활동을 시킨다면 그 활동이 실험결과에 작용할 수 있다. 이런 경우 통제집단과 비교해서 새로운 프로그램의 효과를 평가하기 곤란하게끔 보상적 동등화가 작용되었다고 할 수 있다.

(11) 포기

포기란 통제집단의 피험자들이 열등감이나 소외감을 느껴 실험에도 중도 탈락하는 현상을 가리킨다. 예를 들면, 실험집단에게는 새로운 교재 또는 방법으로 수업하고 통제집단에는 아무런 변화 없이 종전과 같은 방법으로 수업해서 그 결과를 측정, 비교한다면 실험집단의 성적이 통제집단의 성적보다 월등히 높게 나올 가능성이 있다. 그것은 새로운 교재 또는 방법으로 수업한 효과라기보다는 통제집단에 속한 학생들이 사후검사에 흥미를 잃고 최선을 다해서 시험을 치지 않았기 때문에 일어난 결과이다.

2) 외적 타당성을 저해하는 요인

실험설계에서 외적 타당성(external validity)이란 실험결과의 일반화 가능성(generalizability) 또는 대표성(representativeness)을 의미한다. 즉, 표집, 실험장면 등을 고려하여 실험결과를 어느 정도 넓게 일반화시킬 수 있는지를 말한다. 예를 들어, 초등학교 학생을 대상으로 실시한 어떤 프로그램에 대한 효과를 평가한 결과를 중학생이나 고등학생에게 확대, 적용하기는 곤란하다. 또한 10명의 소집단 학습을 통해 얻은 결론은 60명 단위의 일제수업에 일반화시킬 수 없다. 실험결과의 외적 타당성을 높이려면 실험대상, 표집지역, 측정도구, 실험시간 등의 대표성이 확보되어야 한다. 외적 타당성을 약화시키는 요인들을 간단하게 소개하면 다음과 같다.

(1) 선발과 처치의 상호작용

피험자의 특성에 따라 실험조건의 영향이 다르게 작용한다면 그것은 실험결과의 일반화 가능성에 영향을 준다. 예컨대, 어떤 프로그램이 기초실력이 낮은 학생에게는 유리하나 기초실력이 높은 학생에게는 별로 효과가 없는데도 불구하고, 학생들의 기초실력을 전혀 고려하지 않고 평가했다면 그 프로그램의 효율성에 대한 평가결과는 선발과 처치의 상호작용 때문에 모든 학생에게 일률적으로 적용시킬 수 없어 일반화에 제약을 받게 된다.

(2) 검사경험의 반응적 효과

사전검사를 받은 경험이 결과의 일반화 가능성을 제약하는 것을 검사경험의 반응적 효과 또는 영향이라 한다.

예를 들어, 사전검사와 사후검사를 실시하는 평가설계에서 사전검사를 받음으로써 평소에는 별로 관심을 기울이지 않던 문제나 사건에 주의를 기울이게 되어 사후검사 성적이 향상되었을 가능성이 있다면 그것은 평가의 내적 타당도를 저해시키는 요인으로 작용했을 뿐만 아니라 외적 타당성을 약화시켜 사전검사를 받지 않은 집단에게 일반화시킬수 없는 평가 결과이다.

(3) 실험처치의 반응적 효과

실험처치의 반응적 효과란 피험자들이 실험에 참여하고 있다는 것을 의식하여 실험조건에 특별히 반응하고 열심히 노력함으로써 실험결과가 의외로 높아지는 현상을 의미한다. 예컨대, 행동발달을 촉진하기 위한 어떤 교육적 조치를 평가할 때 실험대상으로 표집된 학생들이 학교의 명예를 위하여 평소 행동과는 달리 의식적으로 특별히 행동한 것이 평가결과에 작용할 수 있다.

(4) 처치 간 간섭

동일한 피험자에게 두 가지 이상의 처치를 반복적으로 실시할 경우 제일 먼저 받은 A처치가 B처치에, B처치는 C처치에 작용하여 처치순서가 실험결과에 영향을 주는 것을 처치 간 간섭이라 한다. 만약 학습방법을 평가할 때 한 실험집단에게는 개별학습을 시킨 다음 협동학습을 시키고, 다른 실험집단에게는 협동학습을 시킨 후에 개별학습을 시켜 개별학습과 협동학습의 효과를 평가했다면 그 평가설계에는 처치 간 간섭이 작용했을 가능성이 있다. 그런 경우 실험결과는 똑같은 순서대로 처치를 받은 집단에만 일반화될 수 있다.

4. 실험설계

실험설계는 특정한 실험상황하에서 관심 있는 변수들을 조작하여 변수들 간의 관계를 규명하기 위한 설계 방안이다. 실험에서는 조건의 계획적인 조작과 통제가 필연적이며, 이러한 조작과 통제를 얼마나 완벽하게 계획하느냐에 따라 실험의 성패가 좌우된다.

실험설계는 실험조건의 통제 여부에 따라 진실험설계(true experimental design)와 준실험설계(quasi-experimental design)로 구분된다. 진실험설계는 조건통제가 완벽한 상태에서 처치변수의 조작이 수월하고 매개변수가 철저하게 통제된 연구설계를 말한다. 완벽한 실험연구로는 실험실연구(laboratory experiment)를 들 수 있다. 실험실연구는 철저하게 통제된 상태에서 처치나 자극을 주고 나타나는 현상에 대한 효과를 분석한다. 준실험설계는 연구자가 실험처치를 할 수 있으나, 모든 관련 변수를 완전하게 통제하거나 조작할 수 없는 실험설계를 말한다. 교육현장에서 행해지는 대부분의 실험연구가 준실험설계에 해당된다.

Campbell & Stanley(1963)은 진실험설계의 조건으로 무선화된 피험자집단과 두 개 이상의 피험자집단을 사용할 것을 제시하였다. 따라서 단일 사례연구(one shot case study)와 단일집단 사전사후검사 설계(one group protest- posttest design)는 통제집단을 사용하지 않기 때문에 진실험설계의 조건을 갖추지 못하고 있다. 정적 집단 비교 설계(static group comparison design)는 두 개 집단을 대상으로 연구한다고 할지라도 두 집단이 동질적이지 못하면 진정한 실험설계라고 간주할 수 없다.

여기서 실험설계를 간단하게 설명하기 위하여 공통적으로 사용하는 기호는 다음과 같다.

O: 관찰 또는 검사를 실시하는 것을 의미한다.
X: 실험처치 또는 독립변수를 의미한다.
R: 피험자를 집단에 무선배치하는 것을 의미한다.

1) 진실험설계(true experimental design)

(1) 사전사후검사 통제집단 설계(pretest-posttest control group design)

이 설계는 실험연구에서 가장 많이 이용되는 좋은 설계로서 $O_1 = O_3$, $O_2 > O_1$, $O_2 > O_4$가 나타날 것을 기대하고 있다. 그러나 검사의 반발적 영향, 실험배치의 반발적 영향, 실험도태 등이 문제될 수 있다.

실험집단	무선할당	사전검사	처치	사후검사
	R	O_1	X	O_2
예시	학생 15명	성취도검사	새로운 교수법	성취도검사
통제집단	무선할당	사전검사	처치없음	사후검사
	R	O_3		O_4
예시	학생 15명	성취도검사	전통적 교수법	성취도검사

(2) 사후검사통제집단설계(posttest only control group design)

양집단이 완전히 등질임을 확인하고 반드시 사전검사를 실시할 필요가 없을 경우에 이용할 수 있는 방법으로 사전사후검사 통제집단 설계와 매우 유사한 방법이다.

실험집단	무선할당	처치	사후검사
	R	X	O_1
예시	학생 15명	새로운 교수법	성취도검사
통제집단	무선할당	처치없음	사후검사
	R		O_2
예시	학생 15명	전통적 교수법	성취도검사

(3) 솔로몬 4집단 설계(Solomon four group design)

이 설계방법은 복잡성이 문제되기는 하나 실험 설계 중에서 가장 좋은 방법으로서, 실험집단과 통제집단이 2개씩 있어 $O_1 = O_3$, $O_4 = O_6$, $O_2 = O_5$를 가정하고 있으며, 사전사후검사 통제집단 설계와 사후검사 통제집단 설계의 설계방법을 통합한 것이다.

실험집단	무선할당	사전검사	처치	사후검사
	R	O_1	X	O_2
예시	학생 15명	성취도검사	새로운 교수법	성취도검사
통제집단	무선할당	사전검사	처치없음	사후검사
	R	O_3		O_4
예시	학생 15명	성취도검사	전통적 교수법	성취도검사
실험집단	무선할당		처치	사후검사
	R		X	O_5
예시	학생 15명		새로운 교수법	성취도검사
통제집단	무선할당		처치없음	사후검사
	R			O_6
예시	학생 15명		전통적 교수법	성취도검사

2) 준실험설계(quasi-experimental design)

(1) 시간계열 실험법(time series experiment)

어떤 집단이나 개인을 실험 이전에 주기적으로 측정하고 실험요인을 작용시키면서 실험 후에도 주기적으로 그 변화를 측정하는 설계방법으로서, 역사, 성숙 등이 문제가 될 수 있다.

$$O_1 \quad O_2 \quad O_3 \quad O_4 \quad X \quad O_5 \quad O_6 \quad O_7 \quad O_8$$

(2) 동형 시간표본 설계(equivalent time sample design)

한 개의 집단을 실험집단과 통제집단으로 모두 쓰는 방법으로 등질적인 시간표본을 추출하여 실험변인의 효과를 알아보고자 하는 연구이다.

즉, 일개 집단을 대상으로 처음 일정 기간은 실험요인을 작용시키고 다음은 이를 작용시키지 않는 것과 같은 방법을 쓰는 것이다. 그러나 역사, 성숙, 검사 등의 요인들의 영향을 받을 수가 있다.

$$X_1 O \quad X_0 O \quad X_1 O \quad X_0 O$$

(3) 이질 통제집단 설계(nonequivalent control group design)

실험집단과 통제집단을 두어 사전·사후검사를 실시하나, 양집단의 등질화가 문제(S형 오차)가 된다.

$$\begin{array}{ccc} O & X & O \\ \hline O & & O \end{array}$$

(4) 평형 설계(counterbalanced design)

이 설계는 모든 피험자를 돌려가면서 모든 실험처치에 참여시켜 각 실험처치의 효과를 알아보는 것이다.

$$\begin{array}{cccc} X_1 O & X_2 O & X_3 O & X_4 O \\ X_2 O & X_4 O & X_1 O & X_3 O \\ X_3 O & X_1 O & X_4 O & X_2 O \\ X_4 O & X_3 O & X_2 O & X_1 O \end{array}$$

(5) 중다 시간계열 설계(multiple time series design)

집단이나 개인을 실험변인 작용 전후에 걸쳐 주기적으로 관찰하되 실험의 효과는 통제집단과의 비교에 의하는 설계로서, 시간계열 실험법과 이질 통제집단 설계방법을 통합한 것이다.

$$\begin{array}{ccccccccc} O & O & O & O & X & O & O & O & O \\ \hline O & O & O & O & & O & O & O & O \end{array}$$

5. 실험연구의 장단점

실험연구는 엄밀하게 통제된 상황하에서 한 가지 또는 그 이상의 변인을 조작하여 이에 따라 변화되는 현상을 객관적으로 관찰하는 방법이다. 이러한 실험연구의 장점과 단점은 다음과 같다(김병성, 1996; 성태제, 1998; 황해익, 2010).

1) 장점

① 실험변인들을 인위적으로 조작해서 변인들 간의 관계를 관찰하게 되므로 비실험적 연구방법에 비해 보다 객관적인 관찰을 할 수 있다.
② 실험연구에서는 연구하고자 하는 변인들을 마음대로 조정할 수 있다. 가외변인들에 의한 영향을 제거하고 통제된 상황에서 독립변인을 변화시켜서 그것이 종속변인에 미치는 영향을 실제적으로 관찰할 수 있다.
③ 변인들 간의 인과관계의 방향성을 명백히 알아볼 수 있다.
④ 반복적으로 두 변인 간의 관계에 대해서 연구할 수 있다.
⑤ 실험연구에서는 여러 변인들 사이의 복잡한 인과관계를 규명할 수 있다.

2) 단점

① 실험실 상황과 실제 세계의 상황이 같다고 할 수 없으므로, 실험연

구 결과를 실제 세계에 일반화하는 데 위험이 있다.

② 실험연구에서는 피험자의 표본이 대표성이 결여되기 쉬우므로, 그 실험결과를 전집에 일반화하는 데 위험이 뒤따를 가능성이 크다.

③ 실험연구는 인위적 조작, 즉 실험 처치가 가능한 변인의 경우에만 사용될 수 있다.

④ 도구상의 문제로 인간의 정신 능력을 정확하게 측정할 수 있는 도구가 있는지 혹은 편견이나 오류 없이 정확한 관찰이나 측정이 가능한 것인지 문제가 될 수 있다.

Chapter 09

사례연구

사례연구는 질적 연구방법 가운데 하나로서 어떤 현상의 특수한 사례를 연구하는 방법이다. 아동의 사례연구는 연구대상 아동이 갖고 있는 문제와 행동특성을 심층적으로 조사하고 문제의 원인과 증상의 특징들을 분석할 수 있다.

이 장에서는 사례연구의 정의와 특징을 간단히 설명한다. 대표적인 학자들이 분류한 사례연구의 유형을 소개한다. 사례연구의 일반적 절차를 간단히 제시하고 사례연구의 장단점을 논의하고자 한다.

1. 사례연구의 기초

1) 개념

사례연구는 의학 분야에서 처음으로 사용하기 시작하였다. 오늘날에 와서는 법학, 경영학, 인간발달과 교육 분야에서 광범위하게 활용되고 있다. 의학 분야에서 사례는 육체적·정신적 질병으로 고통 받는 개인을 지칭한다. 의학에서 사례연구의 역사는 바로 개인의 질병의 역사를 말한다. 그러나 아동발달과 교육 분야에서 사용되는 사례연구의 역사는 연구대상 개개인의 생활 역사이다.

사례연구는 특정한 개인이나 집단 또는 기관을 대상으로 하여 어떤 문제나 특성을 심층적으로 조사하고 분석하는 연구이다. 즉, 소수의 연구대상을 선정해서 필요한 각종 정보나 자료를 여러 가지 방법으로 조사 수집하고, 이러한 자료들을 기초로 하여 연구대상이 가지고 있는 특성이나 문제점을 종합적으로 진단하고 기술하는 연구이다(이종승, 1984).

사례연구는 연구대상인 현상과 맥락 사이의 경계가 분명하게 구분되지 않은 가운데, 다양한 원천에서 나오는 증거를 사용하여 현실 생활의 맥락 안에서 동시대의 현상을 조사하는 경험적 연구방법이다(Yin, 1989). 사례연구는 구체적인 개별 사례의 분석을 통하여 사회현상을 심층적으로 분석하는 연구방법이다. 구체적인 개별 사례로는 한 사람, 하나의 집단, 하나의 사건과 그 전개과정, 하나의 공동체나 지역사회, 한 사회 혹은 사회생활의 어느 단위이든지 선택될 수 있다(한국교육행정학회, 1995).

2) 목적

일반적으로 사례연구는 어떤 현상의 특수한 사례에 초점을 맞추고 있다. 연구자가 관심의 대상이 되는 현상은 개인을 비롯하여 집단, 기관, 지역사회에 있는 모든 사건이나 대상이다. 이는 실험실에서 통제된 조건 아래에서 일어나는 것이 아니라 현실 생활이라는 자연적 맥락에서 발생하는 것을 의미한다. 사례의 연구대상이 되는 현상에 대하여 다양한 접근방법을 동원하여 심층적으로 분석한다.

사례연구의 목적은 어떤 일반적 원리나 보편적 사실을 발견하는 데 있기보다는 특정한 사례에 관련된 구체적 사실을 밝히고 그 사례의 모든 측면을 철저히 분석하는 데 있다(이종승, 1984). 또한 한 개인, 집단, 기관, 지역사회 등과 같은 특정한 사회적 단위의 배경, 현황, 환경과의 상호작용을 집중적으로 연구하는 데 그 목적이 있다(Isaac & Michael, 1995). Yin(1984)은 사례연구의 목적을 현실 생활 속에 일어나는 사건의 전체적이고 의미 있는 특성을 파악하기 위하여 조사하는 데 있다.

연구방법에 대한 일반적 오해는 탐색적 연구 단계에서는 사례연구가 적절하고, 기술적 연구 단계에서는 조사연구가 적절하며, 설명적 연구 단계에서는 실험연구가 적합하다고 믿는다. 그러나 연구자는 어느 한 연구방법이 탐색적(exploratory) 연구, 기술적(descriptive) 연구, 설명적(explanatory) 연구의 세 가지 목적으로 모두 사용될 수 있음을 이해해야 한다(Yin, 1984). 따라서 사례연구의 목적은 연구대상인 현상에 대한 이해를 증진시키는 데 있으므로 사례연구는 탐색적 사례연구, 기술적 사례연구, 설명적 사례연구를 수행할 수 있다.

3) 기본 특징

사례연구의 목적이 연구대상인 현상에 대한 기술, 설명, 예측이라는 점에서 사례연구의 기본 특징이 그대로 드러난다. 사례연구는 사례에 대한 심층적인 관찰과 분석을 지향하는 질적연구의 대표적인 연구방법이다. 사례연구의 특징은 다음 네 가지로 요약된다.

첫째, 특수 사례에 초점을 둔 현상연구이다.

사례는 특수한 어떤 현상을 말하며, 그것은 현상의 과정, 사건, 사람 또는 연구자가 관심을 두는 어떤 것일 수 있다. 현상의 예로는 프로그램, 교육과정, 역할, 사건 등이 있으며, 일단 연구자가 관심을 가지는 현상이 명료해지면 연구자는 집중적 연구를 위한 한 사례를 선택·연구한다.

둘째, 사례의 심층연구이다.

많은 자료가 사례연구를 위해 수집되는데, 여기에는 말이나 인상 혹은 물리적 대상 그리고 양적 자료들도 포함될 수 있다. 이렇게 수집된 자료들은 다양하게 분석되어져서 연구대상을 이해하고 그 특징들을 알아내는 데 중요한 단서를 제공한다. 자료 수집은 다양한 수집방법을 이용한다.

셋째, 자연적 맥락에서의 현상연구이다.

질적 연구는 연구자가 현장에서 연구대상자들의 언어로 상호작용하는 것을 지켜보는 것이지만, 사례연구에서는 항상 연구자가 현장에 직접 참가하는 것은 아니다.

다만 하나의 현상을 이해하고자 할 때, 그 현상 속에서 알 수 있는 것만으로 경계를 분명히 해 둔다.

넷째, 연구자의 관점이 강조되는 현상연구이다.

사례연구를 수행하는 데 있어 연구자는 두 가지의 관점을 이해해야 한다. 주관적 관점은 연구자가 현장에 직접 참여하여 관찰하고 비구조화된 질문들을 통해 정보를 수집하는 것이다. 그러므로 주관적 경험을 통해 최대한 객관적인 기술을 하게 된다. 객관적 관점은 이미 구조화된 질문의 틀을 이용하여 정보를 수집하는 것이다. 연구자가 수집한 비교적 객관적인 정보들은 연구자가 스스로 분석하여 나름대로의 이론이나 개념들로 다시 진술하게 된다.

4) 교수방법으로서의 사례연구법

교수방법으로서의 사례연구법은 case study method, case method, case-oriented instruction, case-based instruction, case approach 등과 같이 다양하게 쓰이고 있다. 교수방법적 측면에서는 사례연구법은 사례토의법이나 사례지도법이라는 말이 적절하나 관습적으로 사례연구법이라고 쓰고 있다. 교수방법으로서의 사례연구법은 학생들에게 가설적이거나 현실적인 문제장면에 능동적으로 참여하도록 요구하는 교수방법으로 정의된다(Jones, Bagford & Wallen, 1979). 특히 경험이 풍부한 학습자를 대상으로 하는 교수방법으로 널리 적용되고 있다. 실제로 교사교육 분야에서 사례활용교수방법을 적용하고 있으며(Floyd & Bodur, 2005; Mostert, 2007), 의학계열 교육 분야에서도 이를 활용하고 있다(Williams, 1992; McLean, 2016). 따라서 교수방법으로서 사례연구법은 학습자로 하여금 주어진 현실적 문제 장면을 분석하고, 그 문제의 여러 가지 해결책을 평가하여 최선의 해결책을 제시하게 하는 교수방법으로 정의된다. 교실수업에서 사례연구 참가자들에게 적어도 세 가지 협동적 활동에 참여시킴으로써 학습에 영향을 줄 수 있도록 기술된 사례를 활용한다. 여기에서 세 가지 협동적 활동이란 ① 사례를 스스로 읽고 사색하는 활동, ② 타인과 함께 집단으로 사례를 분석하고 토의하는 활동, ③ 사례, 토의 및 그 자신의 태도와 행동에 대한 반성 등이다.

교수방법으로서의 사례연구법은 성인교육, 평생교육, 대학교육에서 널리 사용할만한 가치가 있는 방법이며, 무엇보다도 학습자의 적극적 참여를 강조하는 참여식 교수방법의 일종이다. 수업실제에서는 사례연구법을 세미나, 분임토의, 시뮬레이션, 역할연기, 토의법 등과 혼용해서 실시하는 것이 더 효율적이라고 판단된다.

2. 사례연구의 종류

사례연구는 다양하게 분류되고 있다. 가장 간단한 분류는 사례의 수에 따라 단일사례연구와 복수사례연구로 분류하는 것이다. Stenhouse(1985)는 학문적 지향에 따라 문화기술적 사례연구, 평가적 사례연구, 교육적 사례연구, 현장실천적 사례연구 등으로 분류하고 있다. Borg & Gall (1989)은 조직에 관한 역사적 사례연구, 관찰적 사례연구, 구술사, 상황

분석, 임상적 사례연구로 분류하기도 한다. 여기에서는 Yin(1994)의 탐색적·설명적·기술적 사례연구와 더불어 Stake(1994)의 내재적·도구적·집합적 사례연구로 분류한 것을 함께 살펴보고자 한다(김석우 외, 2015).

1) Yin의 분류

(1) 탐색적 사례연구

탐색적 사례연구는 사회연구를 위한 일종의 전조 구실을 한다. 탐색적 연구의 목적은 어떤 현상에 대하여 무엇이 일어나고 있는지 새로운 시각으로 바라보는 것이다. 이를 통하여 현재 일어나고 있는 사상에 관심을 가지며 가능할 수 있는 가설과 명제를 찾는다. 이러한 이유로 Yin(1994)은 이용 가능한 문헌이나 기존의 지식이 빈곤할 경우에만 탐색적 사례연구를 수행할 것을 추천하고 있다. 일단 불확실성이 해소되면 대규모의 실제 연구가 수행된다.

(2) 설명적 사례연구

설명적 사례연구는 현상에 대해 어떻게 또는 왜라는 질문을 던진다. 어떻게, 왜라는 질문을 통하여 현상 간의 패턴을 발견하고자 하는 것이 연구의 주목적이다. 관찰된 변인에서 어느 하나가 다른 어느 하나와 체계적으로 관련이 있다면 이를 인과관계 혹은 단순관계로 찾아낸다.

(3) 기술적 사례연구

기술적 사례연구는 연구문제에서 제기된 사례, 상황, 사상에 대한 정확한 기술에 초점을 둔다. 따라서 사례에 관한 정보를 수집하기 위해서는 연구주제에 대한 폭넓은 지식이 필요하다. Yin(1994)은 기술적 사례연구가 단순히 무작정 손에 잡히는 모든 것을 기술해 내기 위해서 사용되어서는 안 되며, 연구의 목적에 초점을 두고 수행되어야 한다고 하였다.

2) Stake의 분류

(1) 내재적 사례연구

내재적 사례연구는 연구자가 특정 사례를 보다 잘 이해하는 것 그 자체를 목적으로 하는 연구를 가리킨다. 사례연구의 목적이 다른 사례에 대한 이해를 얻거나 어떤 문제를 규명하거나 이론을 구축하는 것에 있지 않으며, 연구하는 사례 자체가 지닌 본질적인 면을 깊이 이해하고자 하는 것을 목적으로 한다.

(2) 도구적 사례연구

도구적 사례연구는 다른 그 무엇을 이해하기 위한 도구로 사례연구를 활용하는 것이다. 다른 사례에 대한 이해 혹은 나아가 어떤 쟁점에 대한 통찰을 제공하기 위하여 사례연구를 진행한다.

(3) 집합적 사례연구

집합적 사례연구는 중다 사례연구와 동일한 의미로 다수의 사례를 연구하여 어떤 현상이나 집단 혹은 상황, 사상들에 대한 보다 강한 이해를 도모하는 것이다. 이러한 연구는 유사한 사례의 다양한 선택이 이해의 폭을 보다 증가시킬 수 있다는 가정을 전제하고 있다.

3. 사례연구의 절차

사례연구의 절차는 다양하게 논의되고 있다. 여기서는 대표적인 절차를 간략하게 제시하고자 한다. 이종승(1984)은 ① 문제의 인식, ② 주제 결정, ③ 자료수집, ④ 문제점 분석 진단, ⑤ 대책과 치료방법 검토, ⑥ 효과의 평가와 추수지도 등의 6단계를 제시하고 있다. 한국교육행정학회

(1995)는 ① 사례의 선정과 연구 추진 협의, ② 현지연구와 문서자료의 수집, ③ 사례기록의 조직, ④ 보고서 작성 등의 단계를 제안하고 있다. 김석우(1997)는 ① 연구문제의 설정, ② 사례의 선택, ③ 자료의 수집과 조직, ④ 여러 개의 잠정적 가설 설정, ⑤ 가설 검증, ⑥ 추가자료 수집, ⑦ 자료의 종합과 결론 도출 등으로 구분하고 있다. Isaac & Michael(1995)은 ① 목표의 진술, ② 방법의 설계, ③ 자료수집, ④ 자료의 조직, ⑤ 결과 보고와 중요성 논의로 구분하고 있다. Stake(1999)는 ① 연구대상의 개념화와 사례의 제한, ② 강조할 연구문제인 현상, 주제 또는 현안 선정, ③ 현안을 개발하는 자료 유형의 탐색, ④ 주요 관찰을 종합하여 해석의 기초 설정, ⑤ 대안적 해석 선정, ⑥ 사례에 관한 주장이나 일반화 등으로 구분하고 있다. 여기에서는 연구문제의 설정, 사례의 선정, 현지연구와 자료수집, 사례기록의 조직과 분석, 사례보고서 작성 등의 절차를 제시하고자 한다. 사례연구의 일반적 절차를 요약하면 **표 9-1**과 같다.

표 9-1 ▸▸ 사례연구의 일반적 절차

절차	내용
연구문제의 설정	• 연구목적에 따라 연구문제를 명료하게 설정한다.
사례의 선정	• 정보가 풍부할 것으로 보이는 사례를 선정한다.
현지연구와 자료수집	• 공문서, 서신, 메모, 각종 간행물 등 모든 문서자료를 수집한다.
사례기록의 조직과 분석	• 수집된 자료를 재구성하여 기록한다. • 자료를 범주화하고 도표화하여 사례를 분석한다.
사례보고서 작성	• 독자를 위한 보고서를 작성한다.

1) 연구문제의 설정

사례연구의 문제를 설정할 경우에는 연구자가 관심을 가지고 있으며 연구할 가치가 있는 것으로 정해야 한다. 연구자는 연구되어야 할 상황이나 쟁점에 대하여 문제를 형성함으로써 연구의 초점을 설정한다. 이에 따라 연구대상을 어떤 프로그램이나 상황, 특정한 개인이나 집단 등으로 정하게 된다. 명확하게 진술된 연구문제는 답을 찾기 위해 어디에서부터 연구를 시작해야 할지, 어떤 자료를 수집하며 분석해야 하는지 판단하게 해 준다. 다른 연구방법과 마찬가지로 연구문제를 명확하게 설정하기 위해서 충분한 문헌고찰이 선행되어야 한다.

예시 단위학교 현장에서 수행평가를 학기 초에 수립한 계획대로 실시하고 있는가?

2) 사례의 선정

사례는 무작위로 표집되는 것이 아니라 연구자의 의도에 따라 선정된다. 연구결과는 일반화할 정보를 제공하게 되므로 신중하게 선택할 필요가 있다. 연구자는 다양한 원천으로부터 증거를 사용하여 현상을 조사해야 하므로 전형적인 사례를 선정해야 하지만, 학습할 기회를 제공할 수 있는 사례를 선정하는 것이 더 중요하다. 가끔 전형적인 사례에서는 조금 학습하는 것에 비하여 특이한 사례로부터 많은 것을 더 잘 학습하는 경우도 있다. 따라서 사례를 선정할 때 정보가 풍부하게 많이 있는 것처럼 보이는 사례를 선정해야 한다. 경우에 따라 단일 사례를 선정할 수도 있고 복수 사례를 선정할 수도 있다.

예시 초등학교, 중학교, 고등학교 각 1개교를 선정한다.

3) 현지연구와 자료 수집

현지연구(fieldwork)는 연구 중인 사건이나 현상이 발생하는 현지 또는 매우 근접한 곳에서 나오는 정보를 발굴하고, 그런 정보를 수집하며 조직하는 과정이다. 현지연구는 문서자료의 발굴과 수집, 관찰, 면접, 측정 및 통계 자료 수집 등의 과정을 포함한다. 문서자료는 공적 기록물, 개인 문서, 물리적 유물 등이 해당된다. 여행일지, 회의록, 학교 수업시간표, 서신, 메모, 소식지, 학교의 각종 간행물 등도 문서자료에 속한다. 문서자료는 장단점이 있기 때문에 충분한 검토가 요망된다. 문서자료는 연구 이외의 목적으로 작성되므로 단편적이고 연구자의 요구에 맞지 않을 수도 있고, 연구의 개념틀에 맞지 않을 수도 있다. 문서자료의 정확성과 신빙성을 결정하기 어려운 점이 있다.

문서자료의 한계점에도 불구하고 많은 장점도 있다. 문서자료는 면접이나 관찰에 비하여 안정성이 높고 객관적이다. 또한 연구자가 한꺼번에 많은 정보를 손쉽게 획득할 수 있다. 역사연구나 비교문화연구 등과 같은 연구에서 문서만이 유일한 방편이 된다. 문서자료는 질적 사례연구에서 연구문제의 맥락에서 조사연구의 기초가 되므로 유리하다.

사례연구를 포함한 질적 연구에서 다양한 자료출처를 통해 자료를 수집하는 방법을 일컬어 삼각측정법(triangulation)이라 부른다. 또한 질적 연구에 있어서 연구의 관점, 시간, 공간 및 상황들을 달리하여 그 자료의 해석을 재검토함으로써 연구의 타당성과 신뢰도를 높이려는 질적 연구 기법이다. 삼각측정법을 선호하는 이유는 한 가지 방법을 사용함으로써 야기되는 결점과 연구자의 판단오류를 보완할 수 있고, 동일한 현상에 대하여 여러 상이한 방법을 적용한 결과 동일한 결과를 얻었을 때 연구자의 결론에 대한 확신의 정도가 실질적으로 높아지기 때문이다(황해익, 2010).

예시 각 학교에서 실시하고 있는 수행평가 계획서, 각 교과별 적용 실태, 실시 과정에서 평가 자료, 평가결과 처리 방법, 평가 통보 방법 등을 조사하여 수집한다.

4) 사례 기록의 조직과 분석

연구자가 문서자료, 관찰 노트, 면담기록, 통계자료 등과 같은 다량의 자료를 수집한 후에 사례 또는 일련의 관련 사례를 재구성하여 기록해야 한다. 사례기록을 조직하고 사례연구의 대상이 지닌 문제의 원인이 무엇인가를 종합적으로 진단하고 분석해야 한다. 그리고 표면적으로 드러난 문제뿐만 아니라 숨겨져 있는 심층적 문제를 다각적으로 분석하는 것이 사례분석에서의 관건이라고 할 수 있다.

사례기록은 기록의 점진적 삭감(progress reduction)과 색인 작성(indexing)이라는 두 가지 전략이 있다(Stenhouse, 1985). 점진적 삭감은 다량의 기록으로부터 사소한 기록을 솎아내고, 그것을 추려냄으로써 자료의 양을 줄이는 방식이다. 삭감된 기록들 간의 관련성을 기억하기 위해서 삭감해 나가는 동안 노트 작성하는 것이 필요하다. 색인을 작성할 경우에도 노트 작성이 필요하며, 어떤 한 가지 해석을 점차적으로 형성해 나갈 필요가 있다. 기록에 대한 색인 작성은 실제로 관찰 노트를 추려내지 않아도 자료선택을 가능하게 한다. 관찰노트 가장 자리에 적절한 색칠로 구분해 놓는 것도 유용하다.

사례의 분석은 사례연구에서 가장 어려운 부분이다. 통계분석과 같이 체계적인 지침을 정할 수 없는 것이 사례분석의 특징이라고 할 수 있다. 그래서 연구자의 세심한 관찰과 풍부한 경험에 바탕을 둔 통찰력에 의존하고 있다. 사례를 분석하는 방법으로는 숫자로 코딩하는 방법을 비롯하여 범주로 분류하는 방법, 흐름도를 이용하는 방법, 빈도표를 작성하는 방법, 연대순으로 정리하는 방법 등이 있다.

사례를 분석하는 두 가지 일반적인 전략은 이론적 연구문제(theoretical proposition)를 준수하는 방법과 사례를 서술하는 방법(case description)이다(Yin, 1984). 이론적 연구문제를 준수하는 방법은 사례분석을 안내하는 이론적 배경을 제시할 수 있다. 이는 사례연구 문제와 관련이 있는 자료를 골라내고 무관한 자료를 제거하는 기준으로 사용할 수 있다. 전체 사례를 조직하고 해석하는 데 도움을 줄 수 있다. 두 번째 전략인 사례 서술 방법은 사례연구를 조직할 경우에 서술적 구조(개념적 틀)를 작성하는 것이다. 책의 내용 목차와 같이 세부적인 서술 구조를 제시하는 것이 사례분석에 도움을 줄 수 있다.

비교적 많이 사용되고 있는 구체적인 사례분석 방법으로는 패턴-일치도 분석, 설명-형성 분석, 시계열 분석 등과 같은 방법이 제안되고 있다. 그 외에도 내장된 분석 단위의 분석, 반복 관찰법, 사례 조사연구법 등이 가끔 사용되기도 한다.

예시 수행평가의 계획서의 분석, 각 교과별 수행평가의 적용 실태 분석, 실시 과정에서 평가 자료의 분석, 평가결과 처리 방법의 분석, 평가 통보 방법의 분석 등

5) 사례보고서의 작성

사례보고서는 사례연구의 마지막 단계에서 가장 힘든 작업을 요구한다. 보고서는 학술지의 연구보고서와 같은 일정한 형식의 틀에 맞추어 작성할 필요는 없다. 경우에 따라서는 구두로 보고할 수도 있으나, 대체로 문서로 보고하는 것이 자료의 안정성이나 활용도를 높이는 장점 때문에 선호되고 있다.

사례연구 보고서를 작성하는 단계는 대체로 보고서의 독자를 확인하고, 보고서의 구성 내용을 정하고, 보고서를 작성하고, 작성된 보고서를 평가하는 등과 같은 네 가지 과정으로 구분된다.

① 사례보고서를 읽을 독자가 누구인가를 확인한다. 보고서를 읽을 독자의 이해 수준을 고려하여 서술해야 한다. 아무리 좋은 연구결과가 산출되더라도 효과적으로 보고서를 작성하지 못하면 성과를 거두기 어렵다. 가능한 한 쉽고 명료한 표현을 사용해야 한다.

② 보고서의 구성 내용을 결정한다. 보고서 구성의 유형은 선형-분석적 구조, 비교 구조, 연대순 구조, 이론형성 구조, 미확정 구조, 무계열 구조 등으로 구분된다.

③ 보고서를 작성한다. 보고서를 작성하는 단계에서는 먼저 보고서의 작성을 위한 준비를 사전에 계획해야 한다. 다음으로 보고서에 등

장하는 인명이나 지명을 실명 또는 익명으로 할 것인지를 결정해야 한다. 마지막으로 보고서 초안을 작성한 후에 동료나 참여자에게 의뢰하여 검토를 받아야 한다.

④ 최종 보고서를 평가한다. 보고서는 일정한 평가기준에 비추어서 잘 작성되었는지를 객관적으로 평가해야 한다.

4. 사례연구의 장단점과 유의점

사례연구는 대표적인 질적 연구방법으로서 장점과 단점을 지니고 있다. 사례연구의 장단점과 연구에서 유의해야 할 사항을 제시하면 다음과 같다(김석우 외, 2016).

1) 장점

① 다양한 출처를 통하여 현상을 여러 측면에서 심층적이고도 종합적으로 연구하므로 보다 풍부하고 의미 있는 정보를 제공해 준다. 독자의 경험을 확장시킬 수 있는 통찰을 제공하여 현상을 총체적이고 통합적인 전체로 이해하는 데 도움을 준다.

② 탐색적·설명적·기술적·평가적 연구유형과 같이 다양한 목적의 연구가 가능하여 교육 분야와 같은 연구에 적절한 연구설계를 제공해 준다. 교육 프로그램, 교수학습의 과정, 학교조직 등과 같은 측면에서 교육개선을 위한 목적으로 사례연구가 적절히 사용될 수 있다.

③ 현상과 맥락을 통합적으로 이해함으로써 생태학적인 접근을 가능하게 한다.

④ 사례연구의 과정에서 연구자와 대상 간에 친밀한 인간관계가 형성될 수 있으므로 문제해결에 도움을 준다.

⑤ 사례연구는 특정 대상의 문제해결 외에도 상담자나 일반교사들에게 실제적 사례를 제공할 수 있으므로 그들의 훈련이나 재교육에 유익한 자료가 된다.

2) 단점

① 특정 사례에 관한 연구이므로 연구결과를 일반화하기가 어렵다. 연구자에 따라 연구방향이 정해지며 객관성, 엄격성이 결여된 것으로 간주되기 쉽다.

② 연구대상의 외면적 사실에 치중하여 현실문제에 대한 구체적인 처방책을 제공하기 어렵다는 비판을 받을 수 있다. 즉, 내면적이고 본질적인 문제, 정서적이고 심리적인 문제를 간과할 우려가 있다.

③ 자료수집에 치우쳐 보다 중요한 사례연구 결과의 타당도와 신뢰도를 점검하는 것에 소홀히 다룰 수 있다.

④ 비록 단일사례를 연구대상으로 삼는다 하더라도 엄청난 양의 자료수집과 이에 따른 경비와 시간이 소모된다. 따라서 비경제적이고 비능률적일 수 있다.

⑤ 사례연구를 수행하기 위해서는 전문적인 식견과 경험, 통찰력이 필요하다. 유능한 사례연구자로서 효과적인 사례연구를 수행하기란 결코 쉽지 않다. 무엇보다도 연구자의 숙련성이 요구된다.

3) 유의점

① 연구자는 증거자료를 수집하기 위한 체계적이고 적절한 자료수집 도구를 고안하는 데 특별히 주의를 기울여야 한다. 이는 연구가 충분한 구인타당도, 내적 타당도, 외적 타당도와 신뢰도를 지니기 위해서 반드시 필요하다.

② 사례연구에서 특정 사람들에 대한 조사나 분석을 포함하는 경우 연구과정에서 야기될 수 있는 윤리적 문제에 각별히 유의해야 한다.

③ 바람직한 연구의 수행을 위해서는 연구의 수행에 앞서 참여자들에게 연구의 목적과 방법, 협조사항을 충분히 알리고 동의를 받아야 한다. 연구자가 연구현장의 처음 시점에서 참여자와 충분한 공감을 형성하고 접촉하는 것이 중요하다.

④ 연구자 자신의 편견과 특성이 연구결과에 영향을 미치지 않도록 해야 한다.

⑤ 연구자는 사례연구보고서를 작성할 때 그 사례를 읽는 사람이 그 사례가 실제 누구의 사례인지 깨닫지 못하도록 익명으로 처리해야 한다.

Chapter 10

현장교육연구

현장교육연구는 현장교사들이 교육실제에서 당면하는 문제를 보다 더 나은 방향으로 개선할 목적으로 교사들이 연구주체가 되어 수행하는 실천적 연구이다. 그래서 현장교육연구라는 말에는 '현장지향적'과 '실천지향적'이라는 뜻이 강하게 포함되어 있다.

이 장에서는 현장교육연구의 기초 개념을 설명한다. 현장교육연구의 역사적 배경을 살펴보고, 현장교육연구의 모형과 절차를 알아본다. 그리고 현장교육연구의 주제를 선정하는 방법과 예시를 제시한다. 마지막으로 현장교육연구의 장점과 단점을 살펴보고자 한다.

1. 현장교육연구의 기초

1) 필요성

교사들은 교육현장에서 여러 가지 교육문제와 함께 각자의 역할과 책무를 수행하고 있다. 교사의 역할과 책무를 성공적으로 수행하기 위해서는 무엇보다도 현재의 문제 상황을 보다 더 나은 방향으로 개선해야 한다. 그러기 위해서 교사들은 당면하는 문제를 보다 적극적으로 개선하려는 연구를 수행해야 할 것이다. 따라서 현장교육연구는 여러 가지 측면에서 필요하지만, 다음과 같은 세 가지로 구분하여 설명할 수 있다.

첫째, 특정한 지역이나 학교에서 일어나는 특수한 교육적 문제를 해결하는 현장교육연구가 필요하다. 교사들이 학교 교육현장에서 당면하는 교육적 문제는 일반적인 교육현장의 문제일 수도 있지만, 특정한 지역이나 학교에서 일어나는 독특한 문제이다. 실제로 기존의 학술적 이론이나 전문적인 연구자들이 제시한 연구결과는 교육현장의 문제를 해결하는 데 구체적 방안을 제시하는 데 한계가 있다. 그래서 교사가 연구 주체가 되는 현장교육연구가 절실히 요청된다.

둘째, 교직의 전문성을 제고하기 위해서 교사들의 현장교육연구가 필요하다. 교사 스스로 현장교육의 문제를 심층적으로 탐구해야 할 필요가 있다. 또한 현장 문제에 대한 해결방안도 교사 스스로가 주도적으로 모색할 경우에 최적의 해결방안을 찾을 수 있을 것이다.

셋째, 교육의 책무성에 대한 요구를 충족시키기 위해 현장교육연구가 필요하다. 최근 학부모, 지역사회, 수업장학집단 등으로부터 교사의 책무성이 강하게 요구되고 있다. 그래서 교사들은 자신의 교육실천 행위에 대한 반성과 더불어 교육여건상의 문제가 무엇인가를 명확하게 파악하고, 그 해결의 대안도 수립해 볼 필요가 있기 때문에 이에 대한 현장교육연구가 절실히 요구된다.

2) 개념

현장연구(action research)는 실행연구 또는 행동연구로 번역되기도 한다. 사회적 상황 속에서 실천을 하고 있는 사람들이 자신의 실천 행위에 대한 이해와 그 효과를 증진시키기 위하여 수행하는 일종의 자기 반성적 활동으로 정의하였다(Carr & Kemmis, 1986). 조직의 개선을 위한 현장연구의 대표적인 정의는 다음과 같다.

- Lewin(1946)의 정의: 현장연구는 세 단계의 나선형 과정을 거친다. 사실을 찾기 위한 정찰을 포함하는 계획 단계, 실천하는 실행 단계, 실행 결과에 관한 사실을 확인하는 단계로 구성되어 있다.
- Corey(1953)의 정의: 현장연구를 교육실천가들의 의사결정과 실무를 안내하고 수정하고 평가하기 위하여 현안 문제들을 과학적으로 연구하려는 과정으로 정의한다.
- Calhoun(1994)의 정의: 현장연구는 학교에서 무슨 일이 일어나고 있는지를 연구해서 학교를 더 나은 곳으로 만드는 방법을 결정하자고 말하는 멋진 방식이다.
- 한국교육평가학회(2004)의 정의: 교육현장에서 프로그램의 실행과 그것의 변화와 개선을 위한 이해와 지식을 얻기 위한 연구를 동시에 순환적으로 수행하는 연구방법의 한 형태이다.

현장교육연구는 사회적 상황에서 수행되고 있는 현장연구의 방법이 교육의 상황에 도입되어 수행되는 연구라고 정의할 수 있다(허경철, 1989). 김종서(1968)는 현장연구를 교사들이 나날이 부딪치는 문제를 과학적인 방법으로 해결하려는 것으로 정의하였고, 진보영(1975)은 교육실천가들이 교육현장의 실제 문제에 관한 미지의 사실이나 해결방안을 과학적 방법으로 발견하고 설명하며 예언하거나 적용하는 과정으로 정의하였다.

현장연구와 현장교육연구는 동일한 의미를 지닌 개념으로 간주할 수 있다(김진규, 2002). 그러나 현장연구는 정치, 경제, 사회, 교육 등의 인간관계가 문제시되고 있는 모든 영역에 활용될 수 있는 연구방법인 반면에, 현장교육연구는 교육이라는 특수 영역에 적용하는 것으로 좁은 의미로 해석할 수 있다. 더욱이 교사를 중심으로 생각한다면 교실 현장연구(classroom action research)라는 개념도 상정해 볼 수 있다.

여러 학자가 제시한 정의를 종합해 보면 몇 가지의 공통된 속성이 있음을 알 수 있다. 첫째는 교육현장을 전제로 하고 있다는 점이고, 둘째는 교사들이 직면하고 있는 문제를 중심으로 하고 있다는 점이며, 셋째는 교육현장이 직면하고 있는 문제를 해결하거나 개선하려는 의도를 담고 있다는 점이며, 끝으로 가능하면 과학적인 방법을 적용하여 교육의 실제 문제를 해결하기 위한 구체적인 방안을 얻고자 한다.

이러한 속성을 정리하여 현장교육연구를 다시 정의해 보면 현장교육연구 또는 현장연구란 교육현장에서 교사가 교육실천행위를 수행하는 동안에 직면하게 되는 과제나 문제를 해결하고자 보다 과학적인 방법을 적용해가면서 그러한 문제들을 체계적으로 기술·설명·분석·처방·통제·예언하려고 하는 아이디어를 얻는 연구이다.

3) 주요 특징

현장연구는 다른 연구방법과 차별되는 주요한 특징을 지니고 있다. 현장연구의 대표적인 특성은 주기적 순환성, 적극적인 참여, 반성적 활동 등으로 요약될 수 있다.

(1) 주기적 순환성

현장연구의 절차가 주기적인 순환적 과정을 거쳐 진행된다는 것이다. 이제까지 제안된 대표적인 현장연구 모형 가운데 Lewin의 현장연구 과정 모형, Kemmis의 모형, Elliot의 모형, Ebbutt의 모형을 종합적으로 검토한 결과, 현장연구의 과정은 ① 일반적인 아이디어 찾기, ② 검토(정찰), ③ 전반적인 실천계획 작성(실행과제 1, 2), ④ 실행과제 1의 실천, ⑤ 실천과정과 효과의 점검·평가·정찰, ⑥ 실행과제 2의 실천, ⑦ 실천과정과 효과의 점검·평가·정찰, ⑧ 보고서 작성 등으로 요약될 수 있다(김진규, 2002). 이들 모형의 공통점은 바로 현장연구의 절차가 순환적 과정을 거쳐 진행된다는 특징에서 찾을 수 있다. 주기적 순환성의 특징을 계획, 실천, 관찰, 반성 등으로 단순하게 나타내면 그림 10-1과 같다.

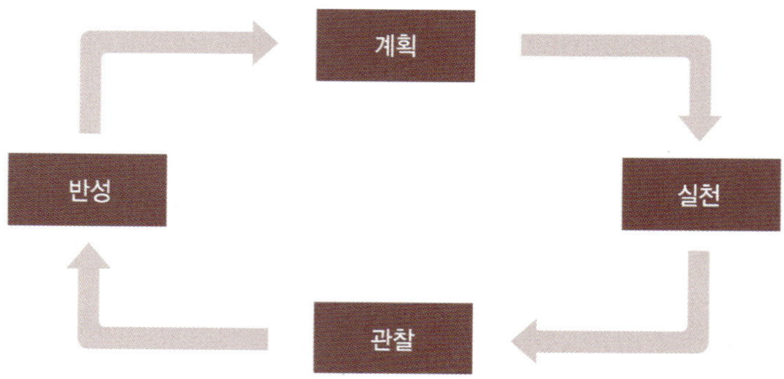

그림 10-1 ▸▸ 주기적 순환성의 특징

(2) 적극적인 참여

현장연구에서는 교사의 적극적인 참여를 강조하고 있다. 교사개인연구, 공동협력연구, 단위학교 현장연구 등과 같은 현장연구의 유형에 따라 참여하는 정도가 다양하다. 교사개인연구의 경우에는 교사의 적극적 참여가 필수적이지만, 공동협력연구나 단위학교 현장연구의 경우에는 연구진의 역할분담이 중요하고 각자가 적극적으로 참여하는 정도에 따라 성과는 크게 달라질 수 있다. 무엇보다도 일선교사가 주도하는 교실 현장연구에서는 그들의 외부 협력연구자와 동등한 지위를 확보할 수 있다는 장점이 있다(McLean, 1995).

(3) 반성적 활동

현장연구의 각 단계마다 비판적이고 반성적 활동이 수반된다. 각 연구

단계에서는 즉각적인 피드백을 제공함으로써 반성적 사고 과정이 반복적으로 일어나게 한다. 한 단계에 대한 반성적 활동은 다음 단계를 개선시키는 발판을 마련한다. 따라서 비판적·반성적 활동으로부터 얻은 정보는 모든 연구 단계의 질적 제고와 더불어 궁극적으로 교육의 개선에 크게 기여하게 된다.

4) 현장교육연구의 구성요소

현장교육연구는 학생의 능동적 학습을 도와주고, 교사 자신의 수업을 반성하며, 동료교사와의 협동연구로 동료애를 증진시킬 수 있으며, 교사 스스로 개별 학습을 가능하게 하며, 궁극적으로는 교직의 전문성을 제고할 수 있게 한다(Mettetal & Cowen, 2000). 현장교육연구의 구성요소는 헌신, 협력, 관심, 반성, 변화 등 5가지로 요약할 수 있다(Borgia & Schuler, 1996).

- 헌신(commitment): 현장연구에는 참여자가 시간을 헌신적으로 투입할 수 있어야 한다. 현장연구는 적어도 일 년이나 그 이상의 장기간이 소요되므로 연구기간 동안에는 헌신적으로 시간을 투입할 수 있어야 한다. 모든 참여자는 시간을 헌신적으로 투입하는 것이 현장연구의 성공에 결정적 요인임을 알아야 한다.
- 협력(collaboration): 현장연구에 참여하는 개인은 동등한 협력 관계를 유지해야 한다. 각 개인이 주어진 역할을 수행하여 연구에 기여할 수 있어야 한다. 협력은 단순한 타협이라기보다는 공유하기, 주기, 받기 등과 같은 주기적 순환 과정을 거치는 관계를 의미한다.
- 관심(concern): 현장연구에서는 인간적 대화와 친밀한 관계를 유지할 수 있으며, 참여자는 비판적 친구(critical friends)와 같은 지원 세력을 만들 수 있다. 무엇보다도 상호 간의 신뢰와 연구의 가치가 중요함을 인식해야 한다.
- 반성(consideration): 현장연구에서 반성은 개인의 전문적 업무를 개념

적으로 검토하는 일이다. 우리가 연구 과정에 대하여 반성할 경우에는 정신을 집중하고 세심하게 배려할 필요가 있다. 반성은 연구자의 전문성을 개발하는 수단으로서 사용될 수 있으며, 변화를 두려워하지 않고 초점을 맞추어서 연구자 자신의 행동을 비판적으로 평가하게 한다.

- 변화(change): 인간에게 성장하고 변화하는 것은 인간 발달 주기의 일부이다. 변화는 진행되고 있어서 가끔 어렵게 보이지만, 교사로서 효과적인 역할을 수행하는 데 중요한 요소가 된다. 우리가 아동의 올바른 성장과 발달을 도와줄 수 있다면 변화가 일어날 수 있으며, 그러한 결과도 의미 있는 가치를 지닐 수 있게 된다.

5) 현장교육 연구자의 자질

현장교육연구에 앞서서 연구자인 교사는 첫째, 연구의 목표나 찾고자 하는 문제성에 대하여 명확한 이해가 있어야 한다. 왜 이 연구를 하는지, 그 결과 어떠한 결과를 유도할지에 대한 방향성이 세워지지 않으면 그 연구는 가치가 떨어진다.

둘째, 연구를 수행하기 위한 구체적인 방법을 미리 정하여야 한다. 하다보면 되겠지 하는 막연한 입장에서 연구를 수행해서는 안 된다. 능률적인 연구를 수행하기 위해서는 먼저 연구방법에 대한 지식이 갖추어져 있어야 한다.

셋째, 연구를 진행하는 동안 함께 의논하고 지도하여 줄 수 있는 자문위원이 있어야 한다. 연구를 수행하다 보면 독선에 빠지기 쉽고, 또 연구 전문가가 아니기에 오류를 범할 수 있는 가능성이 매우 크다. 따라서 연구지원을 위한 지도자의 물색도 매우 중요하다.

넷째, 연구자 자신이 연구자로서의 기본 자질을 갖추고 있어야 한다. 연구자에게 필요한 자질로는 ① 사고를 조직화시킬 수 있는 기본 능력, ② 새로운 사고를 개발할 수 있는 창의력, ③ 다른 사람과 서로 교감할 수 있는 의사소통능력, ④ 성실성 등이 제시된다.

2. 현장교육연구의 역사

1) 미국

현장연구의 개념은 1920년대 Dewey의 초기 업적에로 거슬러 올라갈 수 있으나, 1930년대 말부터 사회심리학 분야에서 먼저 관심을 가지기 시작하였다. 그 당시 Lewin은 조직에서의 생활을 개선하기 위한 집단적인 문제해결방안을 개발하는 데 관심을 가지고 1946년에 '현장연구와 소수 민족의 문제'를 1947년에 '집단결정과 사회변화'라는 논문을 발표하였다. 그에 의하면 현장연구는 계획, 실행, 실행결과에 관한 사실의 발견이라는 세 단계를 거쳐 실시되어야 함을 강조하였다. 그래서 현장연구의 공식적인 기원은 1946년 이후로 보는 것이 정설이다.

Corey(1949, 1953)는 교육분야에서 현장연구의 필요성을 공식적으로 제기한 학자였다. 그는 현장연구를 교육실천가들의 의사결정과 실무를 안내하고 수정하고 평가하기 위하여 현안 문제들을 과학적으로 연구하려는 과정으로 정의하고 있다(Calhoun, 1994). 현장연구의 가치는 연구의 결과가 연구에 참여하는 자들의 실무를 개선하는 정도에 따라 결정된다. Corey와 더불어 Taba, Benne, Shumsky 등이 초기 현장교육연구운동의 선도자들이라고 할 수 있다.

1950년 중반까지는 현장교육연구운동이 활발히 진행되다가 1950년대 후반부터 1960년대까지는 연구와 실천을 분리하는 연구와 개발(research and development, R & D)모형이 대두되면서 현장연구는 쇠퇴하게 되었다. 그러나 1970년대에 들어서면서부터 현장연구운동이 활기를 되찾기 시작하였다. 영국의 Elliott와 Adelman의 Ford Teaching Project라는 연구사업을 수행하면서 현장교육운동이 고조되기 시작했다. 1973년부터 1976년까지 영국의 East Anglia 대학에서 연구자들은 현장교사를 연구에 대거 참여시키고 교사들로 하여금 자신의 교수 행위를 연구하게 하였다(허경철, 1989).

2) 우리나라

우리나라에서 현장연구는 1960년대에 들어와서 본격적으로 그 개념이 소개되기 시작하였으나, 1951년 3월 20일에 '연구학교규정'이 공포된 것을 계기로 학교현장에서 연구의 중요성을 강조하였음을 볼 수 있다. 김종서(1968)는 우리나라 현장연구의 변화상을 크게 연구의 대두기(1945~1950), 연구방향의 모색기(1950~1958), 연구방법의 전환기(1958~1962), 현장연구법 시기(1962~1968)로 구분하였다.

1952년 10월에 대한교육연합회에서 제1회 교육연구대회를 개최하였고, 1952년에 최초로 중앙교육연구소가 발족하여 초·중등 교육에 관한 연구 센터로 교육연구의 중추적인 역할을 수행하였다. 1954년 전북교육연구원이 설립된 이래 각 시·도 교육위원회별로 교육연구원이 설치되어 현장연구를 지도, 보급하게 되었다. 1958년에 교육연구라는 잡지가 창간된 것을 계기로 현장연구방법이 확산되기 시작하였다. 1958년 5월 시범시청각교육원 사업에 관한 한·미 협정체결에 의해 1959년 2월 8일에 '시범시청각교육원'으로 개원하여 1963년 7월 8일 '중앙시청각교육원' 직제가 공포되어 실질적인 활동을 하다가 1974년 3월 27일 중앙교육행정연수원과 통합하여 중앙교육연구원으로 그 기능이 흡수되었다. 1972년에 '교육공무원 승진규정'에 연구대회 입상성적이 연구실적 가산점으로 확정되면서 전국교육연구대회는 교원들로 관심을 끌게 되었으며, 현장교육운동이 간혹 과열 경쟁의 부작용도 초래하게 되었다. 중앙교육연구소가 해체되고 1972년에 한국교육개발원이 설립되어 한국교육의 혁신을 위한 종합연구기관으로 발전하게 되었다. 1978년에 한국정신문화연구원이 재단법인체로서 개원하여 정신문화 영역의 학술연구, 고전자료의 번역, 한국학 관계자의 양성, 연구자료의 발간과 보급 기능을 수행하고 있다. 국립교육평가원의 평가 업무를 인수한 한국교육과정평가원이 1998년 1월에 정부출연 연구기관으로 설립되었다(김진규, 2002).

현재 우리나라의 현장교육연구는 한국교총에서 주관하는 현장교육연구대회를 비롯하여 여러 기관에서 주최하는 각종 연구발표대회가 있고, 교육부가 주관하는 초·중등학교 수업혁신을 위한 교과교육 연구활동 활성화 방안의 일환으로 교사 공동연구가 제도화되어 있으며, 각 시·도 교육청이나 교육과학연구원에서 선발하여 지정하는 특별연구교사제가 운영되고 있으며, 교육부나 각 시·도 교육청이 지정한 정책연구학교, 실험학교, 시범학교 등이 운영되고 있다.

3. 현장교육연구의 모형과 절차

1) 현장교육연구의 유형

현장교육연구는 실무자의 실무를 개선하는 동시에 조직의 건강을 증진시키기 위한 강력한 도구로 간주되고 있다. 현장연구의 유형은 분류기준에 따라 다양하게 분류되고 있다. 김종서(1968)는 현장연구의 목적에 따라 진단형 현장연구, 경험형 현장연구, 실험형 현장연구로 구분하고 있다. Calhoun(1994)은 연구주체의 성격에 따라 교사 개인 연구, 공동협력 연구, 단위학교 현장연구로 구분하고 있다. 여기에서는 Calhoun(1994)의 분류에 입각하여 현장연구의 유형을 간단히 살펴보고자 한다.

(1) 교사개인연구

교사개인연구는 한 학급에서 일어나는 변화에 주로 초점을 맞추게 된다. 교사들은 학생들의 인지적 또는 사회적 행동, 수업방법과 자료, 학급경영과 풍토 등과 같은 문제에 관심을 가지고 있다. 교사개인연구는 연구를 수행하는 교사 당사자에게 도움을 주게 되며, 연구에 참여하는 학생들도 역시 도움을 받을 수 있다. 같은 학교에 근무하는 다른 교사들도 비슷한 문제에 관한 현장연구를 수행할 경우에 연구결과에 대하여 서로 정보를 공유할 수 있고 토의할 수도 있다. 이러한 과정을 통해서 교사들

간의 동료애가 높아질 수 있다.

(2) 공동협력연구

공동협력연구는 한 학교 또는 한 교육구청 내에 있는 여러 학급에서 일어나는 변화와 문제에 초점을 맞추게 된다. 연구진은 최소한 두 명 또는 그 이상이어야 하며, 교사, 학교행정가 그리고 대학이나 외부기관에 근무하는 인사 등도 연구진의 일원으로 참여할 수 있다. 협력연구의 주제는 한 학급에서 일어나거나 여러 학급에서 일어나는 문제일 수도 있다. 공동협력연구는 연구진에 참여한 인사들이 우선 혜택을 받을 수 있고, 학생과 학부모도 도움을 받을 수 있다. 그리고 학교, 지역교육청, 대학도 연구결과에서 얻은 정보를 공유할 수 있다.

(3) 단위 학교 현장연구

단위 학교 현장연구는 학교 조직의 개선, 학생의 개선, 교직원의 개선 등과 같은 단위학교의 개선에 초점을 맞추게 된다. 단위학교 현장연구는 협력연구의 형태를 취하지만, 모든 교직원이 현장연구에 참여한다는 점에서 공동협력 연구와 다르다. 그러나 교사 개인 연구와 공동협력연구를 별도로 추진할 수도 있으나, 단위 학교 현장연구의 일부로 편입하여 실시할 수도 있다.

2) 현장교육연구의 모형

교육의 학문적 연구는 문제의 발견, 문헌고찰, 가설형성, 연구설계, 도구제작, 실험·실천 자료수집, 자료분석, 결과평가, 결과보고 등의 9가지 단계를 거친다(이종승, 1984). 또한 장상호(1977)는 연구문제와 가설의 발견, 연구의 설계, 연구설계의 수행, 연구결과의 평가, 연구결과의 보고의 5가지 단계로 구분하였다.

Lewin의 현장연구 과정 모형은 전반적 계획안 작성, 실천, 실천결과에 대한 정보 수집이라는 요소들이 순환적 고리를 이루고 나선형 모양을 이루며 반복된다.

Kemmis의 모형은 ① 일반적 아이디어 정찰 현장, ② 전반적 계획, ③ 실행과제 1의 수행, ④ 점검과 평가, ⑤ 수정된 전반적 계획, ⑥ 실행과제 2의 수행, ⑦ 점검과 평가 순으로 진행된다.

Elliott의 모형은 ① 초기의 아이디어 찾아내기, ② 정찰하기, ③ 전반적인 계획 작성(실천과제 1, 2, 3), ④ 실행하기(실천과제 1), ⑤ 실행과정과 결과 점검, ⑥ 정찰하기 등의 단계를 반복 실행하는 과정을 거친다.

Ebbutt의 모형은 ① 일반적 아이디어, ② 검토(또는 정찰), ③ 전반적 계획안, ④ 실천과제 1, ⑤ 점검과 평가(자료수집과 분석), ⑥ 일반적 아이디어 수정, ⑦ 수정된 일반적 아이디어, ⑧ 검토나 정찰, ⑨ 새로운 전반적 계획안, ⑩ 실천과제 2 등의 단계를 거친다(Ebbutt, 1985). 여기에서는 Ebbutt(1985)의 현장연구 과정모형을 제시하면 **그림 10–2**와 같다.

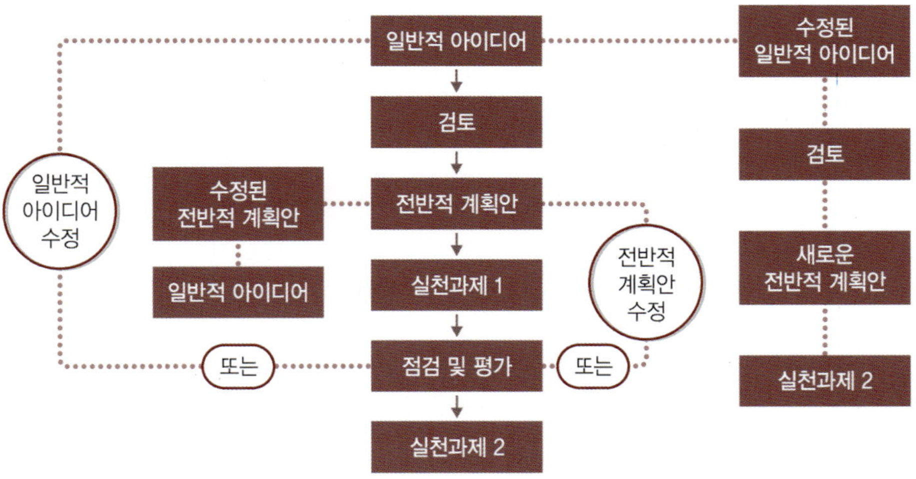

그림 10–2 Ebbutt(1985)의 현장연구 과정모형

3) 현장교육연구의 절차

여러 가지 현장연구 모형에서 공통적으로 제시되고 있는 현장연구의 과정은 ① 일반적인 아이디어 찾기, ② 검토(정찰), ③ 전반적인 실천계

획 작성(실천과제 1, 2), ④ 실행과제 1의 실천, ⑤ 실천과정과 효과의 점검·평가·정찰, ⑥ 실행과제 2의 실천, ⑦ 실천과정과 효과의 점검·평가·정찰, ⑧ 보고서 작성 등의 단계를 거친다.

허경철(1989)은 학문적 연구와 현장교육연구의 과정을 통합한 연구과정 모형을 제안하고 있다. 그에 의하면 현장교육연구의 절차는 ① 연구문제의 발견·선정, ② 문헌 분석 및 정찰, ③ 행동가설 형성, ④ 연구설계, ⑤ 도구제작, ⑥ 행동가설 1의 실천, ⑦ 자료수집, ⑧ 자료분석, ⑨ 결과평가, ⑩ 행동가설 2의 실천, ⑪ 자료수집, ⑫ 자료분석, ⑬ 결과평가, ⑭ 보고서 작성 등의 단계로 제시되어 있다.

McLean(1995)은 현장연구를 개선을 위한 과정으로 간주하고, 현장연구의 절차를 ① 개념화 단계, ② 실행 단계, ③ 해석 단계로 단순화하여 세 단계가 연속적으로 순환하는 모형을 제안하고 있다. 개념화 단계에서는 먼저 교수 학습과정을 묘사하고, 투입을 확인하며, 기대되는 성과를 확인한다. 실행 단계에서는 성과를 측정하고, 집단 간의 성과를 비교하며, 측정된 성과를 분석한다. 해석 단계에서는 처치의 효과성을 판단하고, 처치의 비용과 효과를 판단하며, 행동의 실천 여부를 결정한다.

현장연구의 모형에서 공통적으로 강조하고 있는 특징은 현장연구의 절차가 순환적 과정을 거쳐 진행된다는 것이다. 각 연구 단계에서 피드백이 지속적으로 이루어지는 반성적 사고과정을 반복적으로 순환함으로써 궁극적으로 수업 개선과 교육 발전에 기여할 수 있다. 하나의 현장연구의 주기가 완료되었다고 해서 모든 것이 종결되는 것이 아니라 한 주기의 종료 단계는 다음의 새로운 주기의 출발점이 된다는 의미이다.

4. 현장교육연구의 주제 선정

1) 연구주제 선정

연구주제는 연구자가 탐구하려는 관심사, 개선하려는 조건 또는 해결하려는 문제를 말한다. 연구주제는 연구문제와 같은 의미로 사용된다. 일반적으로 연구자의 학문적 성숙에 의한 직관력, 분석력, 비판력, 창의력 등에 따라서 다양한 연구주제가 선정될 수 있다. 이종승(1984)은 연구문제를 발견하는 일반적 원칙으로 주의 깊은 관찰, 빠른 정보, 비판적 독서를 통한 다양한 분석 등을 제시하고 연구문제의 선정기준으로 ① 참신하고 새로운 문제, ② 학문발전에의 공헌도, 실용적 가치, 방법론적 의의가 있는 중요한 문제, ③ 연구자의 연구수행 능력, 연구자료의 수집 방법과 입수 가능성, 행정적 지원 여부 등을 고려한 가능한 문제 등을 제시하고 있다. 김종서(1985)는 구체성, 교육개선에 도움을 주는가의 여부, 새로운 문제, 교사능력에 적합한가의 문제, 연구자의 흥미에 맞는가의 문제 등을 연구문제 선정기준으로 보고 있다. 김석우(1997)는 참신성, 구체성, 가능성, 공헌도, 윤리성을 선정기준으로 삼고 있다. 특히 반복연구가 필요한 경우를 다음 5가지로 구분하고 있다. ① 새로운 연구결과를 검토하기 위한 경우, ② 다른 모집단을 통해 연구의 타당성을 검토하기 위한 경우, ③ 시간이 경과하면서 변화한 경향을 검토하기 위한 경우, ④ 다른 방법론을 사용하여 중요한 연구결과를 검토하기 위한 경우, ⑤ 효과적이고 능률적인 중재 프로그램을 개발하기 위한 경우 등과 같다.

특히 현장연구의 주제를 선정할 경우에 주의해야 할 사항을 다음과 같이 제안하고 있다(조주행, 1998).

첫째, 선행연구물과 아주 유사한 것으로 정하라. 선행연구를 표절하라는 의미는 아니고 관련 분야의 참고문헌과 정보가 많아서 연구를 용의하게 수행할 수 있는 장점이 있다.

둘째, 연구자료를 손쉽게 구할 수 있는 분야를 택하라. 연구자 자신의 담당 업무 분야나 유관한 영역에서 주제를 선정하는 것이 좋다.

셋째, 연구방법이 가능한 쪽을 택하라. 현장연구에서는 방대한 자료수집을 요하는 연구나 복잡한 자료분석 방법을 동원하는 연구는 가급적 피하고, 연구자가 감당할 수 있는 자료분석 방법을 선정하여 연구를 수행하는 것이 좋다.

넷째, 검증방법도 염두에 두어야 한다. 현장연구에서는 객관적 도구를 통한 검증을 엄격하게 요구하지 않지만, 너무 평이하고 손쉬운 방법만 고르다가 연구 가치를 훼손할 가능성이 있으므로, 적절한 난이도가 요구되는 검증방법을 선택하는 것이 바람직하다.

2) 현장교육연구의 주제 예시

한국교원단체총연합회(2017)에서 주관하는 전국현장교육연구대회의 현장연구 논문 응모 분과는 크게 교과분과(10개), 인성·창의분과(4개), 교직분과(2개), 유아·특수분과(3개)의 총 19개 분과로 구성되어 있다. 각 분과의 세부 내용은 다음과 같다.

(1) 교과분과(10개 분과): ① 국어(한문 포함) ② 도덕 ③ 사회 ④ 수학 ⑤ 과학 ⑥ 실과(기술·가정) ⑦ 체육 ⑧ 음악 ⑨ 미술 ⑩ 외국어
(2) 인성·창의분과(4개 분과): ① 인성교육 ② 창의적체험활동 ③ 생활지도(상담, 학교폭력 예방 및 지도 등) ④ 방과후학교 프로그램 운영
(3) 교직분과(2개 분과): ① 교육행정(학교경영·교직생활·교육정책개발연구, 평생교육·교육복지) ② 교육과정운영
(4) 유아·특수분과(3개 분과): ① 유아교육 ② 특수교육(청각장애·시각장애·정신지체·지체장애·정서장애) ③ 영재 및 학습부진아 교육

2016년에 개최된 전국현장교육연구대회에서 1등급을 수상한 대표적인 논문 제목 일부를 소개하면 다음과 같다.

- 학교 텃밭을 활용한 학생(어린농부)들의 창의적 글쓰기 능력 신장(성신일)
- 주제별 독서·NIE '읽.탐.생' 사회 탐구학습으로 5! 빛나는 나의 삶의 능력 가꾸기(신민정)
- 씨매쓰(C.E.A-math) 프로그램을 통한 수학적 태도 및 문제해결력 신장(나소영)
- 수학 수업 속 거꾸로 교실을 통한 학업 성취도 및 수학적 성향 신장(이아름)
- 러닝맨의 Q-SHARE Program을 통한 자기주도적 학습능력과 과학적 태도 신장 방안(이정민)
- 보행 향상 운동프로그램 구안 적용이 뇌병변 장애학생의 일상생활체력 및 생활만족에 미치는 영향(임낙철)
- 학생들이 디자인한 활동중심의 신나는 미술수업(전경화)
- 영어문법활용 상황기반스토리텔링프로그램 적용을 통한 영어 논술형 쓰기 능력 신장 방안(김영주)
- 따뜻한 교육복지 프로그램으로 마음의 회복탄력성 높이기(이순영)
- Happy Together 맞춤활동을 통한 다문화가정 학생의 학교생활 적응력 향상(이영심)
- 배려·나눔·어울림 프로그램 구안·적용을 통한 친사회성 능력 신장(조현심)
- 긍정적 자아주체성 확립 방안(장진숙)
- '學·師·母 어울림프로그램'을 통한 행복한 삶 가꾸기(김남희)
- 언어문화 개선 프로그램 적용을 통한 불량언어 사용습관 개선(최효진)
- 배움 쏙쏙! 가꿈 생생! 나눔 솔솔! 실천을 통한 『행복배움터』만들기(김미경)

5. 현장교육연구의 장단점

1) 장점

① 현장교육연구는 교사의 전문성 개발에 기여한다.
② 다른 교사들에게 같은 문제를 해결하는 데 도움을 준다.
③ 교육개선을 도와주는 구체적인 방안을 제시한다.
④ 공동연구에 참여하여 동료애를 증진시킬 수 있다.
⑤ 조직의 건강을 증진시키기 위한 도구로 간주된다.
궁극적으로 학생들의 바람직한 행동 변화를 유도한다.

2) 단점

① 단기적이고 즉각적인 효과를 나타내기 위한 연구에 치중하는 경향이 있다.

② 학교교육과정의 정상적 운영 범위 안에서 연구자의 능력에 따라 수행된다.

③ 연구주제는 주로 학교 현장에서 교사들이 접촉하는 범위에 국한된다.

④ 연구결과는 일반화되기 어려우며 연구대상에 국한해서 해석된다.

⑤ 일부 연구대상에게 불이익을 주는 연구가 수행될 수도 있다.

Chapter 11

연구자료 분석

연구자가 수집한 자료는 연구의 목적에 맞게 분석하여 결과를 해석하는 절차가 수반되어야 한다. 자료를 분석하는 방법에는 양적 분석과 질적 분석이 있다. 두 가지 분석 방법 중에 어느 한 방법으로 분석할 수도 있고 두 방법을 모두 동원하여 분석하는 것도 가능하다.

이 장에서는 먼저 수집된 연구자료를 분석하기 위하여 요구되는 여러 가지 척도의 종류를 살펴보고, 자료를 통계 처리하는 두 가지 방법인 기술통계와 추리통계로 구분하여 설명하고 분석한 결과를 예시하고자 한다.

1. 척도의 종류

사물이나 사람의 특성을 측정할 때 측정단위를 설정해야 한다. 측정의 단위를 척도(scale)라고 정의한다. 즉, 척도란 사물의 속성을 구체화하기 위한 측정의 단위를 의미한다. 척도의 종류에는 명명척도, 서열척도, 등간척도, 비율척도 등이 있다. 연구에서 변인을 측정할 때 어느 척도를 사용하는가에 따라 적용 가능한 통계적 분석방법이 다르기 때문에 척도의 특징을 명확하게 알고 사용해야 한다.

1) 명명척도

명명척도(nominal scale)는 사물을 구분하거나 분류하기 위하여 사용되는 척도이다. 측정대상의 속성을 이름이나 성질로서 구분할 수 있는 질적 척도를 말한다. 부여된 수치는 요소나 대상 간에 서로 다르다는 것만을 의미할 뿐 위계가 있는 것은 아니다. 명명척도로 측정된 자료는 유목에 따라 빈도를 산출할 수 있으나 산술 연산을 할 수 없다. 예컨대, 성별, 인종, 직업, 전공, 출생지, 색깔 등을 들 수 있다.

2) 서열척도

서열척도(ordinal scale)는 사물이나 사람의 상대적 서열을 표시하기 위한 척도로서, 학생들의 성적의 등위, 키 순서, 선착순 등을 들 수 있다. 서열척도의 특징은 각 수치 간 양적인 대소나 서열은 성립되지만, 서열 간의 간격이 같지 않으므로 측정단위의 간격 간의 등간성이 유지되지 않는다. 예를 들면, 1등과 2등의 점수 차이와 3등과 4등의 점수 차이를 비교했을 때 등위의 차이는 같으나 점수 차이는 다르다. 서열척도로 수집된 자료 또한 산술 연산은 불가능하다.

3) 등간척도

등간척도(interval scale)는 동간척도라고도 하며, 임의적 0점과 일정한 간격의 단위를 가진 척도이다. 등간척도는 수치가 구별성, 서열성, 동일 간격성의 의미까지 포함하고 있다. 동일한 측정단위 간격에 동일한 수적 차이를 부여하는 척도이다. 온도와 검사 점수를 예로 들 수 있다. 0℃는 온도가 전혀 없음을 뜻하는 것이 아니며 물이 어는점이라고 임의적으로 협약한 임의 영점이라 한다. 등간척도의 측정치는 숫자상의 차이와 실제의 차이가 일치하지만 절대 0점이 없으며 측정단위의 동간성이 유지된다. 등간척도로 수집된 자료는 덧셈이나 뺄셈은 가능하나 곱셈과 나눗셈은 원칙적으로 성립되지 않는다. 즉, 측정치들 간의 비율은 구할 수 없다.

4) 비율척도

비율척도(ratio scale)는 측정대상의 속성을 숫자로 표현하며, 절대영점과 임의의 측정단위로 구성하고, 동간성이 유지되는 척도를 말한다. 비율척도는 구별성, 서열성, 동간성과 함께 절대영점의 의미를 지니고 있다. 예컨대 키, 몸무게, 시간 등의 변수를 측정하는 척도이다. 덧셈법칙과 곱셈법칙이 모두 성립한다.

무게를 예로 들면 5g과 10g 간의 차이는 15g과 20g 간의 차이와 같아서 동간성이 유지된다. 0g은 아무것도 없음을 의미하여 절대영점이 있으며 무게의 단위로서 어떤 특정 무게를 1g으로 협약하였으므로 1g은 임의의 단위이다. 그리고 10g은 5g의 두 배를 의미한다. 비율척도로 수집된 자료는 사칙연산의 적용이 가능하다.

이상에서 살펴본 네 가지 척도 중에서 명명척도가 가장 적은 정보를 포함하고 있고 비율척도가 가장 많은 정보를 포함하고 있다. 네 가지 측정수준이 포함하고 있는 정보를 서로 비교하면 **표 11-1**과 같다.

표 11-1 ▸ 척도가 포함하고 있는 정보의 비교

척도 / 정보	명명척도	서열척도	등간척도	비율척도
구별성	○	○	○	○
서열성	×	○	○	○
동간성	×	×	○	○
절대영점	×	×	×	○

2. 기술통계

수집된 자료를 처리하는 통계방법은 기술통계(descriptive statistics)와 추리통계(inferential statistics)로 대별된다. 기술통계는 연구자가 수집된 자료를 정리하고 요약하여 자료의 특성을 쉽고 편리하게 서술하려는 통계적 기법이다. 추리통계는 수집된 표본의 자료를 사용하여 모집단의 현상이나 특징을 추정, 예견, 일반화하려는 통계적 기법을 말한다. 기술통계는 어떤 현상을 수치로 나타낸 자료를 수집하여 체계적으로 요약하고 정리하여 자료에 대한 전반적 특성을 파악하는 데 사용된다. 여기에서는 기술통계로 여러 가지 방법이 사용되고 있지만 빈도분포, 집중경향치, 변산도, 표준점수, 상관계수를 간단하게 설명한다.

1) 빈도분포

빈도분포(frequency distribution)는 연구에서 수집된 자료의 전체적인 분포를 쉽게 파악하기 위하여 측정치를 크기의 순서 혹은 질적 유목에 따라 나열한 다음 각 측정치에 해당하는 대상의 수를 빈도로 나타낸 것을 말한다. 빈도분포표는 적당한 크기의 급간(점수대)으로 묶어 그 점수대에 있는 점수를 받은 인원 수를 헤아려 만든 표를 말한다. 이 표를 시각적으로 표시한 그림이 그래프이다. 그래프는 자료가 지닌 속성을 왜곡하지 않고 독자에게 쉽고 빠르게 제시하는 장점을 갖고 있다.

일반적으로 독립변수와 종속변수가 있는 자료를 그래프로 표시할 경우에 X축에는 독립변수를 Y축에는 종속변수를 각각 일정한 단위로 나누어 표시한다. 그래프의 종류는 막대그래프, 선그래프, 히스토그램, 절선도표, 누가백분율표 등이 있다.

빈도분포 분석 예시

[분석 결과]
다면평가제 도입에 대한 유치원 교원의 직위별 찬반 의견을 조사한 결과는 다음 표 11-2에 제시되어 있다.

표 11-2 다면평가제 도입에 대한 유치원 교원 직위별 반응

반 응 / 직위별	찬성 빈도(%)	반대 빈도(%)	모르겠다 빈도(%)
교사(N=55)	31(56.4)	23(41.8)	1(1.8)
원감(N=43)	5(11.6)	37(86.0)	1(2.3)
원장(N=54)	18(33.3)	32(50.3)	4(7.4)
전체(N=152)	54(35.5)	92(60.5)	6(3.9)

[해석] 표 11-2에 제시된 바와 같이 전체 응답자의 60.5%가 다면평가제의 도입을 반대한다고 응답하였고, 전체의 35.5%는 다면평가제의 도입을 찬성한다고 반응하였으며, 3.9%만이 모르겠다고 응답하였다.

2) 집중경향치

집중경향치(central tendency)는 어떤 빈도분포에 있는 득점을 하나의 수치로 설명할 수 있는 가장 대표적인 수치를 말한다. 집중경향을 나타내는 지수에는 최빈치, 중앙치, 평균이 있다.

(1) 최빈치

최빈치(mode)는 집중경향치를 나타내는 방법 중 가장 간단한 방법으로 빈도분포에서 빈도가 가장 많은 점수 또는 급간의 중앙치를 뜻한다. 최빈치는 어떤 분포에서 가장 많이 나타나는 점수를 가리킨다. 최빈치는 명명척도 자료일 때 분포의 대푯값으로 용이하게 사용된다. 또한 집중경향치를 가장 빨리 알고 싶을 때와 가장 흔하게 일어나는 경우만 알고 싶을 때 사용할 수 있다.

(2) 중앙치

중앙치(median)는 빈도분포에서 총 사례수의 중간(N/2)에 해당하는 자가 받은 점수를 말한다. 중앙치는 가장 작은 수부터 가장 큰 수까지 크기순으로 배열하였을 때 중앙에 위치하는 사례의 값이다. 총 사례수가 홀수이면 크기 순서로 나열한 후 중앙에 위치한 사례의 수치를 찾으면 된다. 사례수가 짝수일 경우에는 크기 순서에 의해 배열했을 때 가운데 위치하는 2개의 수를 더해서 나눈 수치가 중앙치가 된다.

(3) 평균

평균(mean)에는 산술평균, 기하평균, 조화평균이 있고 가장 널리 사용되는 산술평균이다. 평균은 빈도분포에 있는 모든 점수의 합을 총 사례수로 나눈 값을 의미한다. 평균은 중앙치나 최빈치에 비하여 가장 안정성이 있으며, 가장 흔하게 사용되는 집중경향치다. 평균은 분포 내의 모든 점수의 영향을 받으며 모든 점수의 무게 중심이라는 의미를 지니고 있다.

3) 변산도

변산도(variability)란 어떤 분포에서 측정치가 흩어져 있는 정도를 나타내는 지수를 말한다. 이는 분산도라고 부르기도 하며 자료의 집중경향치가 같다고 하더라도 자료의 분포가 넓게 또는 좁게 퍼져 있을 수 있으므로 자료의 성질을 이해하는 데 있어서 중요한 수치이다. **그림 11-1**은 평균은 같으나 변산도가 다른 분포를 나타낸 것이다.

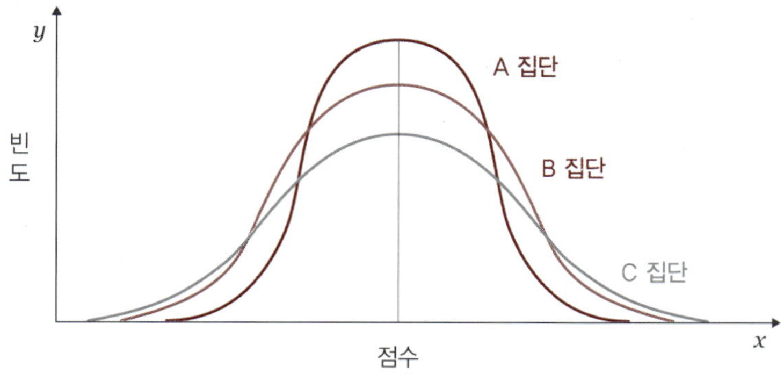

그림 11-1 동일한 평균에 대한 변산도가 다른 분포

그림 11-1과 같이 세 집단의 평균은 동일하지만 변산도가 다르다. 따라서 세 집단 가운데 A집단이 가장 동질적인 반면에, C집단이 가장 이질적이라는 사실을 알 수 있다. 변산도의 종류로는 범위, 사분편차, 표준편차 등이 있다.

(1) 범위

범위(range)는 빈도분포에서 최고점과 최하점 간의 간격을 또는 차이를 말한다. 범위란 관찰된 자료가 흩어져 있는 정도를 측정하는 방법의 하나이며, 최곳값에서 최솟값을 빼준 값이다. 범위를 R이라고 표현하면 R = 최곳값 − 최솟값 + 1로 나타낼 수 있다. '1'을 더하는 이유는 최곳값 상한계에서 최솟값 하한계까지의 거리가 범위가 되기 때문이다. 예를 들어, 2, 6, 8, 9의 네 점수가 있는 경우 범위는 R = 9 − 2 + 1 = 8이 된다. 범위의 장점은 계산하기에 간편하고 쉽게 이해할 수 있다는 것이며, 단점은 최곳값과 최솟값에 의해서만 범위가 결정되므로 그 사이에 존재하는 값들이 어느 정도 퍼져 있는지를 알 수 없다는 것이다.

(2) 사분편차

사분편차(semi-interquartile range)는 백분위(PR) = 75에 해당하는 점수에서 백분위(PR) = 25에 해당하는 점수를 뺀 점수를 2로 나눈 값을 의미한다. 사분편차란 자료들의 분포가 어떤 모양인지를 쉽게 알아보기 위한 것으로 Q라고 표시하며, 분포의 중앙 50%에 포함된 점수에만 의존한다. Q는 제1사분위와 제3사분위 사이의 거리의 1/2이며 다음과 같이 계산한다.

$$Q = \frac{Q_3 - Q_1}{2}$$

자료의 분포가 평균을 중심으로 대칭일 때는 중앙값과 같으며, Q와 중앙값과 차이가 클수록 분포는 비대칭이다. 표준편차보다 극단의 값에 덜 민감하다.

CHAPTER 11 연구자료 분석

(3) 표준편차

분산 또는 변량(variance)은 자료가 흩어져 있는 정도를 나타내며 편차 점수 제곱의 평균으로 정의된다. 분산은 한 분포에 있는 모든 개개 측정치(X_i)와 평균치(M)와의 차이를 각각 제곱해서 합한 것을 총 사례수(N)로 나눈 값을 말한다. 분산(s^2)을 계산하는 공식을 기호로 나타내면 다음과 같다.

$$s^2 = \frac{\sum (X_i - M)^2}{N}$$

평균을 중심으로 자료의 분산도(variability)를 수량화하기 위해, 쉽게 고려할 수 있는 것은 개별 점수와 평균의 차이인 편차 점수이다. 그러나 이 편차 점수의 합은 '0'이 되어, 편차 점수의 평균을 분산도의 지표로 사용할 수 없다. 대안적으로 편차 점수를 제곱한 후 이를 평균 내어 분산도를 나타내는데, 이것이 분산이다. 표준편차(standard deviation)는 분산 또는 변량의 제곱근에 해당하는 값이다. 분산은 점수가 흩어진 정도를 넓이의 개념으로 나타낸 값인 반면에, 표준편차는 점수가 흩어진 정도를 길이의 개념으로 나타낸 값으로서 두 개념은 근본적으로 같은 성질의 통계치이다. 표준편차는 개념적으로 어떤 특정 자료가 평균적으로 평균으로부터 얼마만큼 떨어져 있는지를 나타내 준다.

평균과 표준편차 분석 예시

[분석 결과]

유치원 직무 연수과정에 등록한 교사의 연령, 근무 유치원의 학급 수, 학급당 학생 수의 현황을 분석한 결과는 **표 11-3**에 제시되어 있다.

표 11-3 설립별 교사연령, 학급 수, 학급당 학생 수 현황

설 립 별	통 계 치	교사연령	학 급 수	학급당 학생수
사 립 (N=20)	평 균 표준편차	24.70 2.23	4.20 1.44	28.10 6.97
공 립 (N=20)	평 균 표준편차	34.90 4.10	1.65 1.14	23.60 6.52
전 체 (N=40)	평 균 표준편차	29.80 6.11	2.93 1.82	25.85 7.04

[해석] 표 11-3에 제시된 바와 같이 전체 유치원 교사의 연령의 평균은 29.80세이고 표준편차는 6.11세였으며, 학급 수의 평균은 2.93이고 표준편차는 1.82였다. 그리고 학급당 학생 수의 평균은 25.85명이었고 표준편차는 7.04였다.

4) 표준점수

표준점수(standard score)는 어떤 점수분포에서 평균을 중심으로 하여 원점수를 표준편차 단위로 나타낸 전환점수이다. 표준점수에는 Z점수, T점수, 스테나인 점수, IQ점수 등이 있다.

(1) Z점수

Z점수는 평균을 0, 표준편차를 1로 하는 점수이다. 계산공식은 다음과 같다.

$$Z = \frac{(원점수 - 평균)}{표준편차}$$

산출공식에 의하면, 원점수가 평균보다 크면 양수이고 평균보다 작으면 음수가 된다. 예컨대 평균이 50점이고 표준편차가 10점인 경우에 A라는 학생이 80점을 얻었다면 A학생의 Z점수는 3이 된다. B학생이 40점을 얻었다면, B학생의 Z점수는 −1이 된다. 그래서 Z점수는 대체로 평균을 0으로 하고 −3에서 +3의 범위를 갖는다.

(2) T점수

Z점수는 음수나 소수로 표현되므로 사용하는 데 불편한 점이 있다. 그래서 Z점수를 기초로 하여 평균과 표준편차를 일정하게 고정시킨 여러 가지 표준점수를 만들 수 있다. T점수는 평균을 50, 표준편차를 10으로 하여 변환한 점수이다. T점수의 계산공식은 다음과 같다.

$$T = 50 + 10Z$$

예컨대, A학생의 Z점수는 3이면 A학생의 T점수는 80점이 된다. B학생의 Z점수는 −1이면 B학생의 T점수는 40점이 된다.

(3) 스테나인 점수

스테나인(stanine) 점수는 9개 범주를 가진 표준점수로 평균을 5, 표준편차를 2로 표준화한 점수이다. 스테나인 점수는 원점수의 분포를 정상분포로 가정하고 가장 낮은 점수부터 높은 점수로 배열한 후 일정한 구간마다 점수를 부여하게 된다. 맨 아래의 4%에 1을, 그 다음 7%에 2를, 그 다음 12%에 3을, 그 다음 17%에 4를, 그 다음 20%에 5를 부여하며,

상위 4%에 만점인 9를 부여한다. 정규분포에 기초한 스테나인 점수와 그에 해당하는 Z점수와 T점수는 **그림 11-2**와 같다.

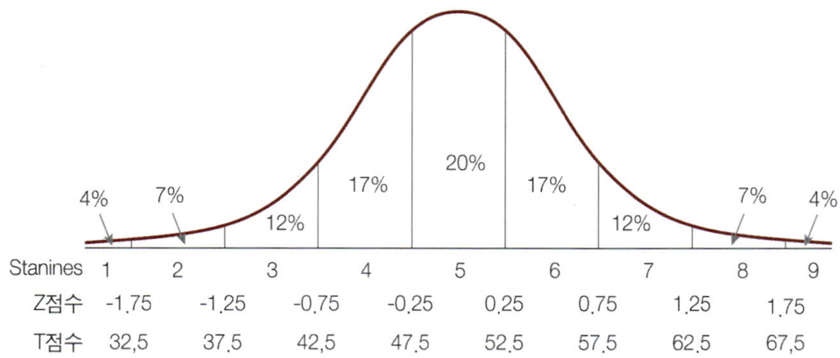

그림 11-2 스테나인 점수와 Z점수, T점수

5) 상관

상관(correlation)은 두 개의 변수 간의 관계를 의미한다. 상관 계수(correlation coefficient)는 변수 또는 측정치 간의 일치도, 공통성, 동질성의 정도를 양적으로 나타낸 지수를 의미한다. 상관은 두 변수 간의 관계를 나타내지만 두 변수가 왜 관련되어 있는가를 설명하지 않기 때문에 인과관계의 증거로 해석해서는 안 된다. 상관계수는 +1.00에서 −1.00까지의 값을 취한다. +와 −는 상관의 방향을 나타내고 0에서 1까지의 값은 상관의 강도를 나타낸다. 상관계수를 일상생활에서 사용할 경우 상관계수의 범위에 따른 언어적 표현과 해석은 다음과 같다(변창진 외, 1996).

.90~1.00	아주 상관이 높다.
.70~.90	다소 상관이 높다.
.40~.70	확실히 상관이 있다.
.20~.40	상관이 있으나 낮다.
.00~.20	상관이 거의 없다.

상관관계는 두 변수가 선형관계를 만족해야 한다는 가정과 두 변수의

분산이 같다는 가정을 기본으로 한다. 연속적인 양적 변수가 아닌 경우의 상관계수로는 등위상관계수, 양류상관계수, 양분상관계수, 파이계수 등이 있다.

3. 추리통계

추리통계는 표본의 자료를 사용해서 모집단에 대한 추론을 하는 통계인데 모수에 대한 추정과 가설검증으로 나누어 볼 수 있다. 모수의 추정에는 하나의 값을 추정하는 점추정과 신뢰구간을 함께 제시하는 구간추정이 있다. 가설검증에는 모수치에 대한 가설을 설정한 다음, 통계치가 표집 분포의 어느 위치에 있느냐에 따라 가설을 채택하기도 하고 기각하기도 한다. 일반적으로 가설검증의 단계는 다음과 같다.

① 영가설(또는 귀무가설)과 대립가설을 설정한다.

② 유의수준(α)과 기각영역을 정한다.

③ 표본자료를 수집하고 해당 통계치를 구한다.

④ 영가설을 기각영역에 비추어 평가한다.

추리통계에는 Z분포에 의한 검증, t분포에 의한 검증, F분포에 의한 검증(변량분석), χ^2분포에 의한 검증(교차분석) 등이 있다.

1) 차이 검증

(1) Z검증

Z분포에 의한 검증과 t분포에 의한 검증은 줄여서 Z검증과 t검증으로 부른다. Z검증은 정규분포를 사용하는 검증방법으로 종속변수가 양적 변수로 정규분포를 이루고 있어야 하며 모집단의 변량을 알아야 검증이 가능하다. 그리고 두 집단을 비교할 경우에 두 집단의 변량(분산)이 같아야

한다는 등분산의 가정을 충족해야 한다. 이러한 가정이 충족되면 단일 표본의 속성, 즉 표본 평균이 모집단의 평균과 동일한지 검증할 수 있으며, 두 독립 표본의 평균이 동일한지를 검증하여 두 모집단의 유사성을 검증할 수 있고, 두 종속 표본의 평균 차이를 검증하여 두 모집단의 차이를 비교할 수 있다.

(2) t검증

t검증은 표집 크기가 30 이하인 경우와 같이 소표본일 때, Z분포 대신에 t분포를 사용하는 검증방법이다. t분포는 꼭지가 하나이며 좌우대칭이고 정규분포와 거의 비슷하나 분포의 양끝은 약간 올라간 반면에 분포의 중앙부는 정규분포보다 납작한 모양을 이루고 있다. 일반적으로 표집의 크기가 크면 클수록 자유도가 커지고 t분포는 정규분포에 접근하게 된다. t분포에 의하여 얻은 통계치를 t통계치라고 한다. 이는 모집단의 표준편차(σ)를 모를 경우 모평균(μ)에 관한 가설을 검증하고 그 값을 추정할 때 사용한다. t통계치를 구하는 공식은 추정표준오차를 이용하는 것을 제외하고는 Z검증 공식과 유사하다. 두 집단의 평균 간 차이를 검증하는 t검증방법은 독립표본 t검증과 대응(종속)표본 t검증으로 구분된다. 독립표본 t검증은 표본을 추출하는 과정이 상호 독립적인 경우 두 집단 간 종속변수에 차이가 있는지를 알아보고자 할 때 사용하는 방법이다. 대응표본 t검증은 표본을 추출하는 과정이 독립적이지 않고 종속적일 경우 두 집단 간 종속변수에 차이가 있는지를 알아보고자 할 때 사용하는 방법이다. 여기서 두 집단이 종속적이라는 것은 추출된 표본의 모집단들이 서로 관계가 있음을 뜻한다. 예컨대, 남녀표본을 부부 모집단이나 남매 모집단에서 추출할 경우가 대표적인 예시이다. 또한 동일한 집단에게 사전검사와 사후검사를 실시할 경우 두 집단은 독립적이지 않고 서로 종속되어 있는 예시이다.

독립표본 t검증 분석 예시

[분석 결과]

두 독립표본 t검증 방법을 사용한 예는 다음 **표 11-4**와 같다.

표 11-4 ▸ 설립별 교사의 컴퓨터 사용횟수와 시간 분석 결과

구분	설립별	N	평균	표준편차	t(p)
사용횟수	사립	20	1.00	1.21	.593(.557)
	공립	20	1.20	0.89	
	계	40	1.10	1.06	
사용시간	사립	20	5.75	6.34	2.364(.023)
	공립	20	9.75	4.13	
	계	40	7.75	5.66	

[해석] 표 11-4에 제시된 바와 같이 컴퓨터 사용 횟수에서 사립 유치원 교사와 공립 유치원교사 간의 차이는 통계적으로 유의하지 않은 것으로 나타났으나, 사용시간에서는 두 집단 간의 차이는 통계적으로 유의한 것으로 드러났다. 따라서 공립 유치원 교사들이 사립 유치원 교사들보다 컴퓨터를 사용한 시간이 더 많은 것으로 해석할 수 있다.

2) 변량(분산)분석 방법

독립변수와 종속변수 간의 인과관계를 밝히는 데 두 개의 평균을 비교할 경우에는 Z검증이나 t검증방법을 사용하면 된다. 3개 이상의 평균을 비교할 경우에는 F분포에 의한 검증방법(변량분석)을 사용해야 한다. 3개 집단 이상의 표본 평균을 비교하기 위해서는 집단 간의 변량(between group variance)과 집단 내의 변량(within group variance)을 비교하는 변량분석(analysis of variance, ANOVA) 방법을 사용한다. 종속변수가 하나일 경우에는 ANOVA를 사용하나 종속변수가 2개 이상일 경우에는 중다변량분석(multivariate analysis of variance, MANOVA) 방법을 사용하면 된다.

동일한 수준의 중학생 3개 학급에 각기 다른 3가지 교수방법을 각각

처치하여 각 학급의 성취도가 다른 결과를 얻었을 때, 교수방법은 독립변수이고 성취도는 종속변수이다. 여기서 3개 집단 간의 차이에 따른 변량이 있고 집단 내에서 학생 간의 변량이 발생할 수 있다. 즉, 실험으로 인한 종속변수의 총 변량은 처치에 의한 집단 간의 변량과 집단 내에서의 개인차인 집단 내의 변량으로 양분될 수 있다. 만약 처치의 효과가 있을 경우에 3개 집단의 평균은 서로 달라서 집단 간의 변량이 커질 것이고 집단 간의 효과가 없다면 집단 간의 차이가 없어서 변량이 작을 것이다. 다시 말하면, 실험하기 전에 3개 학급의 평균이 같았으나 처치를 가한 후에 처치의 효과가 컸다면 실험 후에 집단 간의 차이는 클 것이고 집단 간의 평균 차이는 유의하게 다르게 될 것이다. 이와 반대로 처치의 효과가 없어서 변량이 0에 가까우면 결국 F비(ratio)는 1에 근접하게 되어 집단 간의 평균은 유의한 차이를 보이지 못하게 된다.

변량분석방법 분석 예시

[분석 결과]

참고로 일원변량분석 결과를 제시하면 **표 11-5**와 같다.

표 11-5 교원 직위별 직무연수 참가횟수 현황

통계치 / 직위별	사례수	평균	표준편차	F(p)	다중비교
교사	191	3.72	1.70		교사 > 원감
원감	72	2.88	1.71	22.402	교사 > 원장
원장	106	2.48	1.27	(.000)	
전체	369	3.20	1.68		

[해석] 표 11-5에 의하면 교원 직위별 직무연수 참가횟수에서 통계적으로 유의한 차이가 있는 것으로 분석되었다. 세 집단 간의 평균을 다중비교한 결과에 의하면 교사가 원감과 원장에 비하여 직무연수에 참가한 횟수가 더 많은 것으로 나타났다. 이 결과에 의하면 유치원 교사집단이 원감집단과 원장집단보다 직무연수에 더 많이 참여하고 있다고 해석할 수 있다.

3) χ^2분포에 의한 검증(교차분석)

χ는 그리스 글자 '카이'(chi)로 명명된다. 이 검증은 두 변수가 명명척도이거나 서열척도인 질적 자료일 때 주로 사용되는 분석방법이다. χ^2분포에 의한 검증은 표본에서 나온 질적 자료가 이론적으로 기대되는 분포와 어느 정도 일치하는지를 판단하는 데 사용되는 통계적 방법이다. χ^2분포에 따르는 통계량을 사용하여 측정값과 기대값 사이의 일치성을 검증한다. 통계량은 관측값을 O_i, 기대값을 E_i라 할 때, $\sum(O_i - E_i)/E_i$로 계산된다.

χ^2검증은 두 질적 자료의 동질성 연구와 상관성 연구로 구분된다. 동질성 연구는 여러 모집단으로부터 각각의 표본을 추출하여 각 모집단의 속성이 어느 정도 유사한가를 검증하는 데 목적이 있으며, 상관성 연구는 한 모집단으로부터 하나의 표본이 추출되어 추출된 표본의 각기 다른 두 수준을 가지고 있는 두 질적 변수의 상관관계를 검증하는 방법이다(성태제, 1995). 동질성 연구와 상관성 연구 모두 질적 변수를 측정하고 있다는 점에서 차이가 없다. 그러나 동질성 연구는 연구 목적상 여러 개의 모집단으로부터 각각의 표본이 추출되는 반면에, 상관성 연구는 한 모집단으로부터 하나의 표본이 추출되어 χ^2검증을 실시하는 점에서 다르다. 또한 χ^2검증을 실시하는 방법은 같으나 연구의 결론은 다르다. 즉, 동질성 연구는 두 변수가 추출된 두 집단 간의 반응의 차이 여부를 검증하며 상관성 연구는 한 집단으로부터 추출된 두 변수 간의 상관성 여부를 검증한다.

교차분석방법 분석 예시

[설문 예시]

1. 유치원에서 유아평가에 대한 교사의 자율성이 확보되어 있다고 생각하십니까?
1) 그렇지 않다　2) 그저 그렇다　3) 그렇다

[분석 결과]

유치원 교사의 평가 자율성 확보에 대한 유치원 행정가의 직위별과 경력별 집단 간의 의견 차이를 분석한 결과는 표 11-6과 같다.

표 11-6 평가 자율성 확보에 대한 유치원 행정가의 인식 조사 결과

변인		사례수	긍정 빈도(%)	중립 빈도(%)	부정 빈도(%)	χ^2(p)
직위	장학사	142	73(51.4)	47(33.1)	22(15.5)	4.375 (.112)
	원장	178	88(49.4)	74(41.6)	16(9.0)	
경력	저	69	34(49.3)	20(29.0)	15(21.7)	10.857 (.028)
	중	171	82(48.0)	71(41.5)	18(10.5)	
	고	80	45(56.3)	30(37.5)	5(6.3)	
전체		320(100)	161(50.3)	121(37.8)	38(11.9)	

[해석] 표 11-6에 의하면 유치원 교사의 평가 자율성 확보에 대한 유치원 행정가의 의견은 전체적으로 50.3%가 긍정적인 반응을 보였으며, 37.8%는 중립적인 반응을, 11.9%가 부정적인 반응을 보인 것으로 나타났다. 직위별 집단 간의 의견 차이는 유의하지 않은 반면에, 경력별 집단 간의 차이는 유의한 것으로 분석되었다. 경력이 높은 유치원 행정가가 경력이 낮은 행정가보다 교사의 평가 자율성이 확보되어 있다고 더 긍정적으로 반응한 것으로 분석되었다.

4) 회귀분석

회귀분석(regression analysis)은 독립변수와 종속변수의 관계를 나타내는 회귀방정식의 추정, 그에 의한 종속변수값의 예측, 이런 과정에 관련된 검증을 포함하는 통계방법이다. 회귀방정식은 종속변수가 독립(예측) 변수들에 회귀되면서 추정된다. 회귀는 주어진 종속변수의 값을 예측해 줄 좋은 예측변수를 찾아가는 작업을 의미한다. 두 변수 X와 Y 간의 상관이 존재한다면 X가 변할 때 Y가 변하는 정도를 설명하는 일차함수를 다음과 같이 표현할 수 있다.

$$Y = aX + b$$

a는 X가 변할 때 Y가 변하는 정도를 나타내는 일차함수의 기울기이며 b는 X가 0일 때 Y값을 설명하는 절편이다. 이 일차함수를 회귀방정식이라 부른다. 여기서 X(독립변수)의 값을 주면 Y(종속변수)의 값을 추정할 수 있도록 기울기(a)와 절편(b)을 구하는 통계적 절차를 회귀분석이라 한다. 회귀분석은 종속변수가 양적변수이고 독립변수는 양적 혹은 질적 변수일 때 사용이 가능하다. 만약 독립변수가 하나면 단순회귀분석이라 하고, 독립변수가 다수일 경우에는 중다회귀분석이라고 한다.

예컨대, 아동의 여러 가지 변수(성, 스트레스, 자아존중감 등) 중 스트레스가 유아의 공격행동에 얼마나 설명력이 있는지를 알아보기 위해서는 단순회귀분석을 사용한다. 아동의 성, 스트레스, 자아존중감 등이 유아의 공격행동에 얼마나 설명력이 있는지를 알아보고자 할 때는 중다회귀분석을 사용해야 한다.

Chapter 12

연구계획서와 보고서

연구계획서란 연구자가 연구를 어떻게 진행할 것인가를 구체적으로 서술해 놓은 설계도이다. 또한 연구자는 연구의 내용과 결과를 정확하게 전달하는 연구보고서를 작성해야 한다.

이 장에서는 연구계획서의 중요성과 작성요령을 제시한다. 연구보고서를 작성하는 기본형식과 작성방법을 간단히 설명한다. 논문의 출판양식과 참고문헌을 작성하는 방법을 소개한다. 마지막으로 연구논문이나 보고서를 평가하는 기준을 살펴보고자 한다.

1. 연구계획서의 작성

1) 연구계획서의 중요성

연구주제가 선정되고 주제에 대한 선행연구의 문헌을 탐색하여 연구문제가 구체화되고 이 문제에 대한 해답을 찾기 위한 연구를 본격적으로 수행하기 위해서 사전에 면밀한 연구계획서를 작성하는 것이 필요하다. 연구계획서는 연구자 자신의 연구를 수행하기 위해서 필요하고, 다른 목적에서도 필요하다. 학위논문의 경우 지도교수나 논문심사위원의 검증을 받기 위해 연구계획서가 필요하다. 또한 연구자가 정부나 연구 의뢰기관으로부터 연구비를 수주하기 위해 공개 경쟁할 경우에 연구계획서를 제출해야 한다. 따라서 연구자는 효과적인 연구계획서를 작성하는 기술을 습득해야 한다. 성태제(2016)는 연구계획서를 작성함으로써 얻는 이점을 다음 두 가지로 요약하고 있다. 첫째, 설정된 주제에 대한 구체적 연구절차나 방법을 체계화할 수 있으며, 연구실행이 용이하도록 생각을 발전시킬 수 있다. 둘째, 지도교수나 지도위원, 그리고 다른 전문가들로부터 조언이나 제안을 들을 수 있다. 연구의 방향에 대하여 전문가의 견해를 들음으로써 연구자가 미처 생각하지 못했던 연구의 제한점이 될 수 있는 문제들을 사전에 제거할 수 있다.

김석우 외(2015)는 연구계획서의 중요성을 세 가지 기능으로 제시하고 있다.

첫째, 연구계획서는 의사소통의 기능을 가진다. 학생들의 경우 지도교수나 다른 논문 지원인사들로부터 연구에 대한 의견이나 조언을 얻는다. 이때 연구계획서는 구체적인 자문을 얻는 데 필요한 자료가 된다. 구체적이고 명백한 연구계획서 없이는 다른 사람들로부터 연구에 대한 구체적인 조언을 얻을 수 없다.

둘째, 연구계획서를 통한 체계적인 점검은 연구의 과정에서 야기될 수 있는 문제들을 미리 검토해 볼 수 있는 기회를 제공한다. 석사논문이나 박사논문에서는 학문의 과학적 탐구방법이 중요하므로 연구에 사용된

방법, 연구과정의 객관성, 정확성 등이 더욱 중요시된다. 따라서 이러한 과정을 검토해 볼 수 있게 하는 작업이 연구계획서이다.

셋째, 연구계획서는 연구를 사전에 승인받기 위한 하나의 문서가 된다. 논문지도교수 또는 논문지도위원들이 연구계획서를 승인한다는 것은 연구자의 연구를 승인하는 것이다. 이것은 연구에 대한 승인을 서류상으로 표기해 둔다는 행정적 의미도 있지만, 연구자의 입장에서 보면 연구의 내용을 확정하는 것이 된다. 이처럼 승인을 받는다는 것은 연구의 객관성을 높여 준다.

일반적으로 연구계획서는 잠정적인 계획이다. 그 이유는 연구자의 문헌 연구가 아직 끝나지 않았고, 이러한 추가적인 문헌 연구를 통해 연구계획을 어느 정도 수정하거나 변경할 수도 있기 때문이다. 연구를 계획하기 위해 연구자는 잠정적으로 연구문제를 규정해 놓아야 한다. 그리고 연구문제에 관련된 이론서들과 기존의 선행연구물을 철저하게 섭렵해야 한다. 또 교육연구 과정에 대한 충분한 기초적인 지식도 숙지하고 있어야 한다.

2) 연구계획서의 양식

연구계획서에는 연구제목, 서론, 이론적 배경, 연구방법, 기대되는 결과, 연구일정 및 비용, 참고문헌 등이 포함된다. 이러한 연구계획서의 구성요소는 연구의 유형이나 학위논문의 여부에 따라 다소 차이가 있을 수 있다. 적어도 연구계획서에는 연구의 목적과 필요성을 진술하는 서론 부분, 연구의 이론적이거나 경험적 근거를 제시하는 이론적 배경 부분, 그리고 연구대상, 측정도구, 연구절차를 기술하는 연구방법 부분 등은 포함되어야 한다.

연구논문을 요구하는 기관에 따라 연구계획서의 양식은 다양하게 작성되고 있다. 현장교육연구의 경우 논문을 모집하는 기관에 따라서 요구하는 연구실행의 접근방법이나 논문의 체제 및 내용에 있어 큰 차이가 있다(조주행, 1998). 한국교총에 논문을 내려면 순수하게 현장교육연구 논문을 내야 한다. 그러나 서울특별시교육청에서 시행하는 인성실천사례 연구발표대회 보고서는 연구논문이라기보다는 직접 학생을 대상으로 실시한 인성교육 프로그램 운영의 실천 사례나 특정 학생을 대상으로 한 사례연구 형식의 보고서라야 한다. 연구계획서에 포함시켜야 할 구성요소를 요약하면 **표 12-1**과 같다.

표 12-1 ▸▸ 연구계획서의 구성요소

구분	요소
제목 페이지	• 제목, 저자, 소속
서론	• 연구의 목적과 필요성 • 구체적 연구문제 및 가설 진술 • 용어의 정의(필요한 경우) • 연구의 범위 또는 제한점
이론적 배경	• 연구의 이론적 또는 경험적 근거
연구방법	• 연구대상 • 측정도구 • 연구절차 • 자료분석 방법
기대되는 결과	• 예상되는 결과와 활용도
참고문헌	• 참고문헌
연구진행계획	• 연구추진 일정 • 소요 경비

연구계획서는 학위논문 계획서와 현장교육연구 계획서로 구분할 수 있다(나승일, 2002).

(1) 학위 논문 계획서

대학에서 일정한 과정을 이수하고, 종합시험을 거친 후 학위 취득을 위해 작성하는 연구 계획서이다. 학위 논문 계획서의 양식은 대학마다 다양하지만, 일반적인 목차를 제시하면 다음과 같다.

Ⅰ. 서론
1. 연구의 필요성
2. 연구의 목적/연구문제/연구 가설
3. 용어의 정의
4. 연구의 제한

Ⅱ. 이론적 배경
1. 이론 고찰
2. 관련 선행연구
3. 수행연구의 개념적 모형/분석틀

Ⅲ. 연구의 방법
1. 연구설계
2. 연구의 대상
3. 연구도구
4. 자료수집
5. 자료분석

참고문헌
부록

(2) 현장교육연구의 계획서

교육현장의 제반 문제점을 개선하기 위하여 교육실천가(교사, 교육전문직 등)들이 수행하는 현장교육연구를 위한 계획서이다. 대체로 논문의 구성요소가 일정하지 않고, 형식적 구애가 적다. 일반적인 목차는 다음과 같다.

Ⅰ. 서론
1. 연구의 필요성
2. 연구의 목적
3. 연구문제
4. 용어의 정의
5. 연구의 범위 및 제한

Ⅱ. 이론적 배경 및 선행연구 고찰

1. 관련이론 고찰
2. 선행연구 분석
3. 문헌을 통한 논의

Ⅲ. **연구의 설계**
1. 연구의 대상
2. 연구의 기간
3. 연구추진절차
4. 연구의 방법

Ⅳ. **실태분석 및 실행중점**
1. 실태분석
2. 실행목표(중점)

Ⅴ. **연구의 실제**
1. 실행목표(중점) 1의 실천 계획
2. 실행목표(중점) 2의 실천 계획
3. 실행목표(중점) 3의 실천 계획

Ⅵ. **검증계획 및 방법**
Ⅶ. **기대되는 효과**

참고문헌
부록

3) 연구계획서 작성 요령

연구계획서의 종류에 따라서 연구의 목적, 보고서의 체제가 다소 달라질 수 있다. 여기에서는 학위논문과 현장교육연구의 계획서를 조합한 형태를 취하기로 한다. 연구계획서는 표지 부분과 본문 부분으로 구분할 수 있다. 표지 부분에는 제목과 목차로 구성되어 있다. 제목은 간결하게 표현하되 독립변수와 종속변수가 포함되도록 진술해야 한다. 목차는 연구의 전체 모습을 일목요연하게 나타낸다. 연구계획서는 연구를 앞으로 진행하기 위하여 수립한 절차를 기록한 것이기 때문에 주로 미래형으로 서술한다. 연구보고서는 연구계획서에서 진술된 미래형을 과거형으로 고쳐서 서술해야 한다.

(1) 서론

① 연구의 필요성과 목적

서론은 논문의 도입 부분으로서 연구의 필요성을 설명한 다음에 연구의 목적을 기술한다. 연구의 전체적인 윤곽과 그 방향을 이해하기 쉽게 진술해야 한다. 연구자는 관련된 연구논문과 문헌을 철저하게 조사하여 연구문제의 가치를 언급할 뿐만 아니라 궁극적으로 학문발전과 교육현장 개선에 기여할 수 있다는 점을 제시한다. 연구목적은 논리적으로 추론하여 제시하는 것이 좋다. 또한 연구목적의 진술과 더불어 연구에서 구체적으로 달성하려는 목표를 설명한다.

② 연구문제와 가설 진술

연구문제는 의문문 형식으로 명확하고 분명하게 진술해야 한다. 연구문제의 진술은 연구가설과 논리적으로 연관되어야 한다. 독립변수와 종속변수의 관계가 있는 연구문제의 경우는 독립변수를 먼저 진술하고 종속변수를 나중에 진술하는 것이 일반적이다.

연구가설은 긍정문 형식으로 분명하고 정확하며 이해될 수 있는 말로 서술되어야 한다. 연구문제와 연구가설은 일관성이 있어야 하고, 연구하고자 하는 변수들 사이의 관계를 명확하게 명시해야 한다. 연구문제와 가설의 예시는 다음과 같다.

예시 1 협동학습방법이 아동의 사회성 발달에 미치는 효과

> 연구문제: 협동학습방법이 아동의 사회성 발달에 영향을 미치는가?
> 가설: 협동학습방법이 아동의 사회성 발달에 영향을 미칠 것이다.

예시 2 중학교 학생들의 학업 성취와 자아개념 간의 관계

> 연구문제: 중학교 학생의 학업성취와 자아개념 간에는 높은 상관이 있는가?
> 가설: 중학교 학생의 학업성취와 자아개념 간에는 정적인 상관이 있다.

③ 용어의 정의

연구에서 용어가 애매하거나 다양하게 사용되는 경우에 분명하게 정의해야 한다. 유아교육이나 교육 등과 같이 의미가 분명하고 일반적으로 잘 알려져 있는 용어는 특별히 정의할 필요는 없다. 예컨대, 지능과 같은 용어는 일반적으로 사용하고 있지만 학자마다 그 정의가 조금씩 다르고 논란의 여지가 있는 용어는 조작적 정의를 사용해야 한다. 조작적 정의란 개념의 속성이 나타나고 그것을 측정할 수 있는 조건을 정의 속에 진술하는 방식을 말한다. 예컨대 이 연구에서 "지능이란 카우프만 지능검사를 실시하여 아동이 획득한 점수이다"라고 조작적 정의를 내릴 수 있다(문수백, 2003).

예시 3 동화중심 수학학습이 유아의 패턴인식능력에 미치는 효과

> 용어의 정의: 패턴인식능력은 여러 사물의 관계를 파악하고 관련된 특성을 찾아내며 이를 일반화시키고 예측하는 능력을 말한다.

④ 연구의 제한점

연구자는 연구의 범위를 어느 집단, 어느 변수를 대상으로 규정하는지를 분명히 밝힌다. 연구를 진행하는 데 있어서 연구자 자신이 지닌 한계를 명시하는 것이 되므로 후속연구를 위한 지침이 될 수 있다.

예시 4 동화중심 수학학습이 유아의 패턴인식능력에 미치는 효과

> 본 연구는 다음과 같은 몇 가지 제한점이 있다.
> 1) 본 연구는 연구대상 유아 수가 적고, 농어촌 지역으로 한정 조사되어 타 지역 유아에게 수행했을 때와 결과의 차이를 보일 수 있다.
> 2) 만 4.5세 혼합반을 대상으로 한 실험연구이므로 연령이 같은 유아 집단에게 수행했을 때와는 결과의 차이를 보일 수 있다.

(2) 이론적 배경

이론적 배경은 연구의 골격을 이루는 중요한 문헌을 인용하면서 연구의 이론적 기반을 세우는 부분이다. 연구계획서는 연구를 완료한 상태가 아니므로 연구의 중심이 되는 몇 편의 중요 논문만을 인용하여 연구의 중심내용을 전달하면 된다. 가능하면 최근에 발표된 논문을 참고하는 것이 좋다. 연구의 중심내용은 기초적인 내용부터 서술하고 보다 전문적인 내용을 그 다음에 서술하고 마지막으로 최신의 연구동향을 소개하는 것이 바람직하다.

일반적 원칙은 객관적 보고를 해야 한다. 그러므로 연구자의 의견이 포함되어서는 안 된다. 이론적 배경 부분을 작성할 경우에는 관련 이론 고찰 부분, 선행연구 분석 부분, 연구자의 결론 부분으로 구분하여 구성하는 것이 좋다.

먼저 관련 이론 고찰 부분에서는 연구문제 관련 주요 개념과 이론에 대한 다양한 기초 이론을 언급하고, 관련 조사도구에 대한 기본적 자료를 소개하며, 연구자의 종합적 개념 정의를 서술한다.

선행연구 분석 부분에서는 관련 이론과 연구문제와 관련한 선행연구에서 밝혀진 결과를 제시하고, 선행연구를 참고할 때 선행연구의 결과, 결론 혹은 시사점을 분명하게 밝혀야 한다. 특히 선행연구와 계획된 연구 간의 일치정도를 독자에게 충분히 보고할 필요가 있다. 고찰한 선행연구가 본 연구에 직접적으로 어떻게 관련되는지를 밝힌다. 선행연구 결과 간의 불일치한 부분을 제시한다.

문헌연구를 통한 연구자의 결론 부분에서는 문헌고찰을 통해 얻어진 연구자의 잠정적 결론과 문제의 해결책을 제시한다. 문헌고찰의 결과를 종합하여 그림이나 이론적 개념적 모형을 제시하는 것도 좋다.

(3) 연구방법

연구방법은 연구를 실시하는 세부절차를 기록하는 부분이므로 구체적이고 상세하게 서술하는 것이 좋다. 연구방법에는 연구대상, 연구설계,

측정도구, 연구절차, 자료분석에 대한 내용을 기술한다.

① 연구대상

아동연구에서 연구대상은 연구에 참여하는 사람들로서 연구결과에 결정적인 역할을 한다. 연구의 유형에 따라 연구대상을 선정하는 방법은 달라진다. 조사연구를 할 때는 모집단에서 연구대상을 추출하는 방법을 상세히 설명해야 한다. 조사연구의 타당성은 일반화 가능성에 달려 있다. 일반화는 모집단의 성질을 대표하는 표본을 추출하는 것과 관련이 있다. 연구 시에 현실적으로 모집단을 대표하는 표본을 추출하는 데 어려움이 있어서 표집의 타당성에 한계가 있을지라도 표집절차를 상세하게 설명해 주는 것이 연구자의 기본 자세이다.

이어서 연구대상의 신상 정보를 상세히 기술해야 한다. 예컨대, 성별, 나이, 직업, 학력 등의 개인 신상 정보뿐만 아니라 연구에서 관심을 두고 있는 연구대상들의 속성, 즉 변수의 특성에 대해서도 기술해야 한다.

예시 5 예비유아교사의 자아개념과 역할인식의 변화에 미치는 영향

> 본 연구는 서울, 경기, 충북 지역 전문대학의 유아교육과에 재학 중인 예비유아교사 300명을 대상으로 실시할 것이다.

② 측정도구

연구의 자료를 수집하기 위해서는 연구대상의 속성을 측정하는 측정도구가 필요하다. 아동연구에서는 인간의 비가시적이고 잠재적 특성을 측정하기 때문에 직접 측정이 불가능하다. 그 대신에 검사나 설문지를 사용하여 인간의 특성을 측정한다. 검사를 사용할 경우에 검사의 이름, 검사의 목적, 특성, 문항 수, 타당도와 신뢰도 등의 정보를 상세히 서술해야 한다. 설문지를 사용할 경우에 설문지의 목적, 설문지의 구성, 설문지를 통해서 측정하려는 내용, 설문지의 특징을 기술해야 한다.

예시 6 아동용 컴퓨터 태도 검사

> 연구자가 직접 아동용 컴퓨터 태도 검사를 개발할 것이다. 연구자는 Yuen(1984), Gressard와 Lyod(1985), Kay(1989) 등의 연구에서 사용된 컴퓨터 태도검사를 기초로 우리나라 실정에 맞게 번안 및 개작할 것이다. 매우 불찬성에서 매우 찬성까지 5점 리커트척도의 총 30문항으로 구성될 것이다. ……
> 각 조사도구의 내용타당도는 전문가위원회를 통해 검증할 것이다. 전문가 위원회는 2명의 측정 전문가, 2명의 내용 전문가, 2명의 유아교사로 구성할 것이다. 전문가위원회의 자문을 통해 조사도구의 문장을 수정하고 예비조사를 실시할 것이다.

③ 연구절차

연구절차에서는 연구대상이 선정된 후 연구결과를 얻기 전까지 일어나는 모든 연구행위를 단계적으로 기술해야 한다. 조사연구의 경우 표집방법이 결정되었다면 어떤 방법으로 연구를 실시할 것인지를 설명해야 한다. 설문지 조사를 할 것인지, 면접법으로 연구를 할 것인지를 결정해야 한다. 설문지를 사용할 경우 언제, 어떤 방법으로 연구대상에게 발송하고 회수하며, 설문을 회수한 후에 어떤 절차에 따라 자료를 분석할 것인지를 기술해야 한다.

예시 7 초등학교 병설 유치원교사의 직무만족도 조사

> 자료의 우편조사와 ○○년 초등학교 병설유치원 현황을 통해 수집할 것이다. 자료수집은 ○○년 ○월에 수행할 것이다. 첫 질문지는 ○○년 ○월 ○일경에 발송할 것이고, 응답 독촉문은 1주일 후에 발송할 것이다. 발송내용으로는 연구목적을 적은 표지, 협조공문, 반송용 봉투과 함께 질문지와 협조문 등이 있다. 자료 수집 마감일은 ○○년 ○월 ○일 까지로 할 것이다. 회수된 질문지는 일련번호를 매겨서 불성실 응답자를 제외한 질문지를 최종 자료분석에 이용할 것이다.

④ 자료분석 방법

각 연구가설에 대한 해답을 얻기 위해 어떤 자료분석 방법을 사용해야 할 것인지를 결정해야 한다. 자료분석 방법은 기초 통계를 사용할 수도 있고 추리통계를 사용할 수도 있다. 연구계획서에 자료분석 방법을 제시

하여 분석방법이 타당한지의 여부를 지도교수나 전문가의 확인을 받을 필요가 있다.

예시 8 컴퓨터 활동과 블록활동이 유아의 공간인식능력과 사회적 능력에 미치는 효과

> 수집된 자료는 SPSS/PC+ 23.0 버전 프로그램을 사용하여 분석될 것이다. 유아들의 컴퓨터 활동과 블록활동이 유아의 공간인식능력과 사회적 능력에 미치는 효과를 검증하기 위하여 두 활동 집단의 공간인식 능력점수와 사회적 능력점수를 t-test를 이용하여 비교분석할 것이다. 통계치의 유의도 검증은 5% 수준으로 설정할 것이다.

(4) 연구일정과 예산

연구계획서에 기술되는 연구일정은 연구기간과 세부 연구작업에 필요한 기간을 단계별로 서술한다. 그래서 연구 추진일정을 보면 언제, 어떤 연구 작업이 진행되고 완료되는지를 알 수 있다.

연구예산은 연구자가 연구비를 부담하는 경우에 기록하지 않는 경향이 있다. 그러나 연구비를 신청하여 연구를 수행하는 경우에 대비하여 연구비 예산 부분을 서술해 보는 것이 좋다.

2. 연구보고서의 작성

1) 연구보고서의 구성요소

일반적으로 연구보고서는 제출하는 기관에서 요구하는 연구보고서의 양식에 의거하여 작성한다. 학위논문의 경우는 각 대학에서 정한 논문작성 지침에 따라 작성한다. 또한 학회마다 다소 다른 논문작성 지침을 제시하는 경우가 있다. 행동과학의 경우는 주로 미국심리학회(American Psychological Association; APA)의 양식에 따르는 것이 보통이다.

연구보고서의 종류에 따른 세부 구성요소는 **표 12-2**와 같다.

표 12-2 연구보고서의 종류에 따른 구성요소의 예시

구분 \ 종류	학위논문	현장교육연구	기관지원 연구
앞부분	겉표지 속표지 인준지 국문초록 목차 표목차 그림목차	겉표지 속표지 목차 표목차 그림목차	겉표지 속표지 머리말 목차 표목차 그림목차
본문	Ⅰ. 서론 Ⅱ. 이론적 배경 Ⅲ. 연구방법 Ⅳ. 연구결과 Ⅴ. 요약, 결론, 제언	Ⅰ. 서론 Ⅱ. 이론적 배경 Ⅲ. 연구방법 Ⅳ. 연구의 실행 Ⅴ. 연구의 검증(결과분석) Ⅵ. 결론 및 제언	Ⅰ. 서론 Ⅱ. 이론적 배경 Ⅲ. 연구방법 Ⅳ. 연구결과 Ⅴ. 요약, 결론, 제언
뒷부분	참고문헌 부록 Abstracts(영문초록)	참고문헌 부록	참고문헌 부록

2) 연구보고서 작성 요령

연구보고서의 작성은 앞에서 서술한 연구계획서의 작성 부분과 상당히 중복된다. 서론, 이론적 배경, 연구방법 부분은 그 내용을 부분적으로 수정하거나 보완하고, 연구의 결과와 논의, 결론과 제언 부분은 첨가해야 한다.

(1) 서론, 이론적 배경, 연구방법 작성

연구계획서의 서론과 이론적 배경 부분은 시제를 과거형으로 고쳐서 재진술하면 된다. 연구수행의 과정에서 수정하거나 보완할 사항이 있으면 고치면 된다. 연구방법의 경우 연구계획서보다 상세하게 기록해야 한다.

(2) 연구결과 작성

양적 연구는 체계화된 목적과 이를 구체화한 가설이 있으므로 가설에 따라 연구결과를 서술하는 것이 가장 과학적이다. 일반적으로 가설은 연구의 중요도에 따라 서술되므로 연구가설에 따라 연구결과를 서술하는 것이 바람직하다(성태제, 2016). 일반적으로 알고자 하는 속성에 대한 기술통계와 추리통계의 분석결과를 제시한다.

'연구결과와 논의' 부분에서는 '연구결과'만을 제시할 수도 있고, '연구결과 및 해석'으로 표현할 수도 있다. 연구결과 부분에서 하위목차를 설정하는 것은 연구자가 설정하고 있는 구체적인 연구문제에 따라 제시하는 것이 바람직하다. 하위목차의 예시를 제시하면 표 12-3과 같다.

표 12-3 ▸▸ 연구결과의 하위목차 예시

연구문제	연구결과 하위목차
첫째, 학생의 학업성취수준을 측정한다.	1. 학생의 학업성취수준
둘째, 학생의 학업성취수준과 관련 변인의 관계를 구명한다.	2. 학업성취수준과 관련 변인
셋째, 학생의 학업성취수준에 대한 주요변인들의 설명력을 구명한다.	3. 학업성취수준에 대한 주요변인들의 설명력

연구방법에서 자료의 분석 결과만을 객관적으로 진술하고 추론적인 해석은 논의 부분에서 다룬다. 연구결과는 주로 표를 사용하여 분석결과를 제시한다. 도표를 사용할 경우의 유의사항은 한 페이지에 하나 정도의 도표를 제시하는 것이 좋고, 다루기 힘든 표는 두 면에 걸쳐 나타내어도 좋으나 너무 긴 것은 부록으로 처리하는 것이 바람직하다. 대체로 표에서 제시된 내용을 간단히 기록하고 연구자가 설정한 유의수준에서 집단 간에 유의한 차이가 있는지를 밝힌다.

한편 질적 연구의 경우 연구결과를 서술할 때 연구 진행 중에 일어난 일들을 체계적으로 서술하는데, 시간에 따라서 서술할 수도 있고 특정 내용에 따라 서술할 수도 있다. 연구결과를 연구자가 의도하는 방향으로 서술하지 말고 객관적으로 서술하는 것이 가장 중요하다.

(3) 논의 및 결론

논의 및 결론 부분은 연구에서 얻은 결과에 기초하여 결론을 내리고 연구결과를 선행연구들과 비교하여 논의한다. 결론 부분에서는 연구를 수행하게 된 원래의 문제로 돌아가서 그 문제에 관한 한정적인 진술을 하게 된다. 즉, 연구문제에 대한 최종적인 답을 하는 것이다. 결론은 연구목적에 따라 일목요연하게 진술한다. 연구결과를 기초로 하여 보다 일반화된 진술문으로 제시한다. 그러나 연구결과와 달리 논리적으로 비약된 해석이나 일반화되지 않도록 각별히 주의해야 한다. 가능한 수식어의 표현을 삼가고 간결하고 단순한 문장으로 표현해야 한다. 결론 부분에는 연구결과에서 얻은 수치를 서술하지 않는 것이 일반적이다. 가능하면 연구보고서는 간단하고 명료하게 서술해야 한다.

논의 부분은 연구결과 해석 부분과 함께 제시할 수 있으나, 연구 결과를 토대로 하여 선행연구의 결과와 비교하여 논의하며 연구의 문제점과 연구를 진행하는 과정에서 발생한 문제점, 그로 인한 제한점을 기술한다. 논의 부분에서는 기존 선행연구들과의 공통점과 차이점을 논의한다. 특히 연구의 제한점은 형식적으로 기록하는 것이 아니라 실질적으로 연구 도중에 경험하였던 연구문제에 대한 한계점을 기술하도록 한다.

제언은 연구의 결과와 그 결론을 바탕으로 앞으로의 후속연구를 위해 연구자가 할 수 있는 하나의 제안을 말한다. 이러한 제언은 해당 논문과 관련하여 많은 연구가 나올 수 있기를 바라는 하나의 기대이며, 또 다른 연구를 자극할 수 있는 아이디어의 원천이 될 수 있다. 보통 연구상의 제한점이나 제약점을 근거로 하여 제언을 기술한다. 연구결과에 기초하지 않은 훈시적인 내용이나 정책적인 제언은 적절하지 않다.

(4) 기타

연구보고서에서 서론, 이론적 배경, 연구방법, 연구결과, 논의 및 결론

이외에도 인사말, 요약, 참고문헌, 부록 등이 있다. 인사말과 요약은 연구보고서 앞 부분에 위치한다. 연구보고서가 학위논문일 경우 논문을 완성하기까지 도와준 사람에게 인사말로 감사를 표시한다. 학회지에 게재하는 논문인 경우 연구비 지원기관이나 연구를 도와준 사람 또는 논문심사자에게 감사를 표한다.

요약은 보고서를 읽는 독자에게 편의를 제공하고 연구자 자신도 자신의 연구를 정리해 본다는 측면에서 의미를 가진다. 요약 부분에는 연구목적, 연구방법, 결과를 간략하게 진술한다. 이론적 배경에 대한 요약은 아주 짧게 하거나 생략할 수 있다. 요약 부분에는 문헌을 인용하지 않는 것이 원칙이다.

참고문헌을 기록하는 형태는 각주와 후주가 있으나 후주가 일반적이다. 각주는 인용된 문헌이 논문 해당 페이지 하단에 인용 문헌의 정보를 기록하는 형태이고, 후주는 모든 참고문헌의 내용을 논문 맨 뒤에 함께 기록하는 형태다.

3. 논문체제와 참고문헌 작성

1) 문장 서술 방법

(1) 문장의 특징

연구보고서는 문학작품과 다르게 간결하고 명확한 논리적인 언어를 사용해야 한다. 그래서 가급적 평이한 표현과 용어를 사용해야 한다. 긴 문장을 가능한 한 여러 문장으로 나누어 진술해야 한다. 또한 맞춤법, 한자, 문법 등이 정확해야 한다.

(2) 시제

연구계획서는 미래형을 사용하는 것과 달리 보고서는 과거형을 사용해야 한다. 그러나 현재형을 쓰는 경우도 있다. 예컨대, 용어를 정의하는 경우 어떤 이론을 직접 인용할 경우, 구체적인 연구 목표나 가설을 진술할 경우, 이론적 배경이나 논의 부분에서 연구자의 의견이나 주장을 할 경우 등이다. 연구보고서에서도 연구의 가설의 경우 미래형으로 기술할 때도 있다.

(3) 인칭

보고서에서 시제는 '연구자', '필자', '저자' 등 3인칭 위주로 사용해야 한다. 그래서 '나', '우리' 등의 1인칭은 삼가야 한다. 또한 겸손을 나타내는 졸저, 졸고 등의 표현도 삼가야 한다.

2) 번호체계

일반적으로 연구보고서의 본문을 기술하는 데 있어서 장, 절, 항, 목의 번호체계는 다음과 같다.

Ⅰ. ······
 1. ······
  가. ······
   1) ······
    가) ······
     (1) ······
      (가) ······
       ① ······

3) 본문 내 인용

인용(quotations)은 직접 인용과 간접 인용으로 구분된다. 직접 인용은 원문에 있는 내용을 그대로 옮기는 것이며, 간접 인용은 원문의 내용을 요약하거나 자기의 표현방식으로 바꾸는 것을 의미한다.

일반적으로 인용은 짧게 하는 것이 원칙이다. 직접 인용은 따옴표(“ ”)나 깍지표(「 」)를 사용한다. 대부분 인용문이 5행 이상일 경우에는 본문보다 조금 들어간 문단으로 처리한다. 또한 행간이나 활자 크기는 본문보다 더 작게 한다. 짧은 내용(약 40자 이하)을 인용할 경우에는 본문에 포함시켜서 큰따옴표로 인용된 부분의 양끝을 묶는다. 예를 들면, 다음과 같다.

> 연구자는 “선행연구에서 입증되었던 ‘피그말리온 효과’가 교사들이 이러한 방식으로 행동했을 때 나타났다”(Johnson, 1997, p.321)고 주장했지만, 그는 어떤 행동들이 연구되었는지는 분명하게 밝히지 않았다.

만일 40자가 초과되는 부분을 직접 인용할 경우에는 새로운 줄로 시작하여 벽돌 형태의 단락으로 처리한다.

> Johnson(1997)은 다음과 같은 점을 발견하였다. :
> 선행연구에서 입증되었던 “플라시보 효과”가 이러한 방식으로 행동이 조사되었을 때 사라지게 되었다. 더욱이, 그 행동은 다시 보이지 않았으며. . . 진짜 [sic] 약물을 나누어 주었을 때조차도 나타나지 않았다. 이로써 선행연구들은 연구 결과를 플라시보 효과의 영향을 돌리기에는 확실한 무리가 있었다.

간접 인용에는 따옴표나 깍지표를 사용하지 않으나 다른 사람의 것을 자기의 말로 표현한 것이므로 반드시 출처를 밝혀야 한다. 출처를 밝히는 방법은 각주를 다는 전통적인 방법과 미국심리학회에서 권장하는 각주를 달지 않고 주석이 꼭 필요할 경우에 후주를 사용하는 방법이 있다(APA, 1994). 각주는 본문에 인용하는 문헌이 있는 하단에 참고문헌의 정보를 기록하는 형태이다. 후주는 참고문헌의 내용을 본문의 맨 끝부분에 함께 기록하는 형태이다. 각주는 해당 참고문헌을 해당 페이지에서 직접 확인할 수 있는 장점이 있으나 서술에 번거로움이 많고 복잡한 단점이 있다. 최근의 일반적인 경향은 각주보다는 후주를 더 선호하고 있다.

윤길근(1997)은 아동의 지적 발달과정을 . . .라고 주장하였다.
윤길근(1997, p45)은 아동의 지적 발달과정을 . . .라고 주장하였다.
아동의 지적 발달과정을 . . .라고 주장하였다(윤길근, 1997).
아동의 지적 발달과정을 . . .라고 주장하였다(윤길근, 1997, p.45).
아동 상담에 관한 최근의 한 연구(윤길근, 1997)에서 . . .
김진규(1996)는 교육평가의 필요성을 강조하면서 . . . , 김진규는 또한 . . . .
선행연구들(김진규, 1999; 2001)에 의하면

4) 참고문헌 작성

참고문헌은 연구문제와 직접적으로 관련이 있는 것들만을 기록해야 한다. 국내·외의 연구물과 자료 중의 최근의 것들을 빠짐없이 수집한 것을 보여줄 수 있어야 한다. 참고문헌의 제시 방법이 정확하고 통일되어 있어야 한다. 최근의 교육학 분야의 참고문헌 제시방법은 APA 방식을 채택하고 있는 것이 일반적인 경향이다. 한국교육학회의 기관지인 '교육학연구'의 논문 작성 요령을 참고하는 것이 가장 바람직하다.

참고문헌을 정리하는 방식은 참고문헌의 종류에 따라 다소 다르다. 일반적으로 참고문헌은 국내문헌, 외국문헌 순으로 기록한다. 국내문헌은 가, 나, 다의 순서로 먼저 제시한다. 양서의 제시 순서는 저자 성의 알파벳 순으로 기록한다. 일본 서적까지 포함할 경우 차례는 국내서, 일서, 양서의 순서로 적는다.

(1) 단행본

국내 단행본의 경우에는 단행본의 제목을 진하게 하거나 고딕체로 표시한다. 외국 단행본의 경우에는 이탤릭체로 표시하여 구분한다.

저자명(발간연도). 서적명. 출판사 소재: 출판사.

김진규(2015). **교육과정과 교육평가**(3판). 서울: 동문사.

한국교육평가학회(2004). **교육평가 용어사전**. 서울: 학지사.

Best, J. W., & Kahn, J. V.(1993). *Research in education*(7th ed.). Boston: Allyn and Bacon.

(2) 학술지

정기적으로 발간되는 학술지의 경우에는 다음과 같은 사항이 명시되어야 한다. 국내 학술지인 경우에는 학술지의 이름과 발간호수를 진하게 표시한다. 외국 학술지의 경우에는 이탤릭체로 표시하여 구분한다.

저자명(발간연도). 논문명. 학술잡지명, 권호, 면수.

김진규·이성흠(2018). 중학교 미술교과에서 인성교육 연계 수업이 학생의 인성발달에 미치는 효과. **중등교육연구, 66(1)**, 69-91.

Trevisan, M.S.(1999). Administratorcertification requirements for student assessment competence. *Applied Measurement in Education*, 12(1), 1-11.

(3) 학위논문

학위논문의 경우에는 다음과 같은 사항이 명시되어야 한다. 국내연구인 경우에는 학위논문 제목을 진하게 하거나 고딕체로 표시하고, 외국연구인 경우에는 이탤릭체로 표시하여 구분한다.

저자명(발간연도). 학위논문명. 학위. 대학.

백욱현(1992). **아동의 선택적 주의전략과 금지 기제의 발달에 관한 연구**. 박사학위논문. 충남대학교.

Gold, N.C.(1981). *Meta-evaluation of selected bilingual education projects*. Unpublished doctorial dissertation. University of Massachusetts.

(4) 신문

사설 또는 투고자의 신원을 아는 경우와 모르는 경우에 따라 달리 표기한다.

투고자명(년, 월, 일). 제목. 신문명. 쪽수.

정재승(2014. 2. 22). "교실에서 문화다양성을 가르치자". **중앙일보,** p. 31.

"초등 교과서 수학·과학 2022년 검정 전환".(2019. 1. 3). **경향신문,** p. 11.

(5) 번역서

번역서의 예시는 다음과 같다.

원저자명(번역서의 발간연도). 서적명. 번역자명(역). 번역서명. 번역출판사명(원저 출판연도 출판)

Sanger, M. N. & Osguthorpe, R. D. (2018). *The moral work of teaching and teacher education.* 이성흠·김진규·홍창호(역). 인성교육과 교사교육: 도덕적 교수활동의 실천전략. 교육과학사(원저 2013 출판).

(6) 인터넷 자료

자료를 다운로드한 사이트를 표시하며 다음과 같은 형식으로 작성한다.

저자명(발간연도). 제목. Retrieved 월 일, 년, from 인터넷주소.

Dewey, R. (1996). *APA publication manual crib sheet.* Retrieved May 2, 2018, from http://www.gasou.edu/psychweb/tipsheet/apacrib.htm.

(7) 웹사이트 자료

자료를 다운로드한 사이트를 표시하며 다음과 같은 형식으로 작성한다.

저자명(발간연도). 제목. 웹사이트 주소에서 년 월 일 인출.

김혜금(2002). 유아의 미술 감상지도. http://www.educare.or.kr에서 2002년 10월 8일 인출.

4. 논문의 평가

1) 논문의 평가기준

일반적으로 연구보고서나 논문을 평가할 경우에는 일정한 평가기준이 필요하다. 평가기준에는 다양한 영역이 제안된다. 연구목적의 구체성, 연구문제의 체계성, 연구대상 표집, 측정도구의 질, 자료 수집의 적절성, 자료분석과 해석의 적합성, 결론 유도의 합당성, 논문체제의 간결성 등에 의하여 평가되어야 한다. 김석우(1997)는 연구보고서의 평가영역으로 논문제목, 연구의 필요성과 목적, 연구문제와 가설, 연구방법, 결과 및 논의, 참고문헌 등을 제안하였다.

(1) 논문제목

- 연구주제는 참신한가?
- 연구주제는 현장교육의 학문분야에 공헌할 수 있는 것인가?
- 제목의 진술이 명료한가?

(2) 연구의 필요성과 목적

- 연구의 필요성이 논리적으로 잘 부각되었는가?
- 연구의 필요성은 선행연구의 바탕에서 도출되었는가?
- 연구목적은 연구의 필요성과 일치하는가?
- 연구목적의 진술이 연구주제와 일치하며 명료한가?

(3) 연구문제와 가설

- 연구문제는 연구목적과 일치하는가?
- 연구문제가 명확히 진술되었는가?
- 기존의 연구문제와의 관련성이 명확한가?
- 가설들이 명확히 진술되었는가?
- 연구가설에는 필요한 변인들이 나타나 있는가?
- 가설 속에 포함된 변인들은 측정 가능한가?
- 본 연구에서 특수하게 규정된 변인은 용어정의를 했는가?

(4) 연구방법

- 연구설계가 충분하게 기술되었는가?
- 연구설계가 연구문제의 해결을 위해 적절한가?
- 연구설계가 특정의 약점을 지니고 있지는 않은가?
- 전집과 표집이 기술되었는가?
- 표집방법이 적절한가?
- 자료수집방법 혹은 절차가 기술되었는가?
- 자료수집방법 혹은 절차가 연구문제의 해결에 적절한가?
- 자료수집방법 혹은 절차가 정확히 활용되었는가?
- 수집된 증거들이 타당성과 신뢰성을 확보하고 있는가?
- 자료분석에 적절한 방법들이 선정되었는가?

(5) 결과 및 논의

- 분석의 결과들이 명확히 제시되었는가?
- 결론들이 명확히 진술되었는가?
- 결론들이 제시된 증거에 의해 실증되었는가?
- 추출된 표집으로부터 전집에 일반화가 한정되는가?

(6) 참고문헌

- 참고문헌은 연구문제와 직접적으로 관련이 있는 것들인가?
- 국내·외 연구물과 자료 중 최근의 것들을 빠짐없이 수집했는가?
- 참고문헌 제시방법이 정확하고 통일되어 있는가?

(7) 기타

- 보고서가 명확하게 쓰여졌는가?
- 보고서가 논리적으로 조직되었는가?
- 보고서 진술 방식이 편견에 치우치지 아니하며, 공정하게 과학적 태도를 견지하고 있는가?

2) 양적 연구의 평가기준

양적 연구의 평가기준은 표 12-4에 제시되어 있다(나승일, 2002).

표 12-4 양적 연구의 평가기준

구성요소	평가기준
서론	• 연구문제 또는 연구결과 연구자의 소속기관, 신념, 가치, 이론적 지향성에 의해 영향을 받지 않았는가? • 연구주제를 기술하는데 연구자가 부적절한 편견을 가지고 있지 않은가?
관련 문헌 고찰/이론적 배경	• 보고서의 관련 문헌고찰 부분이 충분히 이해 가능하도록 기술되었는가? 연구문제에 적절한 관련 연구들이 포함되었는가? • 연구에서 목적으로 하는 변인들은 분명하게 정의되었는가? • 각 변인들의 조작적/구조적 정의와 변인의 측정은 일관성이 있는가? • 연구의 가설, 목적은 명확히 진술되었는가? • 연구자는 연구가설이나 목적을 기존 이론과의 맥락 및 구조적 연계를 통해 명확히 제시하였는가?
연구방법	• 표집절차를 통해 선정된 표본집단은 모집단을 대표할 수 있는가? • 문제의 정확한 분석과 파악을 위해 연구자는 표본집단을 적절히 분류하였는가? • 연구목적의 성취를 위한 타당성 있는 측정이 이루어졌는가? • 연구목적의 성취를 위한 신뢰성 있는 측정이 이루어졌는가? • 조사도구는 표본집단의 측정에 적절한가? • 연구절차는 이후 연구자가 반복하여 실행할 수 있을 만큼 자세히 기술되었는가?
연구의 결과	• 각 연구목적의 성취를 위해 자료에 대해 적절한 통계기법이 사용되었으며, 적절한 통계 수치가 제시되었는가?
결론	• 연구자의 결론은 자료분석의 결과에 기초하였는가? • 연구결과에 대한 연구자의 해석이 설득력이 있는가? • 연구결과로부터 얻어진 현장에서의 구체적인 실행 방안은 설득력이 있는가?

3) 질적 연구의 평가기준

질적 연구의 평가기준은 표 12-5에 제시되어 있다(나승일, 2002).

표 12-5 질적 연구의 평가기준

구성요소	평가기준
서론	• 연구문제 또는 연구결과 연구자의 소속기관, 신념, 가치, 이론적 지향성에 의해 영향을 받지 않았는가? • 연구주제를 기술하는 데 연구자가 부적절한 편견을 가지고 있지 않은가? • 보고서의 관련 문헌고찰 부분이 충분히 이해 가능하도록 기술되었는가? 연구문제에 적절한 관련 연구들이 포함되었는가?

(계속)

연구방법	• 표집절차는 독자가 관심을 가지기에 충분한가? • 자료수집과정은 철두철미하게 심층적으로 자세히 이루어졌는가? • 연구목적의 성취를 위한 타당성 있는 측정이 이루어졌는가? • 연구목적의 성취를 위한 신뢰성 있는 측정이 이루어졌는가? • 조사도구는 표본집단의 측정에 적절한가? • 연구절차는 이후 연구자가 반복하여 실행할 수 있을 만큼 자세히 기술되었는가?
연구의 결과	• 연구대상자들의 반응에 대한 세밀한 묘사가 이루어졌는가? • 연구에서 목적으로 하는 변인은 자료를 통해 의미 있는 방식으로 표출되었는가? • 연구의 가설, 목적은 분명하게 진술되었으며 자료를 통해 표출되었는가? • 자료분석은 적절하며, 정확하게 이루어졌는가?
결론	• 연구자의 결론을 뒷받침할 만한 다양한 증빙자료가 사용되었는가? • 연구결과에 대한 연구자의 해석이 설득력이 있는가? • 연구결과의 일반화는 보장될 수 있는가? • 연구결과로부터 얻어진 구체적인 현장에서의 실행 제안은 설득력이 있는가?

참고문헌

강상조 · 오영환(1974). **심리검사 평가 및 활용지침**. 서울: 한국행동과학연구소.

고려대학교 행동과학연구소(1999). **심리척도 핸드북**. 서울: 학지사.

교육과학기술부(2007). **연구윤리확보를 위한 지침**. 교육과학기술부 훈령. 제36호.

교육평가연구회(1995). **교육측정 · 평가 · 연구 · 통계용어사전**. 서울: 중앙교육진흥연구소.

김병성(1996). **교육연구법**. 서울: 학지사.

김석우(1997). **교육연구법**. 서울: 학지사.

김석우 · 최태진 · 박상욱(2015). **교육연구방법론(2판)**. 서울: 학지사.

김성훈(1999). **질문지 작성방법. 교육평가과정연수교재**. 경기: 국가전문행정연수원.

김아영(2000). **관찰연구법**. 서울: 교육과학사.

김아영 · 차정은 · 이채희 · 주지은 · 임은영(2016). **혼자쓰는 연구논문: 연구방법론**. 서울: 학지사.

김종서(1968). **현장연구법의 이론과 실제**. 서울: 배영사.

김종서(1986). **교육연구의 방법**. 서울: 배영사.

김지은 · 김진숙(1999). **아동행동관찰**. 경기: 양서원.

김진규(1987). **정의적 특성의 측정도구 편람**. 제1권. 중앙교육평가원.

김진규(2002). **현장교육연구방법**. 경기: 국가전문행정연수원.

김호권(1963). 연구문제의 발견과 설정. 오천석 외(편). **교육연구**. 현대교육총서 12. 현대교육총서출판사.

나승일(2002). 연구계획서 작성. **중등교육연구방법과정 연수교재**. 경기: 국가전문행정연수원.

문수백(2003). 학위논문 작성을 위한 연구방법의 실제. 서울: 학지사.

변창진 · 최진승 · 문수백 · 김진규 · 권대훈(1996). **교육평가**. 서울: 학지사.

서울대학교 사범대학 교육연구소(1997). **한국교육심리검사총람**. 서울: 프레스 빌.

성태제(1995). **타당도와 신뢰도**. 경기: 양서원.

성태제(1996). **문항제작 및 분석의 이론과 실제**. 서울: 학지사.

성태제(1998). **교육연구방법의 이해**. 서울: 학지사.

성태제(2016). **교육연구방법의 이해(4판)**. 서울: 학지사.

성태제 · 시기자(2014). 연구방법론(2판). 서울: 학지사.

송인섭 · 강갑원 · 이경화(2008). 아동연구방법. 서울: 동문사.

이영석(1984). 아동연구방법론. 경기: 교문사.

이은해(1985). 아동연구방법. 경기: 교문사.

이은해 · 이미리 · 박소연(2006). 아동연구방법의 이해. 서울: 학지사.

이정환 · 박은혜(1995). 교사들을 위한 유아관찰 워크북. 서울: 한국어린이육영회.

이종성(1996). 교육연구의 설계와 자료분석. 서울: 교학연구사.

이종승(1984). 교육연구법. 서울: 배영사.

장상호(1977). 행동과학의 연구논리. 서울: 교육출판사.

장휘숙(1989). 아동연구법. 경기: 창지사.

정옥분(2008). 유아교육 연구방법. 서울: 학지사.

조주행(1998). 현장교육연구워크샵. 서울: 교육과학사.

진보영(1975). 현장교육연구법. 서울: 배영사.

채서일(1993). 사회과학연구방법. 경기: 학현사.

한국교육심리학회(2000). 교육심리학용어사전. 서울: 학지사.

한국교육행정학회(1995). 교육행정연구법. 서울: 하우.

한글학회(1991). 우리말큰사전. 서울: 어문각.

허경철(1989). 현장교육연구. 서울: 배영사.

황해익(2000). 유아교육평가. 경기: 양서원.

황해익(2010). 아동연구방법. 경기: 정민사.

황혜정 · 문혁준 · 안선희 · 안효진 · 이경옥 · 정지나(2011). 아동연구방법. 경기: 창지사.

AERA/APA/NCME(1985). *Standards for educational and psychological testing.* Washington, DC: American Psychological Association.

Aiken, L. R.(1979). *Psychological testing and assessment.* Boston: Allyn and Bacon, Inc.

American Psychological Association(1994). *Publication manual of the American Psychological Association*(4th ed.). Washington, DC: Author.

Anastasi, A.(1976). *Psychological testing*(4th ed.). New York: Macmillan.

Bainbridge, W. S.(1989). *Survey research: A computer-assisted introduction.* Belmont, CA: Wadsworth Publishing Company.

Bentzen, W. R.(1997). *Seeing young children: A guide to observing and recording behavior*(3rd ed.). New York: Delmar Publishers.

Best, J. W., & Kahn, J. V.(1993). *Research in education*(7th ed.). Englewood Cliffs, NJ: Prentice-Hall.

Borg, W. R., & Gall, M. D.(1989). *Educational research: An introduction*(5th ed.). New York: Longman.

Borgia, E. T., & Schuler, D.(1996). *Action research in early childhood education.* ERIC Digest. ED401047.

Brown, F. G.(1976). *Principles of educational and psychological testing*(2nd ed.). New York: Holt, Rinehart and Winston.

Calhoun, E. F.(1994). *How to use action research in the self-renewing school.* Alexandria, VA: ASCD.

Campbell, D. T., & Stanley, J. C.(1963). *Experimental and quasi-experimental designs for research.* Chicago: Rand McNally.

Carr, W., & Kemmis, S.(1986). *Becoming critical: Education, knowledge, and action research.* London: Falmer.

Cohen, L., Manion, L., & Morrison, K.(2000). *Research methods in education*(5th ed.). London: Routledge Falmer.

Coleman, J. S., Campbell, E. Q., Hobson, C. L., McPartland, J. M., Mood, A. M., Weinfeld, F. D., & York, R. L.(1966). *Equality of educational opportunity.* Washington, D.C.: U.S. Departement of Health, Education and Welfare.

Corey, S.(1949). Action research, fundamental research and educational practices. *Teachers' College Record*, 50(May), 509-514.

Corey, S.(1953). *Action research to improve school practices.* NY: Teachers' College Press.

Creswell, J. W.(1994). *Research design: Qualitative & quantitative approaches.* Thousand Oaks, CA: Sage Publications.

Crocker, L. M., & Algina, J.(1986). *Introduction to classical and modern test theory.* New York: Holt, Rinehart and Winston.

Cronbach, L. J.(1970, 1984, 1990). *Essentials of psychological testing*(5th ed.). New York: Harper & Row.

Dampier, W. C.(1961). *A history of science and its relation with phjlosophy and religion(4th ed.).* Cambridge, England: Cambridge University Press.

Ebbutt, D.(1985). Educational action research: Some general concerns and specific quibbles. In R. Burgess(ed.). *Issues in Educational Research.* Lewes: Falmer Press.

Elliott, J.(1978). What is action research in schools? *Journal of Curriculum Studies*, 10(4), 355-357.

Floyd, D. M., & Bodur, Y.(2005). Using case study analysis and case writing to structure clinical experiences in a teacher education program. *The Educational Forum,* 70(1), 48-60.

Fraenkel, J. R., & Wallen, N. E.(2003). *How to design and evaluate research in education*(5th ed.). New York: McGraw-Hill.

Gall, M. D., Borg, W. R., & Gall, J. P.(1996). *Educational research: An introduction*(6th ed.). New York: Longman Publisher.

Goodlad, J. I.(1983). *A place called school.* New York: McGraw-Hill.

Goodwin, W. R., & Driscoll, L. A.(1980). *Handbook for measurement and evaluation in early childhood education.* San Francisco: Jossey-Bass Inc., Publishers.

Issac, S., & Michael, W. B.(1995). *Handbook in research and evaluation*(3rd ed). San Diego: EdITS.

Irwin, D. M., & Bushnell, M. M.(1980). *Observational strategies for child study.* New York: Holt, Rinehart, and Winston.

Jones, A. S., Bagford, L. W., & Wallen, E. A.(1979). Strategies for teaching. Metuchen, N.J.: Scarecrow Press.

Kerlinger, F. N.(1973). *Foundations of behavioral research*(2nd ed.). New York: Holt, Rinehart and Winston.

Kerlinger, F. N.(1986). *Foundations of behavioral research*(3rd ed.). New York: Holt, Rinehart and Winston.

Lewin, K.(1946). Action research and minority problems. *Journal of Social Issues, 2(4),* 34-46.

McLean, J. E.(1995). *Improving education through action research: A gude for administrators and teachers*. Thousand Oaks, CA: Corwin Press, Inc.

McLean, S. F.(2016). Case-based learning and its application in medical and health-care fields: A review of literature. *Journal of Medical Education and Curricular Development*, 3, 39-49.

McMillan, J. H., & Schumacher, S.(1989). *Research in education: A conceptual introduction*(2nd ed.). Glenview, IL: Scott, Foresman.

Mettetal, G., & Cowen, P.(2000). Assessing learning through classroom research: The supporting teachers as researchers project. *Classroom Leadership Online*. 3(8), 1-5.

Mickler, J. E., Chissom, B. S., & McLean, J.(1989). *A student guide for educational research*(4th ed.). Tuscaloosa, AL: The University of Alabama.

Mostert, M. P.(2007). Challenges of case-based teaching. *The Behavior Analyst Today,* 8(4),

434-442.

Nash, L. K.(1963). The nature of the natural science. Boston: Litttle Brown and Company.

Stake, R.(1994). Case studies. In N.K. Denzin, & Y. S. Lincoln(Eds.). *Handbook of qualitative research*(pp. 236-247). Thousand Oaks, CA: Sage Publications.

Stenhouse, L.(1985). Case study methods. In T. Husen, & T.N. Postlethwaite(Eds.). *The international encyclopedia of education.* Oxford: Pergamon Press.

Stevens, S. S.(1946). On the theory of scales of measurement. *Science.* 103, 677-680.

Williams, S. M.(1992). Putting case-based instruction into context: Examples from legal and medical education. *The Journal of the Learning Science*, 2(4), 367-427.

Yin, R. K.(1993). *Applications of case study research.* Newbury Park, CA: Sage.

Yin, R. K.(1984). *Case study research: Design and methods.* Beverly Hills, CA: Sage.

Yin, R. K.(1994). *Case study research: Design and methods*(2nd ed.). Thousand Oaks, CA: Sage.

찾아보기

ㅇ

ㅈ

ㅊ

ㅌ

ㅍ

ㅎ

저자소개

■ **김진규**(金鎭奎)

경북대학교 사범대학 교육학과 졸업
미국 University of Alabama 대학원(철학박사)
육군3사관학교, 중앙교육연수원, 국립교육평가원, 교육행정연수원, 국가전문행정연수원, 교육인적자원연수원, 교육과학기술연수원 교수 역임
현, 부천대학교, 서울교육대학교 초빙교수

■ **윤길근**(尹吉根)

한양대학교 사범대학 교육학과 졸업
한양대학교 대학원 교육학과(교육학박사)
육군3사관학교, 국군정신전력학교 교수 역임
현, 부천대학교 유아교육과 교수

아동연구방법 2판

초판 1쇄 발행 / 2003년 8월 25일
2 판 1쇄 발행 / 2019년 2월 15일

•

공저자 / 김진규 · 윤길근
발행인 / 이 중 수
발행처 / **동 문 사**

•

서울특별시 서대문구 홍제원 1길 12
(홍제동 137-8)
Tel : 02)736-3718(대), 736-3710, 3720
Fax : 02)736-3719
등록번호 : 1974.04.27. 제9-17호
가격 : 16,000원

•

ISBN : 979-11-6328-061-3 (93370)
E-mail : dong736@naver.com
www.dongmunsa.com